牟宗三先生全集㉘

人文講習錄

牟宗三　主講

蔡仁厚　輯錄

《人文講習錄》全集本編校說明

蔡仁厚、高瑋謙

此書係牟宗三先生於1954至1956年間在台北「人文友會」中講習之記錄，由門人蔡仁厚輯錄所成。

牟先生自1950年起任教於台灣師範學院（即今台灣師範大學前身）。校中社團已有「人文學社」，設有人文講座。牟先生有感於社團活動之浮泛，乃另發起「人文友會」，期以凝聚師友心志，通接文化生命。1954年8月14日，首次聚會於牟先生在東坡山莊之寓所。第二次起，改借師大教室聚會，隔週一次，持續兩年，從無間斷，共計五十一次。每次聚會講習，大抵皆有記錄。先後擔任記錄者，有王美奐、陳問梅（拱）、王淮、蔡仁厚諸人，並由周文傑負責刻鋼版油印，分發會友。在五十一次講會中，記錄成稿者有三十六次，其中一次之記錄遺失，故現存講習錄僅三十五篇，均收入本書中。在此三十五篇之中，有二十七篇曾先後刊載於香港《人生雜誌》第9卷第1－3/5/7/9/11期、第10卷第3/5/7/9/11期、第11卷第2/4－5/7/9/12期、第12卷第1－2/5－7/9/11/14期、第13卷第22期（1954年11月16日至1957年4月1日，各期之出版日期見本《全集》所附〈牟宗三先生著作編年目錄〉）。又第三十五篇〈唐君毅先生

講「人學」〉曾於唐先生逝世之後刊於《鵝湖月刊》第3卷第9期（1978年3月）之「唐君毅先生紀念專號」，後亦收入其《病裡乾坤》一書（台北：鵝湖出版社，1980年9月）。

　　此外，牟先生在人文友會中所講的萊因哈特（Kurt F. Reinhardt）〈存在主義底義理結構〉譯稿曾刊載於《民主評論》第7卷第10期（1956年5月20日），但未收入本書。此譯稿將連同另一篇在會中所講、但從未正式發表的懷悌海（A. N. Whitehead）〈客體事與主體事〉譯稿收入本《全集》之《牟宗三先生譯述集》中。

　　牟先生生前，門弟子曾有將講習錄輯印成書之議，因牟先生不同意而作罷。牟先生逝世之後，此議復起，始由蔡仁厚整理輯錄，於1996年2月由台灣學生書局出版單行本。本次重新編校，即以此版本為依據。

編印說明

1. 人文友會

　　牟師宗三先生，自民國三十八年夏秋之間渡海來台，次年起任教台灣師範學院（台灣師大前身）。校中社團有「人文學社」，設有人文講座，經常講習國學、史學與文化思想，青年學子多所興發。唯學校社團不免有所侷限，而社團之活動亦很難免於浮泛。先生有感於此，乃另行發起「人文友會」，本乎開放獨立之精神，採取師友聚會之方式，進行課外之講學。

　　人文友會，彼此是師友關係。師友是一倫，師友之關係是人格與人格相接之關係。故彼此要處得親切、要相知、要常見面問學。人不可「孤學寡友」，必須「親師取友」，以期道義相勉、學問相益。如此，乃能敦品勵學，陶鑄人才。

2. 聚會講習

　　人文友會於民國四十三年八月十四日，首次聚會於東坡山莊先

生寓所。第二次起，改借師大教室聚會。聚會之期，兩週一次，固定在週末晚上舉行。聚會之人，無分校內校外，自由參加。凡有志趣者，皆敞開心懷，以禮相見。如此，則學校與社會相通為一矣。

友會之聚會講習，既不同於學校上課，也不同於公開演講，而是藉聚會以提撕精神，激發志趣，凝聚心志。由師友之團聚，進而擴大友道精神；由友道精神之擴大，而通接文化生命，持載歷史文化。

3.會友名錄

在台北兩整年之聚會，共計五十一次，從無間斷。講習之內容，或談問題，或講文獻，相間而行。如此，既有開放發揚，亦有收斂落實，又有自由之討論。兩年之間，先後參加聚會講習者，約有百十之數。茲依各次講習之登錄，列名於此，以為紀念：（唯資料有缺，難能詳盡，尚祈諒之。）

吳自甦	司修武	戴璉璋	錢倫賓	王美奐
陳問梅	陸寶千	鄧元忠	周文傑	朱維煥
呂漢奎	王道榮	王瓊珊	周　群	李懿宗
勞思光	宋邦泉	吳　平	李中秋	唐亦男
王　淮	郭大春	丁記涵	張學波	馬光宇
曾維垣	姜　毅	王執文	蕭孟威	袁英華
呂實強	張飛雲	李定儒	李英懷	張國騤
謝文孫	曾厚成	賀玉琴	陳癸淼	胡連成
朱治平	戴華輝	韓誠生	王啟宗	范添盛

朱守亮	張德文	曹宏文	韋政通	張　暹
姜承謙	余標煌	楊爲顯	高蓮雲	朱志芳
魏若松	吳　本	郭有遹	陳修武	彭　毅
明玨東	倪通儒	紀秋郎	丁崇貞	鄒　達
吳　璵	蒙傳銘	張兆敏	周濟南	白新田
劉國瑞	董立民	黃紹徽	鍾牡丹	姜純嘏
梁尚勇	張峻峰	陳永強	逄濟民	逄塵瑩
牟衍經	李秀斌	王積青	楊旭初	牟其霖
蔡仁厚	林清臣			

4.講詞記錄與發表

友會之聚會，皆有記錄。經先生審閱修正後，即用臘紙刻鋼版（如今三四十歲以下之人，恐已不知刻鋼版之事矣），再油印分送會友，同時發表於香港《人生雜誌》。其稿費，即留作友會聚會與印發講錄之用。

五十一次之聚會，記錄成稿者有三十六次（另十五次係講文獻，無記錄），某次自由討論之記稿遺失，故現存講錄實爲三十五篇。其中已發表於《人生雜誌》者二十七篇，已油印而未發表者一篇，經先生過目修正之講詞五篇。最後兩次之記稿，先生亦已過目而未作修改。（其中第五十次聚會，約唐君毅先生主講。唐先生逝世時，仁厚特整理此稿，發表於《鵝湖月刊》。）

先後擔任記錄者，第一年爲王美奐、陳問梅、王淮；第二年則由蔡仁厚負責。而周文傑全程刻寫鋼版，其勤事任勞，有足多者。

5.講習錄之編輯出版

　　《人文講習錄》，原先本有輯印成書之議，後以先生所著各書陸續而出，回視當初所講，不免有簡略欠周之感，故此錄出版之議遂寢。而今先生竟歸道山矣。師恩浩蕩，高厚無極。回憶當年師友聚會講習之精誠，可謂難能可貴，世所少有。同門友撫今思昔，以爲不可不留跡以傳諸後，乃督命整理書稿，早付出版。

　　近日檢視講錄存稿，回想當年友會聚會之樂，與諸友向學之誠，悠悠歲月，感懷不已！唯念師友道義，千秋永命；人文精神，萬古維揚。是則常在於心而可告諸世者。

中華民國八十四年八月十四日，人文友會首次聚會四十一周年之辰

蔡仁厚　謹識於東海大學哲學研究所

目　次

　　　　　※　　　　　　※　　　　　　※

附　記：各篇講錄之標題，皆師尊生前所訂改。與當年在《人生雜
　　　誌》發表之標題，有同有異。特此說明。

　　　・又，十七與十八次之間，有兩次講「劉蕺山語錄」。

　　　・二六與二七次之間，有五次講「黑格爾權限哲學引論」。

　　　・二九與三〇次之間，有六次講「存在主義底義理結構」。

　　　・三三次與三四次之間，有兩次講「懷悌海之客體事與主
　　　　體事」。此十五次皆講文獻，故無記詞。

一、友會之基本精神與願望

㈠今天是人文友會第一次聚會。以後每兩週一次，有一定期之聚會。每人須有一定研究工作，或讀有關書籍，及做心得報告與討論。我們這個會帶有一種轉移風氣的使命。各位畢業後，總要在學術上有一種理路，獲得一點成就，不能只是說空話喊口號。每人總要有一題目，作為研究對象，藉以凝聚自己之心志。如對思想有興趣，可專心致志讀一部書，或專門看幾個人的，最好是一個個的看，如諸子方面之《荀子》、《老子》、《莊子》等，先寫筆記，再逐漸寫成有系統的文章。至於歷史方面，可多讀些解釋歷史的書，以及討論文化問題的書。如黑格爾、斯賓格勒等之著作，實可仔細一讀。在邏輯方面，也可以自修，訓練自己之思想理路。我們這種分頭研究，實在是將來分工合作的預備，先行著手，三年有小成，五年有大成，切忌散漫。我們做學問，既不可略觀大意，亦不可不求甚解。做學問是在述作中期有貢獻於學術文化，而不只是主觀的受用。我總希望每一位將來在學術上有一地位，共同表現一基本態度與基本立場。要成一個基本態度基本立場，是不容易的，如胡適曾說馮友蘭的哲學史，其觀點比較正統，那麼他自己的觀點必是非正統的。真正講來，立場沒有很多的。道二，仁與不仁而已。

馮氏的正統，究竟達到什麼程度也難說。胡氏的非正統，究竟爲什麼不對，我們也應當徹底了解。其實這些，只是時代流逝中不成熟的動態。我們只可於以觀時風，而不可算立場。現在只共黨可算是一立場──魔的立場。我們現在是針對魔的立場，而徹底透出正統的立場，以結束三、四十年來流逝中那些不成熟的動態。

　　㈡我們發起這個人文友會，已談過幾次，今天在座的，有許多還未簽名發起，我現在接著上面所說的基本立場，再進一步說一說：

　　我們這個友會，可以說是一種文化運動。我們這三、四十年來，總是向外向下，由浪漫的否定來表現正義與理想。不獨青年爲然，即一般知識份子皆然。此種浪漫性的否定，一定是虛無主義，共產黨即由此而來。我們現在要轉移過來而改爲向內向上，從正面表現正義與理想，表現其熱忱，或說是浪漫性。那麼，中國才有辦法，中國才可建立起來。聰明的人常說，你們不要講孔子、講中國文化。因爲凡講孔子講中國文化的，都是腐敗不乾淨的人，不能不有點忌諱。知識份子旣趨新，不敢講孔子與中國文化，那麼孔祥熙、何鍵出來講。因爲討厭這些人，所以，你講我偏反對。這種把孔子，中國文化和他們合一的態度，實在是狠愎的反動。試想藉這種狠愎的反動來表現正義與理想，能不流於虛無主義嗎？這裡並沒有正義與理想，只有一種「憤」，所以是純否定的。我與諸位聚會講習，主要的用心，就是要扭轉這種習氣。我們由向內向上開啓純理想性，自然就接上了孔子的生命與智慧，也自然就了解了中國文化的生命與智慧。這裡是基本原理基本立場的所在。這裡有最根本

的肯定。所以由向內向上從正面開啓我們的理想性，才能有正義與理想的表現。孔子與中國文化不是外在的古董，乃是生命與智慧。只要你用眞實生命和他相接，你便接上了智慧之路，我們這人文友會，還有一大願望，即關心我們這一民族國家的立國之本。我們主張使儒家成爲人文教，並主張於未來成立人文教會以護持國脈。我們的主要工作，即在「人文友會大綱」第三章的三統。至何時可以成爲教會，現在只是願望，並不能確定。

討　論：

㈠司修武問：現在要將儒家學術與宗教連在一起，有很多難了解，應注意如何從儒家教義中啓發出宗教意識來？

先生曰：宗教意識，本是一種向上的自我超越的意識，亦即是超越的精神，我們不能以平面的庸俗的態度去了解，此種了解，即是理智主義。須知膜拜時之虔誠，即是超越的，即是在其精神上有一種開闊。從義理方面講，在耶教有一上帝爲崇拜之對象，我們的天道，是否可以有如上帝之無上權威成爲祈禱的對象呢？須知我們這人文教與耶教不同，在耶教，通上帝，須通過耶穌，故基督教之上帝，成爲宗教上之上帝，關鍵唯在耶穌之上十字架，其宗教之成立亦在此。亞里士多德之上帝，乃"pure thought"，通過耶穌後，則成爲"pure spirit"，而使上帝人格化，故成爲宗教。在中

國，天道一定要通過孔子，故孔子爲教主。但只能稱爲人文教，而與耶教不同。照儒教義理言，應天地並立，不獨上達天德，還要下開地德。此點更加豐富。耶教僅能上達天德，不能下開地德。只能信上帝與耶穌。我們要祭天、祭祖，並祭聖賢。耶教只集中在耶穌一身，即只通過耶穌一項目，而中國則有三項目使天道成爲宗教的。儒家以此三者，成爲一個豐富的體系。下開地德，即在開出人文世界。祭祖與聖賢人格是人文中事，不是崇拜偶像。我們祭祖是將民族生命與宇宙生命合一，而祭聖賢，則表示民族生命與宇宙生命一是皆爲精神生命。此即是上通天道之媒介。此是以一系統來證實天道爲宗教的。耶教只是復返至一而止（即只是一上帝），不能開出人文世界，不能肯定人文世界。（耶穌傳教時，有人告訴他：「你的母親來了！」耶穌說：「誰是我的父親？誰是我的母親？凡是信上帝所說的話的，才是我的父親，才是我的母親。」）我們從教主講，稱「孔教」；從內容講，稱「人文教」。不過要成宗教，必須靠三祭——即祭天、祭祖、祭聖賢。這須靠國家來維持，社會上必須有教會來持載。過去靠皇帝，現在要靠社團。如要此一理想成爲客觀化，須通過憲法，此爲吾人奮鬥之目標。我們必須從文化運動上開出這一理想。我們如果單講民主政治，不通文化生命，則國家建立不起來。若只有政治上的民主，而沒有生活上的軌道，則

國本不立。如不寫中國文字，雖不違反民主政治，但我們可說這就不應做中國大總統。現在什麼都不在乎，衝破一切，大氾濫。只是一種墮落，站不起來，只是一堆物質。所謂興於詩，立於禮，成於樂。一點矩矱體統都沒有，這不表示氣魄，這表示墮落。絕對的個人主義，反過來即布爾雪維克之極權，即是虛無主義。所以，起碼的形式不能完全衝破。（胡適說：「守孝可以戴銀框眼鏡，為何不可以戴金框？」這即是衝破一切。）這種民主以上之國本，非有宗教來維持不可。

又　問：民主政治出自工商社會。只是競選，在我們格格不入，是否成為一個問題？

先生曰：此是一問題，中國社會無階級、無集團，而是一盤散沙，我們在運用上可以不一樣，但民主政治之基本精神卻可存在。過去的君主專制那一形態是低級的，已成過去，我們已不能停在那一形態，關此我們以後再講。

王美奐提議：本人認為人文教之成為宗教，須注意四點：1.強調上達天德之重要，並開出上達之路；2.注重實踐；3.須有組織形態；4.須有簡單形式。

　　　　　　　　　　　1954年8月14日於台北市東坡山莊1號

唐君毅先生覆牟宗三先生書

宗三兄：

　　八月十三日示敬悉。人文友會草案中義，弟自無不贊同。弟近半年來，亦常常思及，只是作文將道理當話講之不足。哲學如只是論，終是「是亦一無窮，非亦一無窮」。人之性命，終無交代處。西方在此有宗教。西人自幼習之。除哲學家外，皆只存信之而不必論之。中國昔有儒教，今則無有。故人入基督教者日多。基督教義固有所偏，而其風習亦多與中國文化不合。而中國人信者尤罕能盡其誠。弟因覺今日講學不能只有儒家哲學，且須有儒教。哲學非人人所能，西方哲學尤易使人往而不返。而儒教則可直接人之日常生活。在儒爲教處，確有宗教之性質與功能，故曾安頓華族之生命。而今欲成就其爲教，必須由知成信，由信顯行，聚多人之共行，以成一社會中之客觀存在──如社團或友會。（友會之名較好。）此客觀存在，據弟所思，尚須有與人民日常生活發生關係之若干事業。此蓋凡宗教皆有之。唯有此事業，而後教之精神，乃可得民族生命之滋養，而不致只成爲孤懸之學術團體。此諸事業，即屬於儒家所謂禮樂者。禮樂乃直接潤澤成就人之自然生命。人之自然生命之生與婚姻及死，皆在禮樂中，即使人之生命不致漂泊無依。胡適談儒者以相禮爲樂，亦未必不可說。今之基督教徒，在社會存在之基礎，即主婚禮與葬禮。佛教只能追薦，不能主婚禮。儒家之禮，則兼重生日誕辰與冠禮，及葬後之祭禮。此是對人之自然生命自始至終，與以一虔敬的護持，而成就其宗教之任務。弟以爲此將爲儒

教徒之一之社會事業。此外則養老恤孤，救貧賑災，亦為儒者過去在社會所倡導，而力行之一事，今皆入佛教徒與基督教徒或政府之手，亦當為今後儒教徒之一事。此諸事皆不只是學術理論，亦非屬狹義之政治，而為流行遍及於社會人民生活之最現實的方面者，故可盡徹上徹下通無形與有形而極高明以道中庸之道。唯禮樂之訂定，非義精仁熟不能為。且不能無所因襲，亦不能過於與當世詭異，以動世人之疑。弟為此徬徨而不知所決。弟日前唯思及民間家中天地君親師之神位，及孔子廟二者。不知台灣尚存否？弟嘗思首先保存此二者下手。天地君親師之神位之君字，或改為聖字或人字。孔廟即成講學之所。唯其他之禮器與樂章如何，則茫然不知所答。如何「治之於視聽之中而極之乎形聲之外」。此真是化民成俗之大學問，尚非一般之外王之教所能攝，弟想將來吾人亦須向此用心，唯此皆與今日知識份子所用心之處，相距太遠。仍必須先由義理之當然處，一一開出思路。因而先引起人之問題，拓展人之心量之哲學工作，必須先行。冀由廣泛的思功，逐漸遍歸定向之行事。故兄函所謂凝聚成教會之義，仍只能先存之於心。人文友會事，仍只能以講義理為重，而不宜流於形式，以免先造成阻隔。唯志同而全無形式，則精神亦將散漫。故人文友會在台先成立，亦甚善。弟自當列名參加。唯弟在此間，仍當從事較廣泛性之思想上啓發之事。凡屬凝定貞固之事，弟皆不如兄。但在隨機誘導與潛移默化之事上，則與弟之性質更相宜。要之，此二者乃相異相成者。以時運考之，終吾人之一生，此志業皆將在困頓中，而無由遂。然人心不死，此理長存。大道之行，終將有日。在客觀條件之備足上，弟亦常有許多想法。耶穌釋迦，皆先及於無知識之人，孔子之弟子皆以

德性勝。吾人則先與有知識者相接觸，而所遇之環境，亦是知識份子之環境。凡知識皆曲，必須由曲導曲，以成直。此是大難處。然亦終無法避去也。匆此，敬候

大安

弟君毅上　八月十四日

二、反魔道與灰色

㈠今天是第二次聚會。唐君毅先生為了我們這人文友會寄來一封信，附錄在上次記錄後面，大家可以用心的看一看。以後的聚會，關於教會方面，暫且不講。今天並沒有固定的題目，將來或者定出題目來講。每次所講的，並不一定要多，但是總希望在大家的生活方面精神方面，有一種提撕，有一次警惕，或者把讀書時所發見的問題提出來討論討論，以求進步。

㈡我們這友會中的同學，以國文系的居多。在這裡我說一點意思。就是：我希望大家把國文系的習氣脫掉。數十年來，學問分門別類，以致經史子集在今天的國文系裡都不能講。經子義理歸諸哲學系，歷史歸諸史學系。集代表詞章，而真有文學天才的不能安於國文系作教授。國文系的傳統，只剩了小學，所謂詞章，也只剩了秘書的詞章，學問簡直不能說。現在我希望諸位一定要進到學問的境地。以上是說國文系。至於歷史系哲學系，也是這樣。歷史系如只是考據，說不上了解歷史。哲學系的人，都有點小聰明，慣作理智的遊戲，他們對於天地間的事情，沒有一件能看得起，只是玩世不恭，故數十年來，哲學系裡亦出不了真正的思想家。因為他們缺

乏文化意識，不肯向安身立命的學問上走，多只是乾枯的理智主
義、虛無主義。古人講學，都重世道人心，最注意的，第一是做
人，第二是以天下爲己任，關心世風學風，關心世道人心，而今之
哲學，只變成淺薄的遊戲的理智主義，所以在人生的根底上，都是
黯淡的灰色的。因爲他們不能樹立起價值觀念，也不願接觸價值問
題。故在此風氣下，欲望哲學系的人，對時代有擔當，亦不可能
的。我這幾年來，還認爲國文系的同學比較哲學系的好些，比較歷
史系也好些，因爲文化意識較強，比較容易喚起，哲學系爲理智的
遊戲所閉死，歷史系被考據塞住。我現在和諸位談這問題，是要諸
位先在文化意識上先求一開發，然後才可與眞正義理之學，甚至西
方哲學連接起來。過去國文系在北大時代，一度興盛，但是，那是
因爲白話文運動的緣故。今後的國文系要另創一格，不是文字的白
話文運動，而是要對這個時代有所擔當。但也不是拍拍胸膛參加政
治舞台的活動。而是要對中西文化兩大主流，加以疏導。我們在作
這步工作時，先有幾點必須把得緊，第一要反唯物論，第二要反理
智主義（含虛無主義），第三要反科學一層論，這幾十年來青年們
表現理想，都是從浪漫的否定來表現，都是反動，我們以後要轉成
正面。如此，大家以後才會有所警覺，有所鑑別，也可有一立場出
來，大家在這裡切實反省一下，則有很多好處。我們這裡聚會，不
重形式，我今天只提出這點來，這因爲我要與大家處得最親切，所
以所講的都是最迫切的話。現在大家可提出問題來討論。

㈢我們現在聚會講習，唯一與現實有牽連的，即是針對共黨的
魔道，與自由世界之灰色，這是時代精神的墮落。我們只是對這墮

落的末世的時風而講話，除此以外，其他瑣碎的現實，我們概不必問。因為價值標準倒塌之時，瑣碎的現實是無法討論的。亦不值得討論。我們若從瑣碎的現實去講理，則秀才遇到兵，有理說不清。現在要先從純觀念（pure idea）上來了解。先問（2＋2＝4）對不對；先問「同一律」、「排中律」、「矛盾律」，對不對，先問孔子說的話對不對；其餘的都可暫時不管，即是把現實上的牽連完全去掉。先從理上立腳，不從事上立腳。凡是具體的事實都很複雜。從各個角度去看，都可說出一套。過去有聖教為準繩，現在則不然，現在沒有孔子，沒有聖人，所以現在要從灰色的與魔道的當中跳出來，乃是一種大奮鬥，即是一面反共產黨，一面反現實的壞習氣。亦即由否定之否定，而轉肯定，向高級的形態走，即歸於正。我所謂儒家學術的第三期，這是必經的途徑，是中西文化非走不可的途徑，遲早必定到來。停在共產黨的是反動的，停在現實的灰色的階段上是墮落的。以上所講的魔道與灰色，這是兩條流，現成的擺在眼前，很易看出，這兩條流都不對，都要反，使歸於正。

討　論：

㈠勞思光先生建議：以後之講詞，請從根源上作系統的講，同
　　學們較易了解。

㈡吳自甦建議：最好以後能作綜合的有系統的講，我很贊成勞
　　先生的意見。

㈢王美奐問：唐先生謂：凡知識皆曲，必須由曲導曲，以成直，如此說來，知識愈多，求道反而愈難了。知識與道的關係，在今天學人的觀念中，恐難分辨，因此，古人所說的「爲道日損，爲學日益」這兩句話的意思，要否予以分辨清楚，以免混淆。

先生曰：這須分淸，但爲道並不妨礙爲學，須知吾人最後所求者均在道。而通道之路有二：一是單刀直入，即所謂「頓敎」，一是由學而至，即所謂「漸敎」，唐先生所謂「自曲導曲，以成直」，即是漸敎之意。爲學在多，爲道不在多，合乎道，知識儘可以多。反之，知識愈多愈壞。

㈣司修武問：今日之文學，在文化大流中，應作如何安排？

先生曰：文學當即過去所謂辭章之學。這照現在講，是屬於藝術方面。我們主張文學應是理想主義，或人文主義的文學，仍是「文以載道」。浪漫主義的文學，也是屬理想主義的，不過這偏於生命一概念。三百篇與杜甫，是屬人文主義者。這是古典主義，是正宗。至純美的文學，如《文選》，在共產黨是反對的，在我們並不反對。我們認爲純美本身也是價値。

又　問：浪漫主義與人文主義（或古典主義）同是理想主義，

兩者肯要的區別如何？又純美的文學，其主徵如何，常朦朧說不清，請先生指示。

先生曰：浪漫主義的理想主義，是一任生命的奔放，故適云偏於生命一概念。人文主義的理想主義，則是歸於性情之正，以性情爲主徵。中國以前說：「溫柔敦厚詩教也。」便是說的這個性情。孔子曰：「詩三百，一言以蔽之，曰：思無邪。」這便是歸於性情之正。所以這個理想主義是合情理的（reasonable），那個理想主義是任才氣的，可說是狂狷型。前者生命不徒是生命，而是在性情潤澤中的生命。後者則是一任生命之突出而求有所衝破（對現實言），有所嚮往，此即指向一理想。至純美的文學，則是以音節與韻律爲主徵，而歸於音樂一類型。性情、生命、韻律三範疇，可以說明那三派文學之特徵。

(五)陳問梅問：熊十力先生之《新唯識論》很難了解，應如何讀？

先生曰：中國學問隨明亡而亡，至今已有三百餘年，現在首先能與中國文化生命智慧接起來的是梁漱溟先生，發揚光大的是熊先生。你讀這部書，須從這個意思去了解。

1954年8月28日於台灣師範學院會議室

三、惻隱之心與良知

㈠王道榮問：孟子所謂之「惻隱之心」，有很多人發生懷疑，
　　有人舉例說，兩個孺子在井旁玩耍，一個不知危險的
　　掉下井去，另一個看了也不知道什麼生命危險，絲毫
　　無動於衷，更談不到大聲呼救，或自己設法援救，可
　　見惻隱之心，只能在大人方面講，祇是一個人懂得人
　　事後的一種同情心，在很小的小孩子，就根本發生疑
　　問，所以惻隱之心，恐怕不是先天的。

先生曰：前在成都，有一個信佛的人，他說你們儒家講性善。
　　如果是性善，如何安頓下六度萬行呢？我當時告訴他
　　說，講性善，並不是說生下來就是聖人，並不妨礙修
　　行，如何安頓不下六度萬行？而且正因性善，修行始
　　可能。如不肯定性善，則一切修行，全成依他，乃無
　　源之水、無根之木。此義與惻隱之心的問題同。「惻
　　隱之心，人皆有之」，是說在德性上，人同有此本，
　　但不是說人隨時皆是惻隱之心流露。如此便是聖人，
　　惻隱之心的肯定是一事，表現不表現又是一事。故吾

常說惻隱之心有「隱顯」,而無「有無」。有隱顯,
就是表現不表現的問題。不可說有無,乃是說這是天
造地設,定然而不可疑者。表現則顯,不表現則隱,
隱而未嘗無也。而表現不表現,則靠經驗教育的引
發,表現程度的大小,則靠根器。此皆可說是經驗條
件,是形而下的,亦可說皆屬氣中事。

惻隱之心是道德的本心,是實踐的先天根據,即以此
說為內在而固有。表現此本心的,其心即是此本心之
流行。不表現此本心的,在成人,其心即全為私欲的
心。在孺子,即為無知無識的混沌。赤子之心,不就
是良知本心。他表現惻隱之心,是他的良知本心呈
露,不表現,則只是混沌,而混沌不是良知本心。要
表現,必須有一步「自覺」,此在古人,即說工夫,
在今日,即說教育,或經驗引發。人必須於生理生物
本能混雜心中起一步自覺之反的工夫,才能認識這本
心的必然性與先天性。(這先天不是生物的先天。)
不可順混雜心之時隱時顯去說有無。

㈡陳問梅問:人的良知何以亦是天地萬物之本?

先生曰:此點若欲了解其切實義,須有一番徹悟的苦工。我現
在只從觀念上予以外部的指陳。人的良知是天地萬物
之本。這純是理想主義的話。徵之於科學無根據。而
且順科學之路走,亦永遠求不到這個真理。因為這句

話，本不是從科學上建立的。它是從道德實踐上建立
的。這句話表示一個人生觀宇宙觀，表示一個基本立
場、基本態度、基本肯定。必須在這基本肯定上，才
有人生「觀」宇宙「觀」可言。這裡說的人生觀宇宙
觀，不是普通所說你有你的人生觀宇宙觀，我有我的
人生觀宇宙觀。這些人生觀宇宙觀，俱是委蛇而又委
蛇的，末而又末的，俱是有特殊內容，隨特殊經驗而
來的特殊觀點。而從這基本肯定來的人生觀宇宙觀，
則是超越而普遍的。乃是東西南北海有聖人出焉，此
心同此理同的人生觀宇宙觀。故此代表一基本肯定。
無此肯定，便說是虛無主義。孔子說：「道二，仁與
不仁而已。」這是大翻轉大分類的說法。順科學走，
找不出這個肯定來。科學給你知識，不給你一個觀，
所以科學一層論、理智一元論，必流入虛無主義。

人的良知是天地萬物之本，這只是給人生與宇宙一意
義。從宇宙萬物方面講，這句話對它是逆來順受。即
給它這個意義，於它並無妨礙，於科學亦無妨礙。萬
物還是萬物，山還是山，水還是水，科學還是科學。
但是有了這個意義，則整個人生的根底上便不同了。
但是只囿於科學，成為理智主義，抹殺這層肯定，便
是今日禍亂之源。所以這個肯定的迫切需要，在今日
最顯，而它的意義，亦在今日最顯。平常這個肯定沒
有問題，百姓日用而不知，所以都向科學方面說話，
也見不出有何流弊。但是久假不歸而成為科學一層論

理智一元論，成為共黨的魔道，則此肯定便成問題，因而它的意義與迫切需要亦最顯了。

又　問：希臘之重智主義與康德之理想主義如何？請作一簡略說明。

先生曰：希臘的傳統只重智，蘇格拉底、柏拉圖，都是重智的，重智是以智為主要成分，順著邏輯思考的路走。唯始終 will（意志）講不好，柏拉圖所講之 idea（理型），只是外在的。will 講不出，則不能講理想主義，唯心論也講不出來。柏拉圖講理是多元的，唯許多理中有一個理是最高的，但這個最高的理並不是統其他之理，也只是其中之一，稱為眾理之理（idea of idea），這與我國統體一太極，物物一太極之理不同。統體一太極是一元的，以一統多，西方後來雖也有如我國統體一太極之說，但非柏拉圖之本意。康德講理想主義，乃是承西方傳統而轉變出來，以意統智，窮智見德，故從重智到重德，康德是一個轉關，意志亦到康德始講得好。

1954年9月11日於台灣師範學院會議室

四、生命之坦蕩與開朗

(一)各位會友，今天是人文友會第四次聚會，上次的紀錄，各人看看，如有問題，可提出討論。

(二)今天有好些新會友，這很難得。茲就這點，我說一點意思。凡參加此一聚會的，在這短短兩小時內，我希望大家一方凝聚心思，一方提撕心思。不在給予知識，而在開啓生命，啓發智慧，大家須準備一個很恬靜的心境，不急不躁，以此使心思凝聚，平時的緊張、放肆、恐怖、紛歧，以及翻新奇、出花樣，都是心思散亂的表現。現在到此，要將全體放下，感到很自然、極舒坦。如孔子所謂「君子坦蕩蕩」。這種凝聚，同時即是提撕。從凝聚裡講提撕，是內發的向上。孟子所謂「油然而生，沛然莫之能禦」。即指此種內發的向上而言。提撕和凝聚與矜持不同。提撕和凝聚是從精神上講，矜持之念是從軀殼上講。宋時程伊川的學生謝上蔡，於久別重見時，伊川問其有何進步，答謂只去一「矜」字，由此可見「矜」字頗不易去，共產黨所謂小資產階級習氣，即指這種矜持而言。不過他們是從階級上說，以前的人是從人品上說，聖賢豪傑都可以沒有矜持，所以是第一等人。一般人總是免不了矜持，所以只是一般

人。矜持，從好的方面說，是人格的防線，這是基於生物的生存本
能的。從壞的方面說，是萬病之源，從自己人品之開展完成上說，
一個人的人格防線，不能落在矜持上。如能衝破這一層難關，則可
以稱爲英雄豪傑，甚至成聖賢。所以矜持乃是人生的一大毛病。如
果矜持一去，則跟隨下來的一切毛病都可去掉。凡有矜持心者，必
與人隔，自己孤，心田不得開朗，非常痛苦。普通開會，都是緊
張、疲勞，我們到這裡來要愉快、要舒暢，並且要能保持下去，常
常如此才好。果能常常如此，則可有師友，論學問，須能保持開
朗，互相交談。一個共產黨員，當其入黨時，總有其最緊張嚴肅的
一幕儀式。其作用即在使其新黨員之生命客觀化，即生命完全開
朗，毫無隔閡。不過這種開朗，只是偏於政治上的，由外力壓成
的。眞正的開朗，倒是孟子所說的上下與天地同流，耶穌受洗時的
「天門開，鴿子從天上飛下來」的那種境界。於此毫無矜持之氣存
在其間，而有智慧產生。所謂智慧，即是識大體，即是通達，時有
心靈之光發出，智慧實即心靈之光的照射，並無內容。有智慧，乃
可讀書，乃可明理。一切高級之理，均可懂得。我們所講的這些，
不是知識，不能從科學上得來。倘若生命爲矜持之氣所蔽，而成一
圈套，則不能上下與天地同流，即不能識得眞理。如有實踐行動的
人，有擔負的人，對此才了解。如爲理智主義者，則必認此爲迷
信。所以諸位不要想在此得到知識，在此只要去掉矜持之氣，並且
要去掉圈套。孟子所謂「得其大者爲大人，得其小者爲小人」，此
語宜善爲體會。理學家李延平重涵養溫潤氣象，規行矩步，寬袍大
袖；佛家亦主行正路、走方步；古代儒家如孔、孟、荀都以水與玉
來比德君子。宋儒所謂聖賢氣象，即生活之「潤」。「富潤屋，德

潤身。」凡有潤者，則有福。溫潤之象是含蓄的，如顏淵。孟子的
生命，則是奮鬥的，有鋒芒。至於我個人，於工夫說不上，於溫潤
更說不上，其生命也是奮鬥的。凡屬奮鬥的，皆是破裂的。不過，
我注重一點，即「開朗」，我在此有很多體驗。我們這一時代是破
裂的，所以個人的生命都是破裂的，凡奮鬥皆破裂，因為生命上已
先有對立。我們這一代人都受苦無福。但能保持開朗，事無不可對
人言，已是一層工夫。在此有一困難，即自己開朗，而欲人也開
朗，則又是一層工夫，此一層工夫更難。佛家有所謂四種闡提，即
不可轉的意思，此即是說釋迦對某些人也是無辦法，耶穌上十字
架，即緣此故。孔子對此種人也是無辦法。故在此只能說中道而
立，能者從之。諸位既來成為師友，則師友亦為一倫，殊為難得。
平時大家要不恥下問，並要不恥上問。凡是能談的人，必是開朗的
人。一個人的學問能不能進步，與其造詣之高下，均由此而見。平
時大家都因矜持而不肯問人，生命陷於固蔽。我與唐君毅先生平時
均最虛心，即是你們所寫的東西，我都一字字的看。並且能夠記住
其內容。凡是反對人而亂罵人的人，都是不虛心，普通的人，對人
家所寫的東西都不看而亂罵。當年傅斯年到德國念哲學，老師教他
讀康德哲學，他讀了三遍，還是不懂，於是反過來罵康德。唐先生
對反對他的或自己不了解的，他一定要了解一番，絕不亂反對。以
後大家在朋友之間，要互相坦白，心思開朗，說句俗話，即是「做
一個好漢」。大家必須都成為心思開朗的人才好。

討　論：

㈠吳自甦問：在我們這個聚會裡，實能有一種恬靜舒坦的意
味。我每次參與，雖未得到一定系統的知識，然總覺
得愉快。其意義我也說不出，過後也就忘了，現在才
略覺其意義。

先生曰：這就是好消息，有此愉快之情，須能覺察其意義，此
後雖可有間斷，然不致全忘了，時時提撕、時時警
策，便可從此了悟許多眞理。

又　問：良知與天心有何不同？

先生曰：良知即是天心，天心即是道心，即宇宙之心（cosmic
mind），從人來講，即是良知。從宇宙來講，即是
天心。至於人的良知，何以即是天地萬物之本而成爲
宇宙的心，則我在上次答陳問梅問中已說個大概。我
在那裡說，欲了解其切實義，須有一番徹悟的苦工。
此徹悟的苦工指什麼說呢？大家聽得我剛才所講的
「去矜持，生命開朗」，便知此工夫確有所指，亦確
可作。陸象山說：「我於踐履未能純一，然纔自警
策，便與天地相似。」此就是上下與天地同流，也就
是「天門開，鴿子飛下來」。如果不明此義，那麼你

從剛才所說的共產黨員之生命客觀化處，便可明白其絕不虛幻。你能從工夫上了悟此義，則知良知爲天地萬物之本，完全由此而證實，亦完全以此爲根據而說的。

㈡陳問梅問：先生所著之《致良知教》一書中謂「從良知即道心落下來成爲認識的心」，是什麼意思？

先生曰：講良知是向上走的。要求知識須將良知落下，即是使良知坎陷，作自覺的自我否定，變而爲「識心」，即知性（understanding），使客體（object）與主體（subject）分開，然後知識才能成立。如果客體與主體統而不分，只向上走，則反可將生命逼死，而可轉爲非道德的。這一點在中國過去是一缺點，始終沒有講出來，現在要加以補充，我們須知文化不疏通，則一定出毛病。上下不通，則一定會出布爾雪維克一類的魔道。

又　問：西方之民主究竟何意？

先生曰：民主一定要從政權的客觀化方面去了解，不是單從治權方面去了解，我最近在《民主評論》五卷十四、十五兩期有論〈政道與治道〉一文，可一看，在此文中，可明民主之大意。

㈢王美奐問：我國文化發展之路，是由德到智，西方則由智到
德，二者似乎相反，對不對？又二者雖相反，但在發
展過程中，其距離則愈趨愈近，所以中西文化於此可
以會合，是不是？

先生曰：可以說是相反，中西文化的會合是必然的趨勢。不
過，在我們所差的是智的開出，即是科學之知的表
現。在西方所差的是德的啓發，天心的呈露。這是我
們所應負的時代使命。這裡須有一番大疏通。不是說
任他自然轉移即可以會合的。

1954年9月25日於臺灣師範學院會議室

五、理智與意志對立

㈠各位會友，今天是我們人文友會第五次聚會，今天順著上次王美奐同學問的問題——「西方文化由智到德，我國文化由德到智」——繼續講下去。這是說西方文化系統是個智的系統，我們的文化是個仁的系統。我們由此向裡面了解，許多理論系統，都從這裡開出來，西方文化的長處，在了解普遍之理與形式之理，用心在智的方面，只把握形式的普遍之理（邏輯的），但不是中國的道和太極的普遍之理（形而上的），雖也講到上帝，不過他們順智的路講上帝，仍是知識的。他們所講的理，只滿足成知識的條件，不能滿足成實踐的條件。因為他們由智以把握形式之理，根本是在類族辨物。感覺是零碎的。由智的抽象作用，始穿過感覺而至形式之理。所以他們在這方面是先把思想與感覺分開了。因此才說感覺只給我們材料，而思想始能盡理。理一透顯，則世界脈絡分明。然必須知這個理只是順邏輯定義向前進，對成類而爲言。由此層層上進，而至上帝，亦只是滿足知識的條件，吾所謂觀解的形上學是。此是西方希臘的傳統。在中國仁的系統裡，看世界亦是脈絡分明的，但它不是經過感覺與思想的對立，由邏輯定義之路而見其爲光明，故它所見的理不是邏輯的、形式的，對成類而言的理。譬如由

二十四節見出陰陽消長之理。這個理並不足以成類，所以它不是知識上的。它也不是經由感覺與思想的對立而見，它是由美感而會，所以這不是智的路。由智的路所彰著的一切都是根於「知性」。「知性」是成「知識」的根源。而「實踐」的根源則是「意志」（will）。故成功實踐的條件是從「意志」出。西方也講「意志」（will），也講「道德」（moral），但西方對此始終講不好。蘇格拉底、柏拉圖、亞里斯多德，開啓智的路。所以希臘精神使人成為理智的存在。至基督教出，才使人成為道德的存在。但是他們的學人，並不能就耶穌的道德宗教之德操而言道德的心性。他們對於「智」與「意」總是講不好。他們認為「意志」是橫衝直撞（只見到壞的一面），須有理智來監視（此即為理智主義），他們對意志了解不夠，故對「神意」（上帝的意志）也講不好。在正宗的神學家聖多瑪，也認為上帝之意志，似也應服從理性。故意志之自由與自律，在他們未能統一起來。認為上帝的意志，要受理性法則的支配。意志之自由與理性的法則，認為是對立的，沒有統一（如統一則境界不同），此為「主智論」。另有一派為「主意論」，認為神有絕對的意志自由，神可以創造世界，也可以不創造世界。但如此說來，則上帝之意志自由，看成隨意揮灑（arbitrary），而理性之法則變為外在，因之又形成了一種兩者的對立，仍不統一，所以對神智與神意仍無善會，不如中國。十七世紀有笛卡兒、斯賓諾沙、萊布尼茲三人出現。從西方智的傳統發展至斯賓諾沙，把上帝看做完全是理智的（God＝nature，即上帝等於自然），沒有意志自由，自由是非理性的，一切都是理性的必然。偶然只是無知，上帝的超越性創造性都沒得了。變成一體平舖，一切永恆如如。萊布尼

茲認爲要保存上帝之創造性，必講意志自由，說上帝可能實現好多世界（凡不矛盾的，都是可能的），而擇一最好的給人們。其所以實現，則由於上帝之善意，上帝應該是完全敞開。今講意志自由，謂一部份可實現，一部份不可實現，這是說上帝亦有隱曲，不能完全敞開，故其意志仍爲隨意揮灑。直至康德出來，才把意志（will）講好，認爲意志不僅有壞的一面，而且有好的一面。他講的「意志」（will），是道德的意志（moral will），是有理性的意志（rational will）。講理性（reason）是道德的理性（moral reason）。但他這種說法，在西方太孤，很少有人能領會。他是從心性方面體會進去的。從他可開出價值與道德實踐，故其地位甚高。叔本華可說是康德的再傳弟子，他不透，也講意志，而只是從壞的方面了解的，謂意志是盲目的意志（blind will），即佛家所謂「無明」，認爲意志仍是橫衝直撞。由叔本華下來，即是尼采。尼采對盲目的意志，仍是承認，但他即承當這盲目的意志，向上衝。將「意志」落在生物學上，落在種族上，落在血統上，認爲生命力強才能講道德。故講優秀民族。總之，西方文化是「智」的系統，是走的邏輯的路。這一方面很有成就。但是「仁」一路，則始終不能悟入。現在有「存在主義」出現，乃是西方之新光明。

㈡大家了解我以上所講的這些話，然後才能講歷史文化。今天只講到這裡，下次可就此有不解者提出討論。

六、生命與理性對立

㈠今天是第六次聚會，上次所講的西方文化是經過感覺與思想的對立，順著邏輯定義之路前進的智的系統。他們把「智」與「意」總看成對立，始終講不好。大家如有問題，可提出來討論，沒有問題，我再繼續講一點意思補充上次的不足。

㈡西方文化裡，不但把「智」與「意」看成對立，而且把「生命」與「理性」也看成對立。（生命—life，理性—reason）。他們認為生命是非理性的概念，所謂理想、正義、公道、是非，都屬理性方面。生命裡則沒有什麼理想、正義、公道與是非。二者是對立的，希臘時期的哲學家講理性的，就完全把理性看做與生命對立，同時，注意生命的就想衝破理性。生命有從形上方面講，有從形下方面講。從形上方面講，喜歡講變，衝破一切的變，衝破矛盾的變。海拉克里圖士這位哭泣的哲學家即其代表。這是注意生命一面的一個象徵。同時重理性的，則講不變。此或為巴門里第士的形態，或為柏拉圖形態，然皆輕忽了生命的真實性。柏拉圖的理型是純智的，他講的靈魂亦是純智的，但生命不這樣乾淨，這是一個對立。至於從形下方面講生命的，在希臘哲學裡，從感覺經驗說明知

識是其一變形。普洛塔哥拉士（辯士）說知覺即知識，人為萬物的尺度，就完全是零碎經驗的主觀主義、虛無主義。而柏拉圖則在知識上就重視理性。此雖是說知識，然亦是生命與理性對立的一個形態。如生命只是生命，看不出它的意義來，理性便只是外在的理性，理智的理性。如是，這些對立是免不了的。至聖多瑪講神學，亦以外在的理性講。但是耶穌成宗教，則是代表生命的，但是這個生命，神學家不能了解。以外在理性建立的神學，是不能接契生命的。這是以外在的理性束縛生命。二者仍是對立，並不能得到調和。西方對生命了解不夠，對理性亦了解不夠，對耶穌馬丁路德所表現之生命了解不夠，對康德所講之理性亦了解不夠。其理性乃是邏輯的數學的理性。由於這個緣故，所以在十八世紀出現了啟蒙運動中的「開明理智主義」。後來又轉為「淺薄的理智主義」。把一切平舖，看成沒有價值，沒有等差，平庸凡俗，窒死一切，於是生命的反動，即「浪漫的理性主義」，而又鄙棄了理性。理性是外在的，則生命即是原始的行動與混沌。這是生命與理性都是偏的，都沒有講好的結果。凡是生命力強的人，如尼采，即不受理智主義的理性所束縛，因為此種理性與生命根本無關。近代有康德與黑格爾之理性，即有叔本華之盲目的意志（blind will）。這也是代表生命的。接著下來就是尼采。十九、二十世紀生物學很有進步。如達爾文等，同時即有柏格森講創化論。從生物學的生命上講哲學。其實仍是把生命與理性講成對立。文學家講生命是當行。但他們只是歌頌讚嘆生命，並不能當學問講，他們心目中的生命就是哲學上與理性對立的生命，哲學上與理性對立的生命，究竟也沒有成為真實學問的對象。所以在哲學裡，注意生命的哲學家不是正宗，他們常

被認為反派或野狐禪。他們所講的道理不能算是正統的，也不能算是真正的學問。亦猶文學家歌頌生命不能算是學問。這其中的意味與對立，近時的中國知識份子有了解，他們接上了西方的這一面。三、四十年來，稍微能接近一點西方哲學的，得了一點意味的，便很不喜歡講生命、價值、意志這類的概念。他們以為這都是情感的、衝動的，不是學問的對象，他們心目中的理性和西方傳統所表現的一樣，是外在的理智的理性，他們心目中的生命，也是與西方傳統所表現的一樣，是原始的衝動與混沌。生命成了無理以潤之的東西。它或者只是詩人文人口中的生命，或者只是一片荒蕪，不是學問貫注到的地方。

近時中國人忘掉自己的文化傳統，完全不知我們的前聖往賢，都是在生命上講學問，他們是首先把握生命。但是他們的把握，一方固不是詩人文人口中的讚嘆，一方也不是西方人所表現的生命只是生命，與理性為對立。他們首先把握生命，同時也首先把握理性。但是他們的理性，一方固不是外在的純智的理性，一方也不是與生命為對立。這種用心，與這裡面的觀念，近時知識份子大概全無所知，全忘記了。所以我們的生命理性都是向西方人那種破裂對立的方式走。把數千年來古人所給我們講的和諧調護生命之學，因而所給我們的「和諧的生命」，全部遺忘而毀棄了。然而西方人那種對立的境界實在低得很。

生命究竟是真實的，不能歸化的一個基素。人間的一切，是人的生命的表現。歷史是人創造的，也是生命的表現。若生命只是詩人文人口中的歌頌，或只是一片荒蕪，不是學問所貫注到的，或如西方那樣，凡講生命的都是野狐禪，不是真正的學問，則人間的一

切與歷史,都無法得其說明,亦無由講出一個是非善惡,以指揮並評判人間的活動與歷史。所以對生命與理性的積極認識,是學問上頂重要的一個關鍵。司馬遷說:「究天人之際,通古今之變。」若是人生與理性是西方學問所表現的那個樣子,這兩句話完全無意義,歷史無從講起。希望大家在此多用一番心思。今天只講到這裡,下次再從道德上講意志。

1954年10月9日於臺灣師範學院會議室

七、大學之道在明明德

㈠各位會友，今天是人文友會第七次聚會，今天又有好幾位是新來參加的，我希望新來參加的人，以後每次都要來，不要間斷，聽聽總有好處，這裡和課堂聽課不同，不一定要從頭開始，它每次都有相當自足性，多聽幾次，自然有所了解。平日大家上課，於系統知識上，必求有所得。這裡很可以無所得。但如在生活上，大家談談，把心思凝聚一下，亦是一種收穫，較之課堂上的所得更大，亦很不同。在這裡，可培養另一種性情，另一種襟懷，肯定另一種道理，而在課堂上是得不到的。本會用心是在這一方面多一點，了解一種道理，必須靠著一種氣氛薰習，時間既久，收效至大。這是特別對新來會友說的一點意思。

㈡我們第五次講的是理智與意志的對立，第六次又講生命與理性的對立，以補其不足，在西方哲學裡，視講生命的哲學不是正宗的，亦不是真正的學問。這是因為他們把生命與理性對立，不能在這裡開闢出真實的學問，但是中國學問卻正在這裡著眼，開出「大學之道，在明明德」的大學問。這點近時的知識份子全忘記了。尤其讀哲學的人，完全順西方與生命對立的理性一面走，對於生命完

全輕忽，因此不得不流於形式主義、技術主義。哲學上是如此，文學上亦然。大家對於西方的文學作品，詩、小說、戲劇，都讀了好多。意識上對於文學的觀念，完全是西方文學中的那些觀念。中國文學亦有它的一套觀念（基本範疇），所謂「溫柔敦厚，詩教也」，這種中國式的理想主義、人文主義、古典主義的文學觀，近時知識份子也完全接不上。中國文學中的生命，是不與理性為對立的，這是跟中國儒家學問下來的。歷史方面，西方人對於歷史亦有它的一套基本概念。他們的歷史由神話開始，以英雄傳記為主，近代治史，則有所謂科學方法，全流於外在史事之舖述。這也影響了中國人。中國對於歷史，則由史官說起，史官紀事是很嚴正的，所謂董狐之筆、春秋之筆。下屆太史公，有所謂「究天人之際，通古今之變」這套概念，近人也接不上。近人治史，完全停在科學方法所成的考據上，與生命脫了節。這完全不是中國以前講史的態度。大家試看，近數十年來，中國人對學問的態度，在哲學、文學、史學上所表現的，完全是向西方的「學問模型」看齊，對於中國的「學問模型」是處於否定的地位。我們這個聚會主要用心就是想在這裡點醒大家，想開出學問的新途徑，克服這個對立，再來一次否定，就是所謂「否定之否定」。這個受苦的時代，實在是使吾人已屆超轉的時代。根本關鍵是對於生命的正視，由此悟入中國聖哲所開出的真實學問。哲學應當在這種學問的認識上重新調整，文學也應當基於這種學問的認識重新培養其靈魂，歷史也應當基於這種學問的認識重新轉換提高其心靈。以前朱子為什麼說「先讀經後讀史」，只有在這種學問的認識上才可明白。我們這許多年來講話，主要線索是告訴大家先認識西方的這種概念，而後再翻出來認識中

國學問是什麼，西方所謂的學問，只是外在的知識，與生命無關。中國所講的學問，以前的人所謂的「大學之道，在明明德」，現在的人都不當做學問，把過去的都忘記了，既已忘記了這些，則看文學哲學歷史，都和過去不同是當然的。我上次後段所講的講詞裡特別提出這點來要大家注意。大家須知中國所講的學問，即明明德的學問，是生命的學問。生命終究是真實的（心靈、生命、物質這三概念都是真實的，是最基本的存在，必須承認，必須肯定），是基本的存在。如不了解生命，只知外在的事實（材料），並不是真了解歷史，要了解歷史的真實性（reality），非通到生命不可。如以生命非學問對象，則對於由生命來的歷史文化如何可以了解？所以我說對生命與理性的積極認識，是學問上頂重要的關鍵。這一點轉過來，則我國文化生命，將有無限之發展。這樣才能「究天人之際，通古今之變」。

　　我上面的話不是無根的。只要大家目光一落實，即可對照出來，茲以學哲學的為例：金岳霖先生是讀西方哲學很有成就的人。但他的造詣只是停在英國經驗主義的傳統以及近時實在論的立場。對於西方學術的大傳統並接不上。本來在平時念哲學的人，只容易接受邏輯數學的一套概念，只是理智的，最不喜歡講生命、文化。根本就沒有文化意識。今天在台灣，如你不造反，也沒有那個管你，這便是所謂自由中國。但在今天大陸上共產黨那裡，如果還是這樣，那就不行。你不管他，他卻管你。知識份子一見共產黨的一套理論，看看也言之成理，於是由這一套理智的理論，轉成那一套理智的理論，也就可能了，這要是沒有根底，是抵不住這種壓力的。如一動搖，那就壞了！金岳霖先生的自白書，我看過了以後，

使我發生無限感慨,所以我曾經寫了一篇文章,論科學以上的學
問。共產黨看清了時代的風氣是虛無主義,沒有著落,他卻不允許
虛無主義,一定要你有肯定,有著落(當然它最後是個大虛無主
義)。金先生平常只是作邏輯思考,他所注意的是邏輯的形式,只
重「如何」(how),不重實際的肯定。把一切看做是形式上的問
題,當技術問題來處理,所肯定的只是這個形式;至於實際則不
管,即不加肯定。例如「吃砒霜可以致死」,只問「吃」與「致」
之間的關係,死不死,那是另一問題,則不管。《莊子·秋水》篇
謂「以道觀之,物無貴賤」。這其中亦含有一種「假然」的邏輯關
係,但是透過這關係而看那真實性的「道」,卻不在其考慮之列。
凡講邏輯的,總是只講邏輯的「形式」,並不問「道」。中國過去
的人卻要問「道」。金先生說他與唯心論鬥爭了幾十年,這並不因
為有沒有「心」,乃是因為唯心論在邏輯上說不通。他的興趣只在
邏輯上之通不通,不在直接去正視那實際世界中的「心」。所以他
覺得抗戰這種事,在他的意識裡、生命裡,並不起什麼作用,看不
出什麼道理來,跟著到後方去,不過是隨大家走。試想一位哲學家
對於整個中華民族為了生死存亡,抵抗日本的侵略,竟看不出道理
來,看不出理由來,這是什麼緣故?若照他的說法,試問還有什麼
理由去打日本,去殺漢奸?他自白書的這些話,共產黨並不能叫他
這樣寫,也不會了解這些,他是真正的反省到形式主義、技術主義
的本性。因為抗戰的道理及其價值上的真實性,並不函在他的形式
主義與技術主義裡。我看到他這層意思,真是觸目驚心,感慨不
置!我覺得這是當前的一個極大的問題!這個問題,就是透過形式
接觸真實的問題,也就是生命的問題。金先生當然也肯定「真

實」，但是他的真實只是肯定現象，科學的自然對象；並不是意義、價值、生命這種真實。他在這裡完全無所感。知識份子，高等知識份子，竟到了這個地步！如果人心未泯，安能無動於衷？知識份子在此必有一轉，如有憂患之感、切膚之痛，可以一轉而歸於中國的學問路上來，則是中國的大幸福。如一轉而墮落到共產黨的路上去，那就是中國的大悲哀，也是全世界人類的悲哀。我過去的一篇文章，即在說明我的這種意思，希望今天的中國知識份子覺悟。可是在台的知識份子，仍未了解這層意思，仍舊被陷在金先生的那一套形式主義、技術主義、虛無主義的圈子裡迷而不悟。我並不是無禮責備前輩，實在是看到這是時代的一個大毛病！現在我們要肯定的是「大學之道，在明明德」。我們要對抗日戰爭有肯定，要知道它的道理，我們在外在的邏輯、數學、政治學、經濟學方面，通同找不出它的道理來，只有在生命的學問裡才能看出這裡有一個真理！絕不是情感的衝動。這是根本問題、是立場、是態度。這是永恆的、絕對的。因此，在西方要有耶穌，在中國要有孔子。即是要有肯定、有立場、有態度。即是所謂天變地變道不變。現在的哲學家卻於此茫然，連中日之戰這種大事都無法肯定，試問哲學家還有什麼意思？還有什麼道理？這個時代可以使我們了解好多道理，所以說這是大時代。我們須知抗戰是情感、是生命，也是理性。但這裡的情感，並不是寡頭的情感。我從這裡逼出道理來，使你了解中國學問，從中國學問裡轉上去。

討　論：

㈠吳自甦問：從「事法界」進至「理法界」作何解釋？

先生曰：現在的人講學問，只從科學的態度講，只論「事」
（event），沒有「理」（reason），沒有「體」
（substance），沒有「力」（force）。過去古典的
物理學者，都講這三者（理、體、力），自從愛因斯
坦以後，則成爲三無（無理、無體、無力）。現在講
「國家」的，認爲國家也不過是一個社團，並無綜合
理性上的根據，總要把它望下拖，拖成事務上的關係
而已。今之講「自由」，只下定義，認爲自由是
liberties（多數的），只成爲外在的，不講 freedom，
認爲 freedom 是抽象的。其實 freedom 是從人格上
講，道德意義上講的。講自由，不從人格上講，而只
從外在的權利上說，其自由只成了享受上的自由。這
即是科學態度的結果。科學雖可貴，但在這裡這種科
學態度卻成爲可厭惡的。契爾克卡德
（Kierkegaard）：說「數千年來，人們皆實踐了
愛，詩人歌唱了愛，只是十九世紀的教授，則想爲愛
下定義，以便配合到他那嚴密的邏輯系統裡。」這是
說將「愛」變成外在的、客觀的，即將愛推出去了。
這是只有「事」，沒有「理、體、力」，所以說要從

「事法界」進到「理法界」。意即講學問不能只從外
在的「事」上講，要進到內在的「理」上講。

又　問：何謂以理生氣？

先生曰：所謂以理生氣，是指中國所講的良知之理，「天命之
　　　　謂性」之理，才能生氣。邏輯數學之理，並不能生
　　　　氣。

㈡陳問梅問：思想、觀念是否爲環境決定？

先生曰：馬克思說，「存在決定意識」，這在認識關係上是可
　　　　以說的，但「意識決定存在」，是從實踐上講的。

八、意志與超意志

㈠各位會友，今天是我們人文友會第八次聚會，上次所講的是把生命與理性的對立再解釋一番。因爲十九、二十世紀來是西方的學問領導世界，領導的結果，已發生了很大的毛病。總括起來，從意識形態上說，是科學唯物論；從文明方面說，是科學工業技術化；從生活上說，是享受腐敗。這是世界的同風。在這種風氣之下，很顯明的表現出一種怪現象，即共產黨主張唯物論，而行動則是十分唯心論的，自由世界允許我們講唯心論，而一般的意識與生活卻是十分唯物的。共產黨的行動十分表現意志力及人能。但他並不肯定唯心論，卻肯定唯物論，這都是自我分裂，不是順理成章的，所以亂。自行分裂，是一大悲劇，不但是自我分裂。須知行動十分表現意志力及人能，而不必就是眞的唯心論。共黨不肯就這意志力及人能而肯定道德心靈以成爲眞正的意志力及人能，所以它的意志力及人能都成爲邪僻與反動的狠愎，不是價值的根源，反成爲否定價值的罪惡。反是罪惡的根源。所以這畢竟還是貌似的唯心論，而不是眞的唯心論，所以它的一切理想，正義亦都是貌似的，而不是眞實的。這才是悲劇的根源。你看過去在大陸，大體上說，一般優秀的，有性情有理想的青年，都爲共產黨所吸引，日本現在

也是這樣。這是一大危機。至於自由世界雖講自由民主，但這民主
自由，早已客觀化，成了制度，已失掉其理想性，不能吸引青年爲
之奮鬥，現在還是在現實生活上過其寡頭的自由民主生活，再加上
科學唯物論，當然沒有理想，不能號召了。我們現在要使自由民主
成爲理想，恢復其號召性，必須在這寡頭的自由民主與科學唯物論
以外，加上一個東西。現在要承認這個時代的主動精神在克里姆林
宮，自由世界只是被動的（passive）步步落後。但在共產黨所代表
的是「否定」，他把過去所肯定的正面的許多東西都否定了。過去
正面的許多名詞，大家已聽厭了。再講誰也不管。所以現在要把那
現實化、表面化的名詞暫時撤開，重新向裡透視一步，從生命上
講，藉以恢復我們的理想，爭取主動。本來這個時代，只要稍微用
點心，就可看出時代的毛病，可是現在的人爲科學工業技術化閉塞
得太深，仍無動於衷，共產黨的形態在這個時代很像秦始皇與法
家，自由世界一日不覺悟，則即一日有利於共產黨。長此以往，很
可能發生秦始皇統一六國的危險。

　　我們講歷史有兩條路，一條是歷史的判斷，一條是道德的判斷
（從前朱子與陳同甫爭漢唐，即此二者之爭）。從歷史判斷上講，
我們可以承認共產黨之發生有其歷史的原因，但從道德的判斷上
講，它卻是代表罪惡。我們現在的心思須廣大鎮靜，不要認爲共產
黨現在很得勢，即認爲他們代表真理。我們只能從歷史判斷上承認
其有負面的價值，但它究竟不是正面，生命上發出來的力量是不可
思議的，當年孔孟點出仁義即在將生命活轉，這是文化的真途徑。

討　論：

㈠陳問梅問：西方表現智，東方表現仁，是否由於環境所決
　　　　　　定？

先生曰：這是歷史的趨勢，沒有邏輯的理由。心德無窮無盡，
　　　　不能一下子全體呈露，表現內容，要有發展過程。至
　　　　於表現那一面，則視因緣如何，一個民族的心德，首
　　　　先表現那一面，只有歷史的原因，沒有邏輯的理由。
　　　　我們拉長了看，凡是眞理，總會出現，心德無窮無
　　　　盡，通通要出來，不要講環境決定不決定。把一切責
　　　　任推給環境，這在道德上無法講。儒家講道理從兩個
　　　　標準講：一爲政治的；一爲道德的。講政治爲王道
　　　　（足食足兵），講道德爲內聖，故說「內聖外王」。
　　　　文化有普遍性，也有特殊性，文化要有表現，二者均
　　　　須肯定，所以不能只承認其普遍性，或只承認其特殊
　　　　性，過去黃黎洲只講文化觀念，只肯定理，即只肯定
　　　　了文化的普遍性，王船山卻講文化與民族不可分，旣
　　　　肯定理又肯定氣，即肯定了文化的普遍性與特殊性，
　　　　所以王船山確比黃黎洲爲透徹。

㈡王美奐問：第七次講詞裡所講的根本問題，其根本究竟爲
　　　　　　何？

先生曰：這根本問題所指之根本，即是道德心靈之復活。

㈢陳問梅問：孟子所謂之性，是否必須與心不分？

先生曰：性有氣質之性與義理之性。氣質之性不成其為性，講性善是指義理之性講的，至告子所謂「生之謂性」乃體性學上的講法，是邏輯的陳述，故無善惡可言，與氣質之性與義理之性又不同。孟子所謂之性與心，是不可分的。

又　問：惻隱之心，除孺子入井一例，是否還有更顯明的理由？

先生曰：惻隱之心，是仁之端，不是任何人創造的，是天造地設的，必須肯定，不容懷疑，否則即對一切無法講起。孺子入井是最親切的指點。如果這裡真了解透徹，而見其為人之天造地設之性，則亦用不著另外講理由予以肯定。換言之，即使一切可疑，這一點絕不可疑。

㈣王美奐問：先生前講所謂透過形式接觸真實，這個真實是什麼？

先生曰：這真實，在共產黨認為是「階級」，所以，他們以階級為立場，在我們則是「道德的主體」。其實階級並不是個真實，因為它只是個量的概念。這是他們的錯誤。

㈤王道榮問：惻隱之心是不是後天的？

先生曰：不，這不是後天的，不是經驗的，而是先天的，這裡所講的先天，並不是時間上的或生物學上的先天，人的生活範圍內有三個座標必須知道：㈠邏輯；㈡數學；㈢道德，這三者都是先天的，都當承認。這即是唯心論所肯定的。須知唯心論，並不是不承認外物。講學總是要教人回過頭來向自己轉，一定要把你前面的東西去掉，使無依靠，然後才知真理，佛教、耶穌教均是如此。所謂極樂世界，所謂天國，即在「心」裡。我國所謂的「孝」、「弟」都是先天的，並非後天的、經驗的。道德的我、邏輯的我，都是先天的我。經驗的我，才是後天的我。

九、邏輯的我與道德的我

㈠我們這好多次的講法，都是注重疏導，希望一層層的逼上去，找到立腳點（即所謂立場）。從此翻出來，再展開來，和一切接上去，然後才能有文化理想。不過，這需要把精神凝聚起來，從內在深處發出來的力量才是。馬克思在英國圖書館裡悶上了多少年，他所發出來的一套思想，力量多大！講學問須和生命接觸，須發於獨，不能純從客觀事物的排比上發。我們現在總要常存悲憫之感（即 cosmic feeling），要有時代意識和文化意識才行，這是把多次來所講的總起來再說一說。

㈡今天我再順著上次王道榮同學問的問題，我曾說到「道德的我邏輯的我都是先天的我」，這層意思再詳細為大家講一講。我這幾次的疏導，即是要在生命中有一個肯定、肯定普遍的道德心靈，消除理智與意志的對立、理性與生命的對立。生命有生物的生命，有真實的生命。所謂最後的立場，即是在生命中提一下，肯定普遍的道德心靈，這即是 Kierkegaard 所說的「主體性即是真理」。主體上才有決斷，才有肯定。這一個肯定、一個立場、一個態度，即是真理。這是真實，不是虛幻，這也就是真我。而生理的我，乃是

假我。認識了眞我，才認識生理的主體是假我，才能殺身成仁。若從生理的主體進一步而講到意識與情感之流裡的我，這也是假我，這是心理的我，亦即經驗的我。這是主觀的，因時因地因人而不同，沒有普遍性。若以普遍的道德心靈爲主體，則是客觀的我。陸象山所謂「東海有聖人出焉，此心同也，此理同也；西海有聖人出焉，此心同也，此理同也；南海北海有聖人出焉，此心同也，此理同也；千百世之上，至千百世之下，有聖人出焉，此心此理，亦莫不同也。」此心同，此理同，即道德的我。這是從仁義之性上說的，這即客觀的意思（這裡的客觀和客觀對象之客觀不同）。是以「理」與「法則」來規定，它本身全是「理」與「法則」，所謂道德的我，即完全是由心靈之理性化與法則化而成，所以說「此心同，此理同」。（邏輯的我，則整個是一個邏輯的推理而成。）這非要從生理的主體與心理的主體糾纏一關中解放出來不可。這種生理的與心理的糾纏，即佛家所說的「生死海」，即「眞我」（普遍的客觀的我）沒有透露出來。從前理學家講學，總是要將這眞我透露出來。這即是耶穌所說的「這就是光」。這就是生命之依靠。有了這個，才能有古人所說的「壁立千仞」、「八風吹不動」。過去理學家，都是用心於此。至於邏輯的我，中國從前卻未注意及之，因爲中國不甚注意知識。這在西方講得比較透徹，但也不是所有思想家都能接觸到這點，只不過是某些學派的思想家達到這種境界。例如英國經驗主義的洛克、休謨、米爾，直到羅素，這一派的人所了解的我，都是經驗的我。羅素雖講邏輯，但他不向裡收，卻是向外推出去了。他只向心理學上看主體，即由感覺、知覺、想像、聯想、記憶而言。（講心理都是與生理連的。）由此也可進到理解

（understanding）。但眞正之理解還不夠，這只能說是經驗的理解，並不是邏輯的我；還是主觀的，不是客觀的。光是經驗的我、主觀的我，則知識的客觀性與普遍性不可得。我們若是不向外推而向裡收，再從主體上透進一步，那就是歐洲大陸上的理性主義了。笛卡兒說的「我思故我在」（I think therefore I am）這個「我」，即是「邏輯的我」。我們須知我們身體的我，乃是經驗的我，變化無常，並無客觀性與普遍性。他從「思」上說我，是以思想爲主體，不是以生理爲主體，也不是心理學的意義所說的思想，（心理的主體，如喜怒哀懼愛惡欲，都是心理現象，都是佛家所說的八識流轉的業識，變化不定。）而是以邏輯法則所規定的思想。它一面是動用，一面是貞定。所以說是「邏輯的我」。因爲是邏輯的我，所以是客觀的。因其有理在內，所以才能客觀化。這邏輯主體的思想加上經驗材料，即成科學知識。純粹的思想，即是邏輯、數學。（前面所說的道德的我，是從生理的心理的生命中提鍊出來的，此較以純粹思想爲主體的邏輯的我更高一層。）但英國人對德國人的思想總是反對，他們不採取德人的講法。不過，現在英國的羅素，也知道邏輯、數學是先天的，不是經驗的。但是，還不知道這個先天是落在那裡。他所謂的先天，只是架空的、邏輯的，是虛的、是飄浮的，只是形式主義。若是要從此進一步落實，則必須進到理性主義，落在邏輯的我上才行。今天的人，偏怕講理性主義，只停在形式主義上。笛卡兒講「我思故我在」，即是邏輯的我，但未說出罷了。及至康德講純粹理性的批判，講自然科學如何可能即在透出這個邏輯的我。有理性、有法則，才能客觀化。康德有所謂十二範疇。每一範疇，即代表一法則，都是純粹的概念。這都是由

邏輯的我自發出來的。（他有自發性、主動性。）這些法則都是成功科學知識的形式的（先天的）條件。如此，科學知識才可能。你去觀察、歸納，必須後面有這些法則去貫串，去使其有條理，才有可能，否則不可能。感覺經驗只是些材料，必須有因果律，才成知識。但因果律卻看不見、拿不到。休謨曾批評因果律是不能證明的。總之，科學須靠歸納，而歸納須有因果律，但因果律只是習慣的聯想，沒有理由。如「吃砒霜可以致死」，「吃砒霜」與「死」，本無關係，但吃砒霜常常可以致死，是因聯想而謂其有因果關係，實則只是主觀的聯想。故休謨謂相信因果律，等於相信上帝。若果如此，則科學知識沒有根據。康德出來以後，則不從經驗主義上答覆這一問題，而以邏輯的我自發出來的範疇爲成科學的法則。這些法則是如網狀的結構，感覺經驗落在這網狀的結構上，故歸納爲可能，因之能成爲科學。總之康德是落在邏輯的我上。現在的人不喜講理性主義，即由於不知邏輯的我。我現在講這些，即是要大家從生理的心理的生命中超拔出來，肯定「道德的我」、肯定「邏輯的我」。這是二大骨幹，從此才能接觸眞生命，講眞學問。現在的人，只是西方現代的風氣，只認識客體，不認識主體，而主體是被忽視的荒涼的（生命的荒涼），現在中國人所謂的科學，所謂的吸收西方學問，至多只不過是英國經驗主義的態度，並不知道理性主義所認識的科學（其實康德最認識科學）。我們所謂的「大學之道，在明明德」，明德之可說，須先從生命上將「道德的我」透顯出來（如透顯邏輯的我一樣），有明德然後才能講是非善惡。我個人對於這方面的了解，是先了解邏輯，後了解康德，再了解孟子。要了解超越的東西，必須要反顯，要將生活上的習氣鍊子通同

摔掉，然後當下即是。要想透露主體，非如此不可。這樣才能講價
值之源。這總不能順著觸覺向外取，必須打回來，無所得。（有所
得，則不可得。）以前的人不大注重知識，即緣此故。中國近三、
四十年來（西方十九、二十世紀），因科學有成就，大家講學問，
都只是向外取，都被蒙蔽得死死的。過去東方的中國與西方的希
臘，講學問都是「逆之」的路，所以才能認識真理，才有所肯定，
才有態度，才有立場。大家對於這種道理，要是從學究上去了解，
卻比較麻煩，若從生活上去體驗，則比較容易。

㈢大家在目前總要正視人生，總要有一點痛苦的感覺與悲憫的
意識，才能領會我所說的道理，否則我所講的都成廢話。我們講這
些都是有一個「願」，重對內，不重對外，我們這講詞，要向外
寄，必須是先與我們發生了人的關係才可，不要隨便寄出。我們這
許多年來已不知寫了多少文章發表了，可是看的人也只是當文章看
了，假使沒有人的關係，其心靈上沒有根本的轉變，仍把我們所講
的當做文章看，變成完全不相干，那有什麼用呢？我總喜歡心思開
朗的人、有性情的人。不喜歡自我封閉的人。大家如有感覺，肯用
心，正視人生、正視時代，則人品學問始可有立。

討　論：

吳自甦問：懷疑論與悲觀主義有什麼關係？

先生曰：懷疑論是從哲學上講的，悲觀主義是從生活上講的。

可是哲學上的懷疑論，如若懷疑到底而無肯定，則生活上不是悲觀主義，即是玩世主義，所以需要從哲學上透出最後的肯定來。這類問題，看起來很專門，其實並不如此，倘照中國從前的人的講法講起來，則感到很容易、很簡單。

十、具體的解悟與抽象的解悟

㈠各位會友，今天是我們友會的第十次聚會。我們前幾次連續講下來，差不多都是連貫的，從理智與意志的對立、理性與生命的對立，直講到邏輯的我與道德的我，關於這些道理，到此可作一段落。

㈡今天我先對大家有幾點報告：(1)香港人生雜誌社王道先生極願意登載我們友會的講詞，這本非我們的初意，我本不主張發表。因為會中講話，只是師友講習。在場的人因種種背景烘托，覺得很有意思。但記錄下來，文字孤離，言辭不備，很易引起誤會。又現時人心太散，任何東西都想向外表露。發散之意重，收攝之功少。落英繽紛，都成頹敗。以散遇散，亦是落英之一。我們的本意只是想叫大眾凝聚提撕，向深處想，向遠處看。我現在仍是希望各位會友常常體念此意。若一味紛馳，反成辜負；(2)勞思光先生最近想接辦一種刊物，如果成功，希望各位會友在他的刊物上發表文章，藉資練習。從前張東蓀先生總是鼓勵青年人發表，他對青年人的寫作都說好，但他事實上並不太負責去看，而熊先生（十力）則不願青年人隨便發表，因為青年人什麼都未成熟，若常發表，必致渙發精

神、耗竭生命，而且易於養成自滿心理，影響進步。照我看來，隨便發表，固然不好；不發表，也會閉塞思路。倘有機會發表，不妨藉此練習思考、練習寫作，亦即訓練自己，但不要自以為是。從前的人，總是想了解古人，總說自己不懂。現在的人，在思想自由學術自由的口號下，總說我有我的見地、我有我的立場，自由、立場，反成拒絕眞理的擋箭牌。須知養成一個見地是不容易的，也沒有那麼許多立場。我希望我們的會友不要有這種習氣；(3)自有聚會以來，已有數月之久，但眞正聚會時間，雖不很多，只不過每兩週一次，可是近來大家都很有進步，這是可喜的現象，如陳問梅同學最近寫了一篇關於「人性論」的文字，行文很有次序，尤其能從文學作品裡看出人性之善。我想就這一點說一點意思。諸位大都是文學系的同學，讀文學的人作抽象的理論的思考常常不行。然能就文學作品悟出道理來，這也是一條途徑。當年孟子道性善，言必稱堯舜，而趙岐又稱他善長《詩》、《書》，《詩》可以興，《書》可以鑑。就《詩》論《詩》，大都是具體的情感。就《書》論《書》，大都是具體史料或格言，這表面看來，好像是瑣碎，荀子就因此故，主張「隆禮義而殺《詩》、《書》」。但孟子卻善長《詩》、《書》，必是他於這裡有所體悟。即就他道性善言，我們也可以說，他必是能於具體的性情及嘉言懿行中體悟到民之秉彝以及人性之善。這即是由具體雜感中體悟出形而上的普遍原理來，由此進入聖學之堂奧，並沒有白讀了《詩》、《書》。我說這意思，即在使大家明白，孟子的這種體悟，就叫做「具體的解悟」（concrete understanding）。荀子「隆禮義而殺《詩》、《書》」，就表示他只知道禮義的表面的整齊性，《詩》、《書》

的表面的雜碎性。他不能由具體之情體悟出形而上的普遍原理來。由此可知荀子的具體解悟力是很差的，他只能有「抽象的解悟力」（ abstract understanding ）。我現在乘此機會對於這兩個名詞略微解釋一下，使各位會友有所興發。

具體的解悟是把握形而上的原理的，抽象解悟是把握屬於知識的概念的，我上次講到邏輯的我，抽象的解悟就是由邏輯的我而發出。它是通過邏輯定義或是歸納手續而把握抽象的概念或抽象的共理。它也是從特殊中見普遍，但它所見的普遍實在是代表知識的種類概念，是以類族辨物的定義或歸納來規定的，所以它所見的普遍是抽象的。普遍（或共理）是抽象的普遍，即以此來規定這種解悟為抽象的解悟。至於具體的解悟，雖也是由特殊見普遍，但它所見的普遍不是代表知識的，而是形而上的原理，而這種原理也不是通過邏輯定義或歸納而見的抽象的普遍，而卻是具體的普遍（ concrete universal，具體的共理 ），即以此具體的普遍來規定這種解悟為具體的解悟。一粒沙中見世界是具體的解悟，由一年二十四節觀出陰陽消長之理，這也是具體的解悟。孟子由《詩》、《書》而體悟民之秉彝、人之性善，這也是具體的解悟。一華一法界，一葉一如來，亦是具體的解悟。因為由一粒沙中所見的世界，由二十四節所觀的陰陽消長之理，由《詩》、《書》見的性善，由一華、一葉所見的法界與如來，這都不是定義或歸納中抽象的共理，這些話也都不是定義，也不代表科學知識。定義或歸納中的抽象之理，都是論謂特殊事件之特性而以類從。具體的解悟所把握的具體普遍之理，不是論謂特殊事件之特性的。法界與如來不是一個事件的特性，陰陽消長之理不是一個事件的特性。它不論謂任何事

件,可是任何事件也離不了它。推之,老子的道、孔子的仁、孟子的性善之性、王陽明的良知,都不是定義中的理,也都不是可以下定義的。即使下定義,也只是字面的定義或名稱的定義(verbal definition or nominal definition),而不是真實定義(real definition)。字面定義也只是一個引子,由之以悟其德之全。而這種悟中亦就是具體的解悟。

　　具體的解悟或是屬於形而上的原理或是屬於歷史。不管是那方面,這種解悟所把握的都必須是精神的實體。形而上的原理,亦必須是精神的實體(spiritual substance),並不是任何外在的形而上的概念都可說由具體的解悟來把握。此譬如唯物論的物質、原子論的原子,便不可說是具體的解悟所把握的。

　　歷史如果用科學的方法或抽象的解悟來解析,便祇是事件的排比統計與記憶。這不能說是解悟。所以在歷史方面,如果說解悟,便須是具體的解悟。由具體的解悟方可說是了解或解析歷史。此所了解的便是通過具體的事件而把握其背後的精神的發展。這不是論謂具體事件之特性的,所以不是排比分類中的抽象之理。反之,那些具體事件,倒是由那精神發展之過程或理路而帶出來的。排比垓下之戰中的事件,以及昆陽之戰中的事件,以及與垓下之戰相類似的戰爭與昆陽之戰相類似的戰爭,並不真能了解項羽何以會敗、光武何以會勝;亦不能推斷項羽敗、其他類似的戰爭亦必敗;光武勝、其他類似的戰爭亦必勝。這種排比統計,對於了解歷史是並無多大幫助的。所以科學方法與抽象的解悟用之於自然,可以成為科學,用之於歷史與社會,便祇成排比統計與記憶,並不能算是真地了解歷史與社會。所以用這種方法與解悟而成的所謂歷史科學社會

科學，完全是貧乏的、瑣碎的、無意義的。

抽象的解悟由邏輯的我發，它所把握的是抽象的共理。具體的解悟由道德的我發，它所把握的是具體的精神的普遍之理。精神生活強的人，具體解悟力亦強。孔、孟於道體（形而上的原理）及歷史文化兩方面，具體的解悟力俱強。老、莊於道體方面強，而於歷史文化方面弱。程、朱、陸、王都於道體方面強，於歷史文化方面則不甚彰顯。王船山則兩方俱強，而於歷史文化方面則特彰顯。荀子祇有抽象的解悟力，顧亭林亦然。朱子於具體的解悟及抽象的解悟俱強。在西方大都抽象的解悟力強。唯黑格爾及凱塞林則具體的解悟力特別強。故他們兩人皆能精論歷史文化。順抽象的解悟前進，雖講到上帝（上帝是具體的、精神的），亦祇是抽象的解悟所把握的上帝，並不眞了解上帝。康德是由抽象的解悟開啓具體的解悟的一個轉關。契爾克伽德具體的解悟強，眞能了解上帝。現在的存在主義，亦可以說是走的具體解悟的路，由具體的解悟以講人生。此可謂近道之方。

抽象的解悟與具體的解悟不是平列的對立，而是本末的兩層。中國人以前常說某某人有解悟、有穎悟、有神解，都是指具體的解悟說的。如王龍溪、羅近溪，都是這種解悟力極強的人。當今的熊先生亦是神解過人。但是必須知道這種解悟不是普通所說的那種泛泛的直覺或聰明。這必須扣緊它所把握的對象而確定它的意義，必須從道德的主體發，反而即把握這道德的主體所表現的精神發展之理路。這是有定規有確定內容的。否則全成為主觀的，無定準的，以此為世人所詬病，遂祇有轉向抽象解悟之一途。如知它必從道德的主體發，且反而即把握此道德的主體所表現之精神發展之理路，

則此種解悟，以前的人即開爲三階段以明其全部的意義：(1)解悟；
(2)證悟（體悟）；(3)徹悟。這都指悟道、修道言，即指悟道德主體
以及精神之發展言。

　　我今天因爲陳問梅同學的文字，一時想到這個問題，故略微解
釋一下。今天有勞思光及韋政通兩位先生參加我們這個友會。我們
很希望兩位先生多給我們講一點。

(1)**勞思光**： 我來參加這友會聽講，這是第二次，我前次建議
　　　　　　　有系統的講，已蒙牟先生採納，很愉快。關於牟先生
　　　　　　　剛才所講到 abstract understanding 和 concrete
　　　　　　　understanding，我想再加一點補充，以助大家明瞭：
　　　　　　　最強調具體的解悟重要的是德國的歷史學派的第爾推
　　　　　　　（Dilthey）。我們看歷史可有兩種看法：一種是從
　　　　　　　事象存在上看，即當做一個個看；一種是從心靈活動
　　　　　　　上看，即當做整個的看。前者是自然科學即經驗科學
　　　　　　　的態度，後者是人文科學即精神科學的態度。第爾推
　　　　　　　他認爲人類的歷史，即是精神生活的歷史，人們抽象
　　　　　　　的解悟，祇能了解自然科學的道理，祇是把一切事物
　　　　　　　當做一個個的事象看，其中的關係，祇是一種因果律
　　　　　　　的關係，其實這並不夠，自然科學是有窮的，這在人
　　　　　　　生中總有一個角落達不到，所以他喊出具體的解悟
　　　　　　　來，要人們藉此眞正了解歷史，這樣才能看出歷史的
　　　　　　　價值和意義，才能講歷史哲學。這種具體的解悟，以
　　　　　　　中國的字樣說，我想用「體驗」二字來代表，不知道

對不對，我順便要在這裡說明：這兩種 understanding 並不是將 understanding 分為二面，而是說人們對一切的了解有兩種境界，所了解的各有不同。

⑵**韋政通**：我今天是第一次來聽講，我覺得這是一個光明所在，我希望在座的諸位在目前的情形下要在各人自己的崗位上努力！我雖住在鄉下，但是很想以後時常來聽。

⑶**牟先生**：剛才勞先生的補充令人愉快之至。大家要想明白具體的解悟的實例，我願推薦最近《民主潮月刊》上勞先生一篇〈秦論〉的大文給大家一讀。

十一、無可奈何的缺憾

㈠各位會友，今天是我們人文友會第十一次的聚會。我們自有友會以來，精神很好，上次聚會恰好是國曆元旦（上次聚會，僅複習前講與自由交談，未做記錄，亦不計入會次），離開不遠的禮堂上雖在唱大戲，可是大家並不往顧，依舊是興趣盎然的聽講，而我倒是有時隨便一點，這就是師友夾持。這個意思，我在這裡提一提，是說這種氣象是很不容易的，務須常常保持。以後大家到別的地方，必須知道取友。朋友雖不可濫，但益友絕不可少。如無益友，則學問很難進步。以熊先生說，他老年就有梁漱溟先生等幾位老友。有些人雖已在社會上成大名，但是並沒有真朋友，老年人無朋友，也是可悲哀的。取友須有眼識，認得真。在今年這最後一次聚會裡，我想說兩點意思：一是結論方面的，一是未來方面的（即將來向那一方面開展）。關於結論方面，不是指所講的內容，而是指我們做人的態度、志氣、精神生活、文化意識、以及客觀情緒。我想，人生總是有缺陷的，生在這個時代，尤有缺陷，有些人稱讚缺陷之美，但我在這裡說的，乃是指的令人無可奈何的部份，這是天生的，好像基督教說的原罪一樣，這需要補救，才能無缺。假定我們生來有三樂（「父母俱存，兄弟無故，一樂也；仰不愧於天，

俯不怍於人，二樂也；得天下英才而教育之，三樂也。」而且天賦的身體、智力、相貌等均好，衣食不愁，情感意志亦能平均發展，那麼這可算是特別幸運，生而無憾。可是有些人就不是這樣，總有許多缺陷，不能圓滿，還有些人根本無一面之長，身體精神方面均不行，這真是可憐蟲，由此可見得人生是有限的，佛弟子常說：「人身難得，中國難生，佛法難聞，生死難了。」我想，我們既生而為人，又為中國人，這已是難得了，但缺憾總不可免。《水滸傳》上的武大郎，是一個大缺憾，極其可憐。我們這些人並不像他，總比他好。但是生在這個虛無的大時代，想想真有無可奈何之嘆，這時代整個兒是個荒涼！我們講講這個，反過來就要求個無所憾。我們從人生本質缺陷的了解，反過來要有精神的奮鬥，以求無憾，然而古今中外，誰才稱得上是這種無憾的人呢？我想就是孟子。（這裡不舉孔子為例，因孔子已超過了缺陷與不缺陷的境界。）我們要以孟子為標準，要效法孟子。他如泰山一樣，所謂「泰山巖巖」。諸位如感到自己一無所有，即是在自己身上已落實。反過來，翻上來，學孟子，如泰山巖巖。這個時代本來是個大缺陷，全垮了。我們要有志氣，要知道自己本身有大缺陷，再知道時代的大缺陷，那麼必須先求自己無缺陷、無所憾，如泰山一樣，泰山雖不太高，但它有個大氣象，錢賓四先生曾謂泰山上的石頭個個是方方正正，一大塊一大塊的，落墨不多，天然有個氣象，並無許多曲折，就好像孟子。宋儒通過泰山來了解孟子，錢先生此話是通過孟子來了解泰山。我們從這裡來了解一個無憾。要作到像孟子泰山那樣的無憾，我們要落實從日常生活上步步作去。譬如讀書須讀堂堂正正的書，即讀幾本重要的經典。即走堂堂正正的大路，不

要走小路，古今來的學問綱領，並沒有好多，多的只是枝葉。至於寫文章呢，也不要走小路，即用辭行文，第一不要尖酸刻薄，不要玩聰明出花橇露輕薄。古人都重典雅，保持相當的體統，民國以來，都把體統打掉了，第一個是吳稚暉先生，他的文章是丑角的文章，不可學；其次是五四運動打中國的老文化，罵孔子為孔老二，罵鄭玄為鄭呆子，輕薄之至。再科玄論戰，更是引用下流的字眼相嘲罵，以致共產黨出來，尤其極刻薄之能事，經過這幾次的演變，大家司空見慣，到了現在，一般報章雜誌的文章，都是譏諷、刻薄、出小花樣。我們的會友絕不要染這種習氣，要講就大聲的講，不要尖酸刻薄的罵人。君子存心忠厚，講是非不可不嚴，但不可尖酸刻薄。假使罵人弄久了，以為天下的正氣都在我這裡，那就是自己先已受病。從前鄭板橋曾說：「題高則詩高，題矮則詩矮。」我們現在寫文，要以此存心，以此落墨，才不傷自己，不傷家國。假使寫文的人沒有尖酸刻薄的心，則天下就好了。現在就要從我們開始。又關於「說」的方面，以前梁任公先生曾做了篇文章，專門論消遣。的確有很多的人，口唇天天在動，常常在動，可是都是些廢話，所謂「言不及義」。我有時對有些人來訪，我又不回拜，好像沒有禮貌，其實我即在避免無聊，我實在沒有那無聊的心情和工夫去說那無聊的廢話，現在做官的人，卻偏偏要善於無聊，到處說假話。我們並不是說天天板著面孔作聖人，但總不要油腔滑調，總要有點界限，總要站得住。佛家說「身、語、意三業」，所以說話不可隨便。並不是說要大家「三緘其口學金人」。乃是說我們要說就要有真是非、真性情，不無聊。如果嘻嘻哈哈的無聊弄久了，就變成了輕薄。我從前在北大讀書的時候，第一次在公園中見到熊先

生，他那時身體不好，戴了頂瓜皮帽子，像一位走方郎中，大家當時也在閒談，總是說些不相干的話，忽然他大聲地說：「當今講晚周諸子，只有我熊十力一人！」他這種話，即表示他的不凡，他能不耐煩無聊而挑破它，這即是豪傑。我當時直覺得他是在發獅子吼。我們曉得人的聰明，本來差不了好多，他能挑破，即非凡人；不能挑破，即是凡人。我們不要無聊說廢話，自己不無聊、不說廢話、能挑破，便是自己能截然煞得住，這便是透了一個眞是非、眞性情。爲自己立規矩，爲社會立界限，這便是「敬以直內，義以方外」，此即所謂方正。說大了，即是大方大正──這是對症下藥，對治這個時代的第一訣竅。大家現在天天忙，卻天天在耍小花樣，陷在曲溝裡，一點沒有用。我們要挽救這時代，必須「大方大正」！對付共產黨也非如此不可！大方大正是最簡單的路，是最易走的路。人能如此，即可以無憾，而精神飽滿。我們看孟子永遠看不出萎縮的樣子來，只見到光輝、精神！所以我常以三語說他：「滿腔是文化理想，通體是光輝，樹立道德主體之孟子。」我們有時對一複雜的問題很難解決，但一轉至另一境界，幾句話則可解決，這要看自己的智慧如何、精神如何，對僵局能不能挑破？──以上所說的是在這年終希望大家要求一個無憾，要學孟子！古人說：「人生得一知己，可以無憾。」我今天所說的，不是指這個，而是指自己本身的無憾。

　　㈡再說我們的友會將來向那一方面發展的問題。最近張君勱先生著了一本書叫做《中日陽明學比較》，從美國寄回來託我看一遍，然後發表。他引日人的話認陽明學有兩方面：⑴事業；⑵狂禪

（日人稱枯禪）。日本陽明學，得其事業一面，中國陽明學得其枯禪一面。張先生的書即根據這兩點意思寫的。日人以王學開國維新（如吉田松陰、西鄉隆盛、伊藤博文，均因王學事業一面之影響而有助於國家。）在中國卻向狂禪方面發展，竟致明朝亡國，而忽略了事業的一面。張先生叫我看了後，做篇序，我不敢為前輩做序，只做了篇校後記，我以為日人之所以能有開國維新的事功，乃在其有積極殉道的精神，能忠於真美善之 idea，即有其超越的精神（西方人超越的精神最好），不過日人在此的超越是日人的情調。殉道必須有超越的精神才行，日人的殉道精神是積極的，是自己創一個環境來殉，如西鄉隆盛、吉田松陰等。至中國人就缺這種超越的精神。儒家的好處在這裡，毛病也在這裡，除超越的精神一點外，日本的歷史發展至明治，有了客觀理想，出現了時代的公共問題。為了解決這公共問題，就有這客觀理想，於是產生了客觀精神。因為有了客觀問題客觀理想，一定會產生客觀精神。現在我們所處的時代有客觀問題，但客觀理想客觀精神總不出現，大家講自由民主，只變成了享受的自由民主。我們二千年來社會形態、政治形態未變，所以時代中客觀問題、客觀理想不易形成。所以只是一治一亂的重複，至於草莽英雄的打天下，這並不是具備客觀理想解決客觀問題。王陽明講學，首先反朱子，他要講轉移風氣，一落到風氣上，即落在個人的道德人格上。至其弟子，如王龍溪及泰州學派，就變成狂禪，聖賢之教，既不精純，而事業亦不出現。中國所缺的是客觀精神與超越精神。自從春秋時墨子反儒家起，就講事功，後來法家也講事功（法家並不代表事功，以後再講），南宋有浙東學派亦講事功。明末王船山、顧亭林、顏李學派，皆反王學，重事

功。（船山稍特別，與顧、顏、李不同）乾嘉年間的考據，亦是要
求事功致用的變形。民國以來，講科學乃至科學方法，亦是要求事
功致用。可見在中國文化生命裡，自墨子起直至今日的胡適之，總
有一要求事功的暗流。但要求事功是一回事，而事功精神又是一回
事。只知要求事功，而事功精神實不具備，故事功總出不來。爲什
麼如此，即是中國缺乏客觀精神和超越精神。這些年來學科學的都
做官、做校長，現在要提倡科學，就當該去做物理家、化學家，爲
何要去做官、做校長呢？按王學本來就有實踐在內，爲什麼發展至
後來變爲枯禪呢？這由於王艮、王龍溪等人對王學肯要處未能握得
住。王艮等人都是怪人，都有俠氣、有浪漫精神，做大事業本來該
有俠氣與浪漫精神，其所以不能成事功，即在其缺乏客觀精神與超
越精神。因此，我們將來所要注意的，即是了解我們中國學問的長
處和短處。然後求一大的事功，不是求自己的事功，這是很重要
的。有了這個，我們才能生存，否則我們也活不下去。我們將來即
順著這一方面講下去，使大家有一了解。今天所講的，大體即是這
樣。

討　論：

　㈠吳　瑛問：中國過去的法家重客觀精神，而現在亦重法治，
　　　　　　　但先生卻說現在出不來客觀精神，這是否有矛盾？

　　先生曰：我剛才已經講過，客觀精神須有客觀理想才能出現，
　　　　　　而客觀理想的發生，又須有客觀問題。中國的社會幾

千年來，都是一治一亂的反覆，其社會形態政治形態根本未變，所以一直缺乏客觀精神。過去的法家不能代表這種客觀精神，現在的法治是指民主政治言，與以前法家的法治不同，而民主政治之出現，正是要靠客觀精神，這正是我們今日所要求實現的。要想出現民主政治與科學，非先有客觀精神不可。

㈡牟其霖問：我覺得我們中國現在好像有一種外在的力量在束縛著我們，或有一種學術風氣在爲大家洩氣。照道理講，現在正在反共抗俄，已有理想，爲什麼不能有客觀精神出來？

先生曰：任何力量不能束縛我們，只有自己束縛自己。至於學術風氣的洩氣，實在是有點，不過這只要加以疏導就行了。所謂理想，是要將問題歸到自己本身，再從自己的生命裡湧現出來，有其自立之道，不是對刺激的直接反應。直接反應，只是被動，不是理想。我們現在這裡就因爲沒有理想，只是直接反應而已。現在我們都僵化在這裡、糾纏在這裡，精神透不出來，這是個很大的問題。

十二、時代使命與文化意識

　　各位會友，今天是我們人文友會第十二次的聚會，我們現在已引出了好多觀念，牽連的問題也越來越多。例如上次的記錄第二段內所牽連的問題就很多。以後須慢慢的說出來。中國的儒家講內聖外王，但始終在外王方面總是不夠。又自墨子以至胡適之先生均在講事功，但結果事功出不來。這究竟是什麼緣故，必須徹底反省一下。墨子當初講事功、反禮文，但他的學問早已完了，還不如儒家講禮文的耐久。這些問題本來不大好講，但是我們現在又不可不弄個明白。好在我們這裡不像上課，不求近功，只要有所薰習、有所引發。要想徹底了解，必須多學習多閱歷，這是疏通致遠的工作。現在大家要在這裡將精神凝聚一下，發一個大願望（這一時代是個整個的垮），在理智方面揮擴一下（即在思想上開擴一下）。但不是如近人學西方哲學那樣專作理智的遊戲，而是要在道德實踐上，文化理想上能引起思考的興趣。舊年年底唐君毅先生來信，對我們這裡友會的講法，很推崇、很讚許，認為已可穩得住，已可納入一條軌道。但他從我們討論的問題內容方面，又知道大家對問題並未能深刻的接觸到，即對於問題裡艱難的意思不夠；即未真能通過其艱難而透出來。我現在在這裡把唐先生的意思轉告大家，希望大家

注意一下。大家須知道在這裡聽講，只是作爲薰習，並不要馬上對
這些問題都能透徹，即是提出問題也不容易。雖是講哲學的人並不
見得都對問題眞了解，或者具有理想。我現在的講法，已撇開哲學
的窠臼。爲了接引各方面的人，使大家均有一個理想，我想來想
去，認爲只有從文化意識講進去，才能引起客觀意識，有普遍性、
客觀性。我國從孔子起，即是文化意識強。「文王旣歿，文不在茲
乎？」「天將以夫子爲木鐸」「吾非斯人之徒與而誰與！」這些話
都表示其對時代的擔當。孟子的文化意識也是一樣強烈。宋明理學
即是從文化意識中提鍊出來的原則。北宋初期的儒者即是從強烈的
文化意識開始。孫泰山、石徂徠、胡安定三人講《春秋》，重夷夏
之辨，轉而闢佛老，具民族意識、重文化意識（如韓愈一樣）。後
來周濂溪和二程（程明道、程伊川）即從這大括弧收縮進來向核心
講，於是從心性方向辨儒佛。及至朱子，中間相距已近百年，因爲
收縮得久了，所以最初的文化意識已漸漸渾忘。例如朱子注「文王
旣歿，文不在茲乎？」一段云：言文不言道，是夫子之謙辭。在朱
子的意識裡，道比文更精微更高遠，所以認孔子只說文不說道是謙
辭。這顯然不妥。須知文是綜合的，比道還難。道是形而上的眞實
（「形而上者謂之道」），從文向裡收提鍊出來的。而文則是道與
器之綜合。故孔子說「文不在茲」，實在表示其歷史文化的意識與
擔負。朱子順二程向裡收，浸潤於形而上的道之思維久了，遂認文
爲粗末。向裡收而至於精微，當然是必要的一步發展，但不要忘了
文化意識。理智的思考久了，易使文化意識淡。近時讀哲學的很表
現這個流弊。所以目前這個時代講眞學問，並不一定要念哲學。念
哲學的只是乾枯的理智，並不一定就有文化意識。舉個例子來說，

如愛因斯坦曾說：「亞歷山大可以不知，牛頓的三大定律不可不知。」這就是說他的文化意識很淡薄，只注重了科學。我們現在要以「時代使命」和「文化意識」二者來確定先立其大。孟子說：「士尚志」又說：「先立乎其大者，則其小者不能奪也。」陸象山亦講「先立其大」。朱子當年請陸象山在廬山白鹿洞書院講「君子喻於義，小人喻於利」（即義利之辨），聽講的人很多痛哭流涕。這徹頭徹尾是個道德的意識。但在我們這個時代，單以道德的意識來表現已是不夠。（陸象山時已不太夠。）所以現在先從「時代使命」和「文化意識」二者，立志、立其大，把生命開開。然後即可有陸象山所謂「六經注我」的氣象。陸象山當時是平地拔起，四無傍依。在現在看起來不免孤。所以現在若完全依照他那個方式進行，很少能接得上、當得起。所以依託在時代使命與文化意識上才不孤。這便是我們今日講尚志，立其大的切實入路。

這個時代是古今來一大變，不可白白的過去。當年宋明理學家對付佛老，還是那樣強烈，我們現在對付共產黨比起鬥佛老來關係要大得多了！這是個天翻地覆的時代，一切標準都沒有了。這個時代講人文很難，但亦正其時也。從大處說，十九、二十世紀以來，從中國說，三、四十年來，為什麼成功反人文的現象？這後面實有一種趣味上的根據。不過此種趣味是相當高的。這個時代，大家只對自然有興趣，對人文則不感興趣。自然與人文是對立的。凡研究或欣賞自然，其後面的精神都是「量」的，講人文則是「質」的。質的，保住價值；量的，則泯滅價值。（或是否定的泯滅，或是超化的泯滅。）大家最初是質的，以後向量的方面發展，是一解放；現在再回頭來走向質的方面，是再解放。文化上是有兩條流：一是

質的;一是量的。二者總是翻來覆去。我們以後希望步步把它講明。今天因為唐先生的話,所以講這點意思。使大家對「時代使命」和「文化意識」的重要,更多一番認識。

十三、自然與文化的對立

　　各位會友，今天是我們人文友會第十三次的聚會。上次的講詞主要的意思是要以「時代使命」與「文化意識」來確定「先立其大」的意義。如此比較容易把握一點。最後一段提到十九、二十世紀（中國近三、四十年）以來，成為反人文的現象，其原因即在傾向於自然的興趣太濃。而自然與文化是對立的，現在要扭轉回來，就要加強文化意識。照道理講，目前講文化意識，可謂正當其時，再加上對付共產黨，尤為迫切需要。不過人的習性陷溺於自然之欣趣，一下子很不容易超拔出來，而且欣趣自然的後面有其美學的興趣在鼓舞，這便是其內在的精神力。今天就講這自然與文化的對立。

　　傾向自然，發展至相當的階段，雖會墮落，但亦有其成就。它後面的精神，是量的精神。這也可說是一步解放。什麼時候這量的精神才出現，而可以算是一步解放呢？須知質的世界，乃價值世界。在價值世界裡，任何觀念、理想，必求實現。一實現，則與現實牽連。於是此種觀念、理想即為現實所限，而打折扣。觀念理想都表現一真理、一精神內容。及其一旦實現了，而且久而生弊，則人們即對之只作現實觀，不復知此中有一真理、有一精神內容。即

當質的世界發展至此階段時，量的精神才出現，因而對質的世界之墮落言，才可以說是一步解放。人文世界與價值世界，若不從定義上講，單從內容上點出來，則有三大綱：㈠家庭；㈡國家；㈢天下。家庭下有三目：一、父子；二、兄弟；三、夫婦。（夫婦與男女不同，男女非倫，夫婦乃是一倫。）這是人文世界的觀念與真理，不是自然世界的事。再從國家來說，也有其目，如社會、政治、經濟、法律等，這都是人文世界的，不是自然世界的。至於天下，即所謂大同，也是一種理想。這也不是自然有的，只是人文世界，價值世界才有。凡人文的，總是含有人的成分，「人為」也是與「自然」對立的。人為本沒有什麼壞，它是於人性中有真實根據的。但只作現實觀，人們也見不出它在人性中的真實性。如是依老子說來，卻認為凡人為即有不好的意思。我們現在從人文世界的質的地方說，其根源乃人之心性。故心性為人文世界與價值世界之根源。但因為觀念與理想一落現實，而發生流弊，則專作現實觀。於是大家又反現實，因反現實，即會把觀念理想，即現實中的真理性一概抹殺，例如中國近代的反對大家庭制，從易卜生之《那拉出走》起，一直認為家庭都是封建的。乃至共產黨出來，則完全從自然的立場來看家庭。認為家庭是封建的產物，是家長用以壓迫子女的工具，只有罪惡，毫無意義，於是完全予以否定。他們有三個觀念來拆散家庭：㈠生物的；㈡經濟的；㈢政治的。這是現實作現實觀，而且只觀現實上的毛病。於是連根拔起，這是他們破壞家庭所根據的基本理由。一般人認識這就是真理，大家風從，以為時髦。至於國家，亦僅作現實看，不從其價值上看。認為國家是統治階級壓迫被統治階級的工具，是因階級對立而出現。因此認國家為罪

惡，旣爲罪惡，當該取消。（現在我們自由中國，還很少有人眞實
肯定國家，即是與共產黨一樣的觀念。）國家代表主權，行使主權
者爲政府，如政府不好，即牽連於國家，以爲國家全爲罪惡之所在
地。馬克思認爲國家由階級對立而出現。階級一取消，國家即應取
消。現在大家在這裡如對國家仍無眞實的肯定，則根本不能反共！
今天大家都怕講國家。講自由，只承認個人自由，不肯講國家自
由。其後面的意思，即是討厭國家。共產黨看了我們這種情形，必
定暗暗喝采。總之，這多年來的精神，都是否定家庭與國家而嚮往
大同。一般人所嚮往的大同，都是把家庭與國家否定了的大同。好
多大人物，如康有爲、吳稚暉、章太炎（康是純社會主義，吳是無
政府主義，章是根據佛敎敎義講大同，認家庭、國家等都是和合
假，這是虛無主義），這些人可說都是共產黨的前驅。大家想想，
將家庭與國家抹殺後的大同，是個什麼大同？康有爲認爲家庭是爭
亂之源，他的《大同書》上說，夫婦同居不得超過一年，兒女應該
公育，人死了，應該燒成灰做肥料，這都是以量的觀念觀人，不認
人是有情感意志德性的人格存在，只認爲是一個吃麵包的動物，是
一架機器，可以任意拆散與佈置。家庭如此，國家也是如此。有了
國家就要打仗，所以將家庭國家一拆散，大同即出現了。你想這成
了什麼大同？這種量的精神是起來否定質的世界，去掉差別。而質
的世界（價值世界）一定要保存差別，並分等級，成立種種建構，
各有限制。孟子當年批評楊墨說：「楊子爲我，是無君也。墨子兼
愛，是無父也。無父無君，是禽獸也。」他的主要意思即在反對楊
墨抹殺價值世界的層級，而要保存價值觀念。我們一說到精神世
界、價值世界，就必定有差別、限制。這在無毛病時，沒有問題，

一有毛病，則這些建構，就都成了破壞的對象。革命者首先要打掉
這些建構，然後才能革命。共產黨採取唯物論來剷平這些差別與限
制。這是量的精神，清一色的物質世界。盧梭說：「返回自然
（return to nature）。」張宗昌說：「人在洗澡時都是一樣。」這
都是說人在「自然人」的一面沒有差別。道家亦是量的精神，傾向
自然。盧梭與道家是浪漫的自然主義。粗一點，則是唯物論，其實
都是相同的。以上所講的這些都是傾向於物質的自然。只有量的精
神而沒有質的精神，只承認自然世界，而不承認價值世界。須知傾
向物質與自然的量的精神，也有它消極的好處，復有其足以吸引人
處。它的消極的好處是使人觀普遍的機械的有定的必然系統，可以
無驚怖、無傲慢，看一切都是一樣，人在這個機械的必然系統中，
不過是一個螺絲釘，渺小得很。如是人反可以安心了。至於它的足
以吸引人處，是因為它函有一種衝破的浪漫的精神，它表示從限制
差別中解放出來，使人把握一個「純量的普遍性」（quantitative
universality）。我們知道凡是代表普遍性者，都是高級的靈魂，所
以能吸引人。唯物論雖是異端，但終成一端，同樣的能吸引人。正
因此故，所謂美，有質的美，也有量的美，欣賞量的美有些時比欣
賞質的美還更要灑脫曠大。有很多人偏喜狂風暴雨、臭水與混沌
（chaos），這對質的世界說，即是一種解放。解放的結果，則是
對價值世界、人文世界的破壞，形成虛無主義。如要扭轉，必須再
來一次解放。對於質的世界重新提鍊肯定而來的解放。在中國文化
史上說，宋明理學即代表這精神。宋明理學出來，即在重新認識現
實中的真理與意義，而予以定然的肯定，因此不得不闢佛老。理學
家這樣透進一步一講，在聰明才智之士看來，認為可以寄託生命，

於是一個個跟著走進來。故理學興而佛學衰。程明道說：「居處
恭，執事敬，與人忠，此是徹上徹下語，聖人原無二語。」居處、
執事、與人來往，這都是現實的生活，甚是平常。但經過程明道這
樣一說，就使人眼睛一亮，把一切看成是有意義的有真理於其中。
這樣現實不只是現實，而是生龍活虎、朝氣蓬勃。此即所謂「天地
變化草木蕃」。我們現在也須有這種精神，重新活轉一下，開闢一
個新的質的世界。須知人文世界乃是從道德的心靈創造出來的。今
天我所講的是從外部來了解人文世界、價值世界。下次再從內部來
講。

十四、質的世界之根源：心性之學

　　各位會友，上次講自然與文化對立。傾向自然，其背後的精神，是量的精神。質的世界是價值世界。就其客觀化日久生弊而言，量的精神之轉出，確是一步解放。然而從十九、二十世紀（從中國說，這三、四十年）以來，傾向自然的興趣太濃，成為反人文的現象，一切標準都沒有了，大家把觀念、理想，即現實中的真理性一概抹殺，這又成一個墮落。必須重新活轉，開闢一個新的質的世界。上次講的是從外部來了解人文世界、價值世界，今天再從內部來講。

　　質的世界是價值世界，它的根源在於道德心性。這裡逼迫著我們必然要談心性。大家不要再學著流俗一樣來譏諷談心性。過去有人譏諷理學家說：「無事袖手談心性，臨難一死報君王。」好像理學家只能空談心性，毫無用處。須知談心性，正是開闢價值之源。心性是人文世界的總根源。心性之學，在過去發展至王陽明已到精微之境。所以我們現在願就王學一說。由於中國王學發展的結果，成為狂禪（日本人稱為枯禪），因此大家對王學發生懷疑。似乎只能空談心性，而無實際事功可說。日本接受王學，發展成事功，以王學來開國維新（如吉田松陰、西鄉隆盛、伊藤博文等，均得王學

事功的一面，有助於國家）。所以王學本有兩面，其本體的一面，
即是心的靈明；另一面是行動，可以成事功。在中國發展成為狂
禪，這是由於中國王學表現得不好。其故安在？在這裡，我要大體
說說。中國在事功的精神上本是欠缺的。（中國人有道德精神與藝
術精神，而缺乏事功精神。）儒家講內聖外王，內聖講得非常透，
但外王卻始終不夠，亦即是事功精神不夠。中國從墨子起即講事
功，後來法家亦講事功（實則法家亦不代表事功）。南宋的浙東學
派很注重事功，明末王船山、顧亭林，以及顏習齋等皆反王學、講
事功。乾嘉以後的考據，亦是要求事功的變形。民國以來，如胡適
之等，重科學方法，科學精神亦是要求事功的。但是從墨子到胡適
之，始終沒有表現事功。這是由於中國文化中客觀精神不曾出現，
故事功出不來。（我很想把這道理加以說明，專文論之。但始終沒
有寫成。）所以從中國歷史看，客觀精神不出現，不能講事功。要
求事功是一回事，事功精神又是一回事。王學發展成狂禪，不表現
事功，其緣故正可得而言。

　　心性之學中所講的心性，不是從普通習慣生活的心性說。比如
說，此人品性很好，很能遵守社會規矩。這只能說此人能遵守現實
風俗習慣，而表現為個人的好行為；不是理學家所講的道德心性。
道德心性亦不是一般人習氣生活中的良心，只是說從道德心性，可
以有良心這個概念，並不是良心即是道德心性或良知。理學家講心
性，是要從現實人生衝破束縛來講覺悟，大徹大悟，和宗教家講重
生一樣，即從父母給予的自然生命，重新表現，作再度的和諧。父
母給予我一個生命，自己從徹底的衝破中，找到另一個生命。即如
師生間以慧命相承續，師長給我另一個生命。把牽連在現實中的生

命，激盪一下，把糾纏的雜染完全剖剝掉，透出眞正的「我」來，如海底湧紅輪，成爲重生，成爲再度和諧，如此，才能講理學家的心性之學。這裡牽涉到覺悟問題，即如何從混沌不分的自然生命中衝出來，透現道德心靈。在現實中，生命是混沌的。從混沌中提鍊出眞實的生命，即透現道德心性，這是價值、理想的總根源。（價值、理想不從未來看，從道德心性的根源上發。）中國的理學家都如此，而王陽明更收到一點（即良知）上，再從這一點指點出來。這是生命的一個大扭轉、大覺悟，如是才能翻上來。

王陽明起初泛濫於詞章，後來覺得詞章藝能不足以通大道。於是轉過來讀朱子的書，循朱子格物的路子走，今日格一物，明日格一物，毫無結果，因歎做聖人是不容易的。因朱子的即物窮理，理在外、心在內，吾心與物理，始終判而爲二，始終不能合一。因知外物是外物，吾心是吾心，儘管對外物之理了解甚多，亦與做聖人無關。失望頗久，又轉而學習佛老之學，遂有遺世入山之意。後築室陽明洞，行導引術，成爲先知，又知此是簸弄精神，並非大道。遂悟佛老之非，盡棄所學。經幾度變故，在貶謫龍場的大打擊中，正如孟子所說，行拂亂其所爲，所以動心忍性，得失榮辱完全忘去，只有生死一念尙覺未化，但亦發誓俟命而已。一切放下，一放百放，在現實中一無所有，把包袱完全摔掉，故能海底湧紅輪，而揭示良知的學問。據年譜記載，忽於中夜寤寐中，若有人語之者，不覺呼躍，驚動從人。這不是什麼神秘，而是事實，因其能徹底翻騰，始能大徹大悟，對於《大學》致知格物之本意，一悟到底，一透到頂，無人我之分，亦無物我之限，一透即成蓋天蓋地，即把握其普遍性。在這蓋天蓋地的普遍性裡，心與理合而爲一。

　　良知是從心的整體上說。表現心的一面，須從虛靈明覺處了
解；其另一面須從天理的意義了解。天理是非常重要的，王陽明講
良知，總要帶上天理二字。程明道說：「吾學雖有受授，然天理二
字卻是自家體貼出來。」我國過去講天秩、天序、天命、天倫、天
討等，都是天理，都是道德的意義的。故良知之天理是道德的，不
在對外物知識的多寡；而是在於道德心靈的徹悟。王陽明悟出良
知，指點良知天理，不只在於心的虛靈明覺（佛老的心，亦有虛靈
明覺的意義，但無天理，不能與儒家的並講），除虛靈明覺以外，
還有天理的一面。良知指點心的虛靈明覺，必須帶上天理，即天理
亦在心的虛靈明覺中透，在心的虛靈明覺中表現出來。故良知一面
表心的靈明，一面表天理。

　　王學是心學，心即理，故亦為理學，其要點在於致吾心良知之
天理於事事物物，然後事事物物皆得其正。然而在中國，王學的發
展，何以會成狂禪？成為空談心性？這在他的弟子應該負責的。王
門弟子如王龍溪，只把握良知靈明的一面，未把握其天理的一面。
（靈明是圓的、虛的，理是方的、實的。）黃宗羲批評王龍溪說：
「任一點虛靈知覺之氣，縱橫自在，頭頭明顯，不離著於一處，幾
何而不蹈佛氏之坑塹也哉？」確是很恰當的。撇開天理，專講靈
明，與佛老講心無異，一切玄談均由此出。因此，他們不如程朱，
亦不如陸王，因為程朱雖於心講得不甚透，然把握天理很緊。陸王
（尤其是王）兩方面同時把握，成為心理合一。然王龍溪則未免蕩
越。至於泰州學派的王艮，是一個怪人，聽到陽明在江西講學，以
布衣冠見，第一次以客禮自居，第二次居右，第三次始執弟子禮。
見過幾次以後，始自認「簡易直截，艮不及也」。從此以後，其教

學亦重簡易，重直接指點。以活潑、快樂與自然三個觀念為講學宗旨，即以全體放下、日用平常，為指點的方法。這與禪宗的指點方法很相像了。這不能說完全錯誤，因為活潑，快樂與自然是從現實的牽連束縛中解放出來的第一步工夫，亦即代表第一階段的浪漫精神。人須能從現實的牽連束縛中解放出來，才能大覺悟、大灑脫。但這只是一種否定精神，它的好處僅在去掉一切糾葛，使本身空無所有；而只循這種精神下去，對天理這一面無積極的把握，成為儒、佛混流，既不能積極地開出人文世界，只能成為空靈的玄談，和魏晉人清談一樣。

本來這些有熱情、有俠氣、有浪漫精神的人物，是可以做大事的。戲劇性的精神與散文的精神都可作事。而泰州門下顏山農一派即富於這種戲劇性的精神。然而他們只能成狂禪，未能成事功。這從王學本身講，他們只把握了靈明一面，未把握天理一面；只把握了灑脫一面，未把握灑脫以後積極建構一面。從歷史文化方面說，在中國儒家思想的發展中本不甚能表現客觀精神與超越精神，而社會形態亦不甚能形成客觀問題與客觀理想。所以泰州學派的戲劇性的精神亦不能表現事功，而只能成為狂禪。

現在我們必須把握住兩點：第一、衝破現實的糾葛和牽連，從生命的本身來一個大翻轉，從海底湧出紅輪。這是說覺悟；第二、把握時代使命，由客觀問題形成客觀理想。這是說事業。欲了解道德心性，不能光注意靈明的一面，必須帶上天理。因為這是積極建構精神之所本，而人文世界的開出，亦從這裡開始。

十五、王學的歧出

㈠各位會友，今天是我們人文友會第十五次聚會。今天本想講點原料，幫助大家了解，看看古人的講法，總是有一條理路，我所找的是黃宗羲論王陽明、王龍溪、和泰州學派各一段，再加上陳白沙一段，共有四段，這裡面都有確定的觀念，看了原文，自會知道，現在這四段還沒印好，且先大體的講一講。

㈡黃宗羲論王陽明學問的成長，可分幾個階段：（Ⅰ）學成前——(1)學詞章；(2)學佛老；(3)歸宗於儒。（Ⅱ）學成後——

(1)主靜　從靜的工夫上入手，以收歛為主，發散是不得已，去混雜、求鎮定。有些人在靜坐中入魔或起光景（靜坐時細微一點就起光景，此為相當高的境界中之魔），學道過程中有「玩弄光景，簸弄精神，氣魄承當」三句話，此三句話，都是學道的毛病。靜坐即是澄清一下子，將清明的東西浮上來，清明是就心說。靜坐即觀心，觀清明之心。唯在觀心中，則以心為對象，其實心不能做對象。心乃永遠為主體而落實，若將其推出去作為客體，則所觀之明覺之心，乃心之影子，故為「光景」。這非拆穿不可。心只能做主體，不能做客體。拆穿光景之法，即在踐「仁」。但「仁」亦不能

作客體，否則又成光景。仁必須表現，仁即主體的心。若將心推出去爲客體，則心此時以自己觀自己，自身起一主客的分裂，而其自己之動用表現，則只爲一「智及」，其所及之對象，即其自己之推出去而爲客體，故此客體爲影子爲光景。必須攝「智」歸於「仁」，「光景」才能拆穿。「仁」才能表現，始可落實。

(2)「致良知」　王陽明於五十歲在江西時，始正式提出「致良知」。他講「致良知」、「知行合一」即在拆穿光景。

(3)「居越」以後，所操益熟、所得益化。他的一切，整個兒是本心呈露，更無假借湊泊。蓋已至純熟化境。黃宗羲於述完陽明之經過而總論之曰：「儒釋界限只一理字。〔……〕點出心之所以爲心，不在明覺而在天理，金鏡已墜而復收，遂使儒釋疆界，渺若山河。」可見黃氏已很中肯地見出陽明講良知之要點。天理二字，絕不能忘掉。可是後來王龍溪等專講知覺靈明一面，而忽其理之一面（陽明總講良知之天理），故出毛病。黃宗羲批評王龍溪說：「任一點虛靈知覺之氣，縱橫自在，頭頭明顯，不離著於一處，幾何而不蹈佛氏之坑塹也哉？」所謂虛靈知覺之氣，乃指心氣（生動、活潑），非指物氣（呆滯、混濁），所謂「不離著於一處」，即不離一處，也不著一處，無時間相，無空間相，動靜合一，此種玄談，以龍溪爲最擅長。所謂「佛氏之坑塹」，是說佛氏之「心」無「理」，只承認「心」是「虛靈明覺」。此爲儒、佛最大之別。陽明以下，餘如泰州學派等，都是佛、儒混雜，帶有俠氣，與佛教禪宗最爲接近。顏山農等都有「赤手搏龍蛇」的本事，任何樊籬都不能約束之，所以成「狂」。此由王艮所開之風氣所使然。泰州講學，以「自然」、「快樂」、「活潑」爲主。這三者本是由工夫提

鍊而來，是一步再度和諧的最高境界。倘非如此，則與「情識」混雜，所謂「自然」，僅爲自然生命之自然；所謂「快樂」，只是物欲滿足；所謂「活潑」，乃是恬不知恥。這全由「情識」鼓盪，並非眞正的自然、快樂、活潑。佛教要人將「識」轉而成「智」，即在消除這種毛病，否則所有的快樂活潑，都不過是尋找刺激，交引日下而已。陽明所說的「良知」，必須經過一番大翻騰才算，必須和情識分開，否則不是良知。自從泰州學派下來，即發生情識上的糾纏，這一點如不糾正過來，則快樂活潑，卻成猖狂。順著猖狂發展的結果，則有怪物李卓吾出現，他批評孔孟、罵聖人（他的著作後來都銷毀了），這是一種氾濫。所以後來有人罵王學，即因爲出了這種毛病的緣故。其實泰州學派所講的這種自然、灑脫、活潑，二程頗稱讚之，但亦有微詞，認其不免於玩。（玩物喪志、玩世不恭、玩人喪德，一有玩總不好。）再周濂溪亦有此種境界，很自然、很和氣、很恬淡，頗有山林氣，這是一種很高的境界，故易吸引人。

更向上追溯，則有曾點，所謂「風乎舞雩，詠而歸」這一條流，當該從曾點說起。理學家講學，可做狂狷，頑固保守，表示硬性則可，但不可做名士。文學家蘇東坡，以文人而參禪（名士禪），即是名士派，表示軟性，他是情識中人，程伊川最不喜歡他。而他也總認爲道學爲僞學（僞如荀子所講之僞），去僞須從眞，須順自然，所以他最反對程伊川，總是要打破「敬」字，順乎自然，自然落在情識中，則爲「直情徑行」，但這並非天理流行，故率眞不能夾雜。例如《水滸傳》中的李逵、魯智深等，即是情識中之率眞，他們能衝破一切。這表面上看來與道之境界很相似，可

是實際上並非真的道之境界。朱子在臨終時說：「一生艱苦。」又說：「天地生萬物，聖人應萬事，直而已矣。」但此直與李逵等之「直」，實相去懸殊。故泰州學派以下的自然、快樂、活潑，結果卻變為狂禪。我們現在對付共產黨，不能庸俗。庸俗則不能反共，如想翻上去，必須大徹大悟，要從庸俗中解放出來、超拔出來，這須把「天理」二字抓住，成為理性的理想主義才行。尼采、叔本華等和現在的共產黨，如從其生活情調上說，不從其主張理論上說，皆可說是浪漫性的理想主義。在中國過去，如泰州這派，亦可說是浪漫的理想主義。現在這時代本很緊張，但大家卻悶在這裡。究其所以如此，即因無理想。這最可悲。整個兒的知識份子，一切唯現實西方是視，同樣的是腐敗！現在的人變成沒有一點感覺，客觀問題擺在面前，所負的使命也很清楚，但是理想卻出不來，可見大家今日的頭腦已不行了。如有理想出來，即可成大事功！我在以前一次聚會中已經講過，有了客觀問題、時代使命、客觀理想，才能成事功。以上所講的自然、快樂、活潑這一層，具有很大的吸引力，大家看書務須當心，仔細辨認，不可走錯。

　　㈡現在再將「簸弄精神」、「氣魄承當」和「玩弄光景」三詞解釋一下：

⑴ 簸弄精神

　　陽明學道，能先知，俟後即指出這是「簸弄精神」。先知是從心的靈明出，簸弄精神，即是高級的耍聰明，即是出小花樣。所謂聰明，乃在解決問題，克服困難。研究學理，要有表現，不在耍

弄。有些文章看來很滑稽,很巧妙,但不是大文章,只不過是些浮
華。一切要從真性情真生命中發出,即無耍。

(2) 氣魄承當

氣魄承當與義理承當不同。義理承當有:(Ⅰ)當仁:以道自
任,當仁不讓;(Ⅱ)當事:「貞固足以幹事」。例如程、朱、
陸、王,皆是義理承當。李見羅,即屬氣魄承當,他雖然到處學
「陽明」,可是一切卻和陽明差得很遠。又諸葛亮、曾國藩,亦皆
義理承當。他們步步踏實,他們無浮誇之氣、無客氣。如吳佩孚、
孫傳芳、張作霖等,當其走運時,確可揮擴得開,可是一到倒運
時,則成大糊塗。所以過去要做大事的人,總要聽聽這些道理,現
在的人,只求知識,附庸風雅。我們必須使一切落實,既不逃避,
亦不僥倖,即是「以貞勝」。貞之後有理,即該不該。後面總有理
為根據。世間真正的天才很難得,假使沒有真才,則須靠學問磨
練,對出處進退,總須衡量,衡量即是審明事理,不是狡猾,否則
只是氣魄承當,不是義理承當。

(3) 玩弄光景

前面已經講過,茲不再贅。

仁厚謹按:

> 此處與上一講論及王門末流之弊,乃先生四十餘歲之見
> 解。迨《心體與性體》、《從陸象山到劉蕺山》書出之
> 後,其判斷已有所調整。祈讀者留意焉。

十六、古人講學的義法

　　各位會友，今天是我們人文友會第十六次聚會。我上次由王學講起，說到工夫過程中的毛病：一、玩弄光景；二、簸弄精神（亦曰簸弄精魂）；三、氣魄承當。這是古人講學於真假相似之際所認識的重要關鍵，也可以說是重要法眼。（還有人禽之辨、義利之辨、夷夏之辨，這也是大節目，不可不知。）

　　又說到王學之所以歧出，乃在王龍溪之只講靈明，而忽視天理，以及泰州學派之以自然、快樂、活潑為主，而不免落於情識混雜。由此而說到儒家學問中，本有此一流，而且淵源流長，可自曾點說起。故朱子說「曾點不可學」。此一流，在儒家學問中，若藉佛家名詞說，便名曰「相似法流」。（玩弄光景、簸弄精魂、氣魄承當，都是相似法流。）其所嚮往的是一很高的境界，孔子亦說「成於樂」。人到能自然、快樂、活潑，當然是大成化境。然此談何容易？孔子說「成於樂」，必先之以「立於禮」。故此不可隨便輕道。否則，落於情識而不自知。這裡的毛病，可以說是聰明人、高明人的毛病。似之而非也，故曰「相似法流」。（佛家說相似，亦有謬誤義。）這還是就儒學內部講。接不上這些法眼的，外轉而為陳同甫、戴東原，再外轉而為蘇東坡、袁中郎、袁子才，所謂

「率吾性即道也，任吾情即性也」。（其所謂「率性即道」，亦不是《中庸》所說的意思，直是「任情」而已。）

以上所說都是古人講學的重要關節，不能隨便混雜，亦不能隨便往下拖。不可直就情識上自在，直從情識上立根基。諸位若了解了這一點，便可知黃宗羲論王陽明、王龍溪、泰州學派，以及陳白沙，各段文字之意義。此可見古人講學確有其義法。試看其論王陽明曰：

> 先生憫宋儒之後，學者以知識爲知，謂人心之所有者，不過明覺，而理爲天地萬物之所公共，故必窮盡天地萬物之理，然後吾心之明覺，與之渾合而無間。說是無內外，其實全靠外來聞見以塡補其靈明者也。先生以聖人之學，心學也。心即理也。故於致知格物之訓，不得不言致吾心之天理於事事物物。以知識爲知，則輕浮而不實。故必以力行爲工夫。良知感應神速，無有等待。本心之明，即知，不欺本心之明，即行也。不得不言，知行合一，此其言之大旨，不出於是。而或者以釋氏本心之說，頗近於心學。不知儒釋界限，只一理字。釋氏於天地萬物之理，一切置之度外，更不復講，而止守此明覺。世儒則不恃此明覺，而求理於天地萬物之間，所謂絕異。然其歸理於天地萬物，歸明覺於吾心，則一也。向外尋理，終是無源之水，無根之木。縱使合得本體上，已費轉手。故沿門乞火，與合眼見暗，相去不遠。點出心之所以爲心，不在明覺，而在天理，金鏡已墜而復收，遂使儒釋疆界，渺若山河。此有目者所睹也。（《明儒學案·姚江學案》）

這段文字，涉及宋儒與佛教的，我們現在暫時可以不管。諸位只要看他說王學之精髓：一、不能「歸理於天地萬物，歸明覺於吾心」。因爲這樣是把心只看成是「明覺」，把天理拖出於心以外，此所謂析心與理爲二，顯然不是王學「心即學」、「心外無理」之義；二、「心之所以爲心，不在明覺，而在天理。」此只是加重語氣說。實則心之所以爲心亦在明覺、亦在天理。明覺與天理合一，天理即內在良知之明覺中。故陽明總說「良知之天理」。又說：「良知只是是非之心，是非只是個好惡。」此所謂好惡當然是「好善惡惡」，即孟子所謂「羞惡之心」，絕不是心理現象的喜歡不喜歡。此在古人已是共許，近人連此都忘了，陽明合是非好惡爲一以言良知，即見天理即在良知。以上二義，黃宗羲認識得非常準。這絕不是各有各的說法問題。

假定了解此重要關頭，再看其論王龍溪曰：

> 愚案四句教法，考之陽明集中，並不經見。其說乃出於龍溪，則陽明未定之見，平日間嘗有是言，而未敢筆之於書，以滋學者之惑。至龍溪先生，始云四有之說，猥犯支離，勢必進之四無而後快。既無善惡，又何有心意知物？終必進之無心無意無知無物而後已。如此，則致良知三字，著在何處？先生獨悟其所謂無者，以爲敎外之別傳，而實也併無是無。有無不立，善惡雙泯。任一點虛靈知覺之氣，縱橫自在，頭頭明顯，不離著於一處，幾何而不蹈佛氏之坑塹也哉？」（《明儒學案·卷首·師說》）

關於四有四無，吾曾言之於《王陽明致良知教》中，大家可以取而仔細看看。現在只注意「任一點虛靈知覺之氣，縱橫自在，頭頭明顯，不離著於一處」這幾句。這表示龍溪只喜歡講「明覺」，而不喜歡講「天理」，確是事實。天理脫掉，只言明覺，其為「玄虛而蕩」，不可免。劉蕺山云：「不失之情識，則失之玄虛。」龍溪失之「玄虛而蕩」，泰州則失之「情識而肆」。黃氏論泰州學派曰：

> 陽明先生之學，有泰州龍溪而風行天下，亦因泰州龍溪而漸失其傳，泰州龍溪時時不滿其師說，益啟瞿曇之秘而歸之師。蓋躋陽明而為禪矣。然龍溪之後，力量無過於龍溪者，又得江右為之救正，故不至十分決裂。泰州之後，其人多能赤手以搏龍蛇。傳至顏山農何心隱一派，遂復非名教之所能羈絡矣。顧端文曰：心隱輩坐在利欲膠漆盆中，所以能鼓動得人，只緣他一種聰明，亦自有不可到處。義以為非其聰明，正其學術之所謂祖師禪者，以作用見性。諸公掀翻天地，前不見有古人，後不見有來者。釋氏一棒一喝，當機橫行，放下柱杖，便如愚人一般。諸公赤身擔當，無有放下時節，故其害如是。」（《明儒學案·泰州學案》）

案：此即自然、快樂、活潑、灑脫之流入「情識而肆」者。這是一種浪漫的精神而沒有反上來。由此思入，許多嚴肅的魔障、外道，與夫正面的神聖，俱可得其解；尼采、希特勒、布爾什維克，亦不能外乎此。梨洲已說得很好。

其論王心齋（艮）仲子王東崖（襞）曰：

> 先生之學，以不犯手爲妙。鳥啼花落，山峙川流，飢食渴飲，夏葛冬裘，至道無餘蘊矣。充拓得開，則天地變化草木蕃，充拓不去，則天地閉賢人隱。今人才提學字，便起幾層意思。將議論講說之間，規矩戒嚴之際，工焉而心日勞，勤焉而動日拙。忍欲希名而誇好善，持念藏穢而謂改過。心神震動，血氣靡寧。不知原無一物，原自現成。但不礙其流行之體，眞樂自見。學者，所以全其樂也。不樂則非學矣。此雖本於心齋樂學之歌，而龍溪之授受，亦不可誣也。〔因陽明曾令其師事龍溪緒山〕。白沙云：「色色信他本來，何用爾腳勞手攘？舞雩三三兩兩，正在勿忘勿助之間。曾點些兒活計，被孟子打併出來，便都是鳶飛魚躍。若無孟子工夫，驟而語之以曾點見趣，一似說夢。」蓋自夫子川上一嘆，已將天理流行之體，一口併出，曾點見之而爲暮春，康節見之而爲元會運世。故言學不至於樂，不可謂之學。至明而爲白沙之藤蓑，心齋父子之提倡。是皆有味乎其言之。然而此處最難理會。稍差，便入狂蕩一路。所以朱子言曾點不可學。明道說：康節豪傑之士，根本不貼地。白沙亦有說夢之戒。細詳先生之學，未免猶在光景作活計也。」（〈泰州學案一〉）

案：此即上面所說的儒學中之「相似法流」。「稍差，便入狂蕩一路」，此是失之情識。沈在下面的是情識，浮在上面的那些妙談都是光景。故云「未免猶在光景作活計也」。白沙雖有「說夢之

戒」，然白沙亦喜妙說此境。故梨洲復論白沙云：

> 愚案前輩之論先生備矣。今請再訂之。學術疑似之際，先生
> 學宗自然，而要歸於自得。自得，故資深逢源，與鳶魚同一
> 活潑，而還以握造化之樞機。可謂獨開門戶，超然不凡。至
> 問所謂得，則曰靜中養出端倪。向求之典策，累年無所得，
> 而一朝以靜坐得之，似與古人之言自得異。孟子曰：君子深
> 造之以道。欲其自得之也。不聞其以自然得也。靜坐一機，
> 無乃淺嘗而捷取之乎？自然而得者，不思而得，不勉而中，
> 從容中道，聖人也。不聞其以靜坐得也。先生蓋亦得其所得
> 而已矣。道本自然，人不可以智力與。才欲自然，便不自
> 然。故曰：會得的，活潑潑地；不會得的，只是弄精魂。靜
> 中養出端倪，不知果是何物？端倪云者，心可得而擬，口不
> 可得而言。畢竟不離精魂者近是。今考先生證學諸語，大都
> 說一段工夫高妙處不容湊泊。終是精魂作弄處。蓋先生識趣
> 近濂溪，而窮理不逮；學術類康節，而受用太早，質之聖
> 門，難免欲速見小之病者也，似禪非禪，不必論矣。（《明
> 儒學案·卷首·師說》）

梨洲說東崖在光景中作活計，說白沙「畢竟不離精魂」，此皆講學
中境界較高處之似是而非者。我現在引述這些意思，不是叫我們一
下子認定白沙東崖皆不行。而是想叫我們了解這些學問中的義法。
說到了解亦很難。第一關先能「解悟」了這些義法，於古人思想學
術亦可不至亂講。至於說到真切了解，則非「證悟」不可。此與生

活有關。望大家在這裡用一番眞實心。

（附按：此講所引《明儒學案·卷首·師說》，乃指黃梨洲之師劉蕺山之説。）

十七、王學的正解

　　各位會友，今天是我們友會第十七次聚會。上次發的劉蕺山語錄，大家必須帶來。以後還要講幾次，才可講明白。上次所講的是王學的末流，至泰州學派是根據曾點下來的一條流。關於王學的本身，須看《王陽明致良知教》。陸、王，程、朱是宋明學問的兩大系統。至劉蕺山又是一系統。這是儒家的內聖之學，即心性之學，至此而達最高峰。講內聖是向裡收斂，至將內部最細微之處都解剖出來，這才算是達到了最高峰。儒家的學問，孔、孟是第一期，宋明理學是第二期，我們現在眼前是第三期。我們必須通過以前的階段向外開，所以必須對過去兩期的學問加以了解。因為現在這個時代比以前更複雜，了解了這些，方可銜接起來。以後大家自己去找點書看看，就可明白。我們不是專講宋明理學。

　　孔子講仁，是從生活表現上講，不是從義理的分解來講。孟子講性善，則有一理路，是從仁義內在一方面講的，由惻隱之心見「仁」，由羞惡之心見「義」，由辭讓之心見「禮」，由是非之心見「智」，即從義理分解上講的。至宋、明再根據孟子的理路，從內聖工夫向前發展，所以有宋、明理學的出現。孔子只表現德慧，並未成為學問系統，必須有義理的分解，才能成為學問系統。程、

朱從孟子之「性」講，將其擴大而為「理」，再由「理」而講「氣」。與朱子同時者有陸象山，他是異軍突起，朱子最推崇周、張、二程，他則對周、張、二程頗有微詞。朱子講學是通過孔、孟與周、張、二程，他卻不然，而是直接從孟子之「心」向裡進、擴大。（孟子所謂之「心」，乃人生的道德之「心」。）所謂擴大之意，即不僅限於人生的道德的心，同時也是宇宙的心，即 moral mind 與 cosmic mind 是同一的，故曰「心即理」。（程、朱所講的是理擴大而心未擴大，故心與理為二。）心與理皆是蓋天蓋地。程、朱所講的心是認識的心，孟子所講的心是創造的心，不是認識的心。是創造的心，才能說「心即理」，此不是了解「理」，了解「仁」，而是「心」即「理」、即「仁」。陸象山開出了這一條路來，王陽明後來即順著這條路而講「心即理」。但王與陸亦微有不同。陸講「心」，精而不細，未能告吾人把握心之所以為心之訣竅。王講「心」即使吾人有一訣竅。而把握心之訣竅，孟子本由仁、義、禮、智四德而了解心之所以為心。（孟子本由仁、義、禮、智心之德，了解性。所謂心之德，即心之內容，亦即心之特性。此種內容與特性，即是性，而程、朱由此而言性即理。）又從此更有一訣竅而簡單化、統一化，即特別提出「智」一端，以了解「心」。孔子講仁，孟子由仁而講仁、義、禮、智，王陽明由仁、義、禮、智而獨講「智」。智本為仁、義、禮、智四種心德中之末德。陽明為何只從末德來了解心，不從仁來了解心呢？儒家講「仁」，佛教講「悲」，耶教講「愛」，可見「仁」是主。王以講「仁」已濫，乃特從「智」上為訣竅而了解心。此時之「智」並非四端並立中之「智」，而是將「智」冒上來。（本來從「仁」了解

心，是很好的，「仁」以感通爲性，以潤物爲用。「心」是綜和的，「仁」也是綜和的。仁是生命的眞機，即眞生命。可是如此講，太高，亦稍渾淪無把柄處。）將「智」冒上來，則衝破了並立的限制。此「智」爲虛德，亦爲實德（仁、義、禮皆實德），而與仁、義、禮有點不同（西方言道德即心德，但不可以智爲道德律）。此「智」從其爲心之德而言是實，但此實乃虛，所謂虛即「靈」，即「覺」，即所謂虛靈不昧。心之所以爲心，在我們意識中首先表現者，即此靈覺，而不是仁、義、禮。若以仁了解心，乃實德，從智了解心，則爲虛靈不昧。而「智」冒上來後，則通透心之全體，而彰著心之虛靈，此爲虛。若虛靈眞的不昧，則實德才能被拖帶出來，實德被拖帶出來，即是「心即理」，由此心而發出的即是「理」，即是法則。若將「仁」當抽象的看，則這道理皆不能看出，所謂「義精仁熟」，只有聖人才能講。例如打一個人是仁、是義，不打也是仁、是義。仁在具體生活中表現，當機表現很恰當，只靠此「智」德，它是虛靈，知是、知非，王陽明指此虛靈不昧，即是「良知」。「良知」即是非之心，是非只是個好惡，只好惡便盡了是非，只是非就盡了萬事萬變。故是非是個大規矩。良知並非現在所謂的直覺本能，而是本心之明，其運用，是具體的、當機的，不是抽象的。它是跨越在意的善惡之上，是絕對的至善，故曰無善無惡。這種將「智」冒上來了解「心」，乃是王陽明一大妙處、一大貢獻。良知是將實德拖帶出來，在生活的表現中，當機的表現得很恰當。故良知爲是非好惡之準則，並能彰著心之至善。「有善有惡意之動」，在意之動下才有兩行（善與惡），在心之體無善惡之對待，以良知本身是至善，故了解「心」爲至善。這是王

陽明的細密處。比陸象山進步多了。不過四句教的「無善無惡心之體」這種無善無惡的措辭並不確當，本來這是指絕對境界而言的，但後人不明，每以此而加反對。再者，良知若只從虛靈上講，則心易爲認識的心，而與佛道無別，認識的心，安能作本體？李見羅（曾從鄒東廓學良知之學，不得其門而入。）曾說：「從古立教，未聞以『知』爲體者。」故講止修之學，這就是因爲只從虛靈講良知所起的誤會。

我們現在爲什麼又要講劉蕺山呢？這因爲在當時大家了解良知之爲「心」、爲「理」，還不很夠，故有以後泰州學派之毛病，李見羅則以陽明所講之心爲認識之心。陸象山說：「心豈止四端而已哉？」其意即指心之所以爲心，不僅四端，實屬無量，而且每一德都通透「心」之全體，每一端不是一個限定的概念，不過是從此處說而已，所以不能下定義。陽明以後的人，不知良知通透心德之全體，而以其爲限定的概念，所以出毛病。（黑格爾曾說：「具體的共相」，亦指點一通全而非限定、非概念之意。）劉蕺山看到講良知旣已出了毛病，他爲了一新耳目，重明至理，所以又另換一端來講，而以意爲訣竅來了解心之所以爲心。若是照平常講，「意」乃心之所發（有善有惡）。而劉則謂此是「念」，而非「意」，將意向裡收（即如王之將「智」冒上來一樣），不爲心之所發，而爲心之所存，即表明意爲定盤針。此爲講道德生活自己做主之講法（與西方從 will 講道德一樣），這是很對的。（但他批評王陽明之處都不對。）大家須知中國人講「心」相當於西方之講「神意」、「神智」，這是與上帝之全體的無量，現在大家把劉氏的原文看一看，即可知道。由劉氏以後，學風爲之一變，大家都向外開，以求

事功。但事功終未出來，其病就在講外王而反內聖，將二者視成對立，其實講事功、講外王，須講內聖才行。中國幾千年來的學問，大體都在這裡，我們把這方面了解個大概，然後再進一步看如何向外開。從前的人分解與思考不夠，文字很難明白，我們現在以西方的思考方式來講，才能講明白。讀書須多磨練，讀任何一種書，不是一下子就可以了解。不懂，過些時再看，了解一種東西，不是為附庸風雅，乃是為了煥發生命、增加智慧。我們現在應該索性承認自己一無所有，但亦不以任何外來的靠山而貶抑自己。我們正視西方科學、自由、民主與基督教，同時也正視我們的文化生命，不當貶抑自己，以外侵內。大家於此要用點功，把現在一般知識份子的頭腦去掉，然後自己做主，才能建立事功。

十八、中國文化的發展

各位會友，最近幾次所講的，都是順著王學的路講下來，完全是關於內聖方面的學問，並且把其中的脈絡以及從何而出的毛病指點出來。大體地說，所謂心性之學，它最內部道理大致是這些。這已達到了最高峰。若再向前進，那就難了。所以在明亡以後，風氣一變而爲向外開，即講外王，講經世致用。顧炎武、黃黎洲、王船山、顏習齋、李二曲等都反空疏求致用。後來的考據亦是這個觀念的變形。但是清朝三百年對於華族生命挫折太多，歪曲太大，始終未能開得出來，結果只能變成考據。到了民國，講科學，還是致用，和清時的考據是同一條道路。可是依舊是沒有用。這種向外開的事功之所以出不來，最大的毛病，即在其基本精神和本源之學的精神是對立的，因爲文化之源生命之源價值之源必須貫通，才能開得出來。

今天我從歷史上縱貫地把中國文化的重要觀念講一講，即講儒家學問三期的發展，使大家對於中國文化的發展有一個大體的了解。這三期是大的分期，小的分期不講。㈠第一期，由春秋戰國的孔子、孟子、荀子到漢董仲舒造成漢大帝國；㈡第二期，宋明理學；㈢第三期，現在。我們從辯證的發展看，這第三期是綜和的形

態，是正反合的「合」，是以正消融反的諧和。這種諧和與原始的諧和，形態雖一樣，但內容不同。它是再度的諧和，有極高的價值，有空前的成就。如此看來，是必然的來臨，是天造地設的非來不可。這即是中華民族的前途。眞正的中華民族的歷史，是自黃帝到東漢的二千多年，這一段時間最精彩。因其生命與文化合一（中國通常講歷史都重漢後二千多年）。西人稱中國文化在漢前才有文化生命，漢後只有「存在」（existence），不是「實在」（reality）。眞正的生命在漢後已枯，所以後二千年的歷史，只是一治一亂的重複。（這問題，西人最注意，我們反不注意。）這一治一亂的歷史，是非歷史的歷史，它是無發展的，只有空間相，無時間相；有空架子，無進步，無論在文學上、藝術上、哲學上、科學上，都見不到什麼新的成就。假定說我們的民族和國家到滿淸止已亡了，則西人此說還可以說，但是我們還是存在的，則我們的歷史之前後兩頭都是敞開的，民族生命並沒有眞枯，還是活生生的，所以我們的看法，則和西人的看法不同，卻把這後二千多年的歷史看活了，認爲這是大過渡時期，正如長江之水經過三峽一樣，內在於三峽時，彎彎曲曲，來回重複，但一出三峽，則萬馬奔騰，坦途萬里。所以中華民族是大器晚成。我們再看中華民族今天能受得了共產黨的大手術，即表示其將來絕對有辦法。這是大開大合。我們爲什麼說這後二千多年是大過渡呢？我們知道從漢到魏晉南北朝，這是純過渡。隋唐之民族生命強，但不與文化生命合一。表面上雖以周孔之敎建國，但只是外部文敎，只是典章制度，而精神生活、觀念意識，則是佛敎。（韓愈雖闢佛，並不行。）再在文學上，只有詩，並不能代表理性。（朱熹即看不起唐，認爲唐室之家世不

純，因為唐太宗之母，為胡人。）而漢朝則是服從理性原則，其民族生命與文化生命是合一的。唐在學術上只是佛、是詩。詩是代表感情、生命、才華，所以唐代服從生命原則，不服從理性原則。及至宋朝，文化生命歸根復命，但其民族生命弱，還是配不起來，而且在學問上偏於內聖，它是分解的偏，而不是構造的綜合。它的內聖之偏，是要保持「正」（對「反」）。這時對於過去原始的綜合和構造的全體，予以解剖提鍊，將「本」顯露，即將極內在的原理透出來，亦即呼喚生命而將「主體」透露出來，這主體即自堯舜以來文化生命最本源的地方。所謂「反」，也是一定的。「反」即「客體」。一定要將主體之光貫徹到客體上去，才能有構造，宋則不然。所以唐宋這兩個朝代，各有特質：唐是身力強，宋是心力強，但都不如漢，漢是身力心力皆強。從唐宋之皆有所偏，即可看出這段時期是過渡。明是漢之具體而微，其民族生命與文化生命合一，都強，可以說是很好的時代，似乎是一建構的時期，但它比不過漢，它的三百年非常奇特，其歷史非常難講。它出王學，王學極不平凡。其奇特如佛教之出禪宗。禪宗之特色是從混沌中見規矩。王學仍守理性，宗孔孟，這是大聰明。明之所以有此奇特，須看朱元璋。我們要了解唐、宋、明，首須了解李世民、趙匡胤、朱元璋這三個人物。（了解以前的歷史，對每一時代的人物不能不注意，這不是說崇拜英雄，而是說在其權威之下，日子久了，一切都要受其影響。）朱元璋之生命，不順適調暢，心理變態，殺人很多，三百年整個是乖戾、不平常，當明亡時，雖販夫走卒，亦能殉國，這很不容易。即以崇禎而論，亦不平凡，其生命亦不順適調暢。所以明朝這一時代，雖是文化生命與民族生命合一，然從學術政治上

說，其形態仍是以前者之繼續。故對於我們所嚮往的而言，仍可說是非建構的，也是過渡。到了現在講外王，則當是綜和的。第一期是原始的綜和，第二期宋明理學是正反對立，現在是再度綜和。在此再度諧和之下，是消融「對立」而成建構的「合」。如此科學、民主才會出來。我們今天必須反省一下，究竟什麼是主體？切不可混雜不清！

十九、理與事

　　各位會友，自從去夏起，我們的會一直沒有間斷，到現在已是一年了。以後的講法，我想另換一個方式，使大家對我所講的內容可以確實的把握，不致模糊不清。就從今天起，大家可以提出問題來多討論討論，不可以當做平時學校裡上課一樣的呆板，學校的上課，是忙煞先生，閒死學生。現在大家輕鬆的談一談，才可了解困難在什麼地方？心得如何？感觸如何？我們費了好大力氣講中國過去的種種道理，其目的，即在想把中國的現代化接上去，現代化是由內聖之學向外開的問題。這方面看起來很容易、實則無論實現或了解皆極難。因為懂「理」易、懂「事」難。做書生、做翰林學士易，做政治家、做宰相難。現在要做一個哲學家、科學家容易，而要做一個建國的政治家或政治思想家就很難。講內聖，對向外開，是有益處的。我這幾年來的用心，總是要諸位先了解「理」，再了解「事」。而且對「理」的了解須到家。了解了「理」，即會先把自己站起來，所謂頂天立地。現在各人可以自己提出問題來討論。

討　論：

　　㈠王美奐問：吾人既須了解「理」，又須了解「事」，則

　　　　「理」與「事」二者皆屬重要，然而究應如何始能
　　　　將理與事連接一起？易言之，即應如何始能由內聖
　　　　而外王？

先生曰：「理」與「事」，單就個人講，是不能分開的。但
　　　　是，我們所講的，是要憑藉一個大運動、一種大運會
　　　　來完成的。這須落在客觀上，不是落在個人身上。若
　　　　以個人言，有時也只透露「理」，沒有「事」的表
　　　　現。即以時代言，有時也是這樣，例如希臘末期之斯
　　　　多亞派專談普遍的理性，但它卻開出了後來接受耶穌
　　　　教的道路。又如中國魏晉時代的清談，以後也引進了
　　　　佛教。講文化理想，要如天馬行空，不落在現實的一
　　　　行一行的上面。它是綜和的，是全部，不是一部。甘
　　　　地只做甘地，不做尼赫魯，我們個人的心胸，必須和
　　　　文化理想相通，絕不可落在一行一行的現實事務上面
　　　　而被它限住。假使落在一行一行的上面，則將陷在裡
　　　　面而無所成就。我們現在講「理」與「事」，講「內
　　　　聖」與「外王」，並非只就個人講（個人如能將二者
　　　　連在一起，當然最好），乃就客觀講。開出了第一
　　　　步，自然會開第二步。至於第二步究竟在什麼時候表
　　　　現，這就要看運會，看大家的心轉變得快慢如何，遲
　　　　早是沒有一定的。

（二）韋政通問：我以為所謂內聖外王之路，即是西人所說的「認

識自己」，中國陸象山所說的「立其大」，由此即可
知第一步工夫，乃在求「應該」，在「立志」，志如
何立？在把握「道德意識」與「應該」，而不落在某
一方面。如此才能開出外王來，我們現在並不需要做
山林隱士，我這種意思，不知牟先生以為如何？

先生曰：我們現在講外王，不一定要和過去一樣。以前看外王
　　　　是內聖的延長。現在講外王，要承認「家」、
　　　　「國」、「天下」，而「家」、「國」、「天下」都
　　　　有其獨立性。只是中國因滿清三百年的挫折太大，所
　　　　以大家缺乏文化意識與歷史意識。「五四」是個文化
　　　　運動，但不與中國以前文化生命相接，故毫無結果。
　　　　內聖從個人身上講，要見「德」，從「理」上講，要
　　　　見「體」。內聖通過客觀形態在文化上講可分兩行：
　　　　㈠國家、政治、法律；㈡邏輯、數學、科學。這兩行
　　　　是異曲同工，是一個精神，都要肯定。「新外王」就
　　　　是如何本著內聖把這兩行引發出來。

㈢呂漢奎問：內聖與外王是否有先後之分？

先生曰：內聖為本，外王為末，在時間上言，並無先後之分。
　　　　至於在個人身上，有的重內聖，有的重外王，這是分
　　　　工合作。只要風氣一轉，則一切都會出來。如走大
　　　　道，即成大業，如走小道，則無所成。

又　問：現在先生講學是外王，還是內聖？

先生曰：我眼前講學，若只從理方面看，則既非外王，亦非內
　　　　聖。但是講明這道理而努力以赴之，則多是內聖，亦
　　　　是外王。在文化上講，有其很大的價值與作用。

㈣郭有遹問：吾人今日講內聖，是否需要加浪漫精神？

先生曰：如果需要所謂浪漫精神，則對此詞當該有一新規定，
　　　　不可照普通的意思去想。這新規定，我的意思是這
　　　　樣。即：在佛教為「遮撥」，在儒家，即孔子所謂之
　　　　「狂狷」。這狂狷的精神，只限於覺的一層上言，作
　　　　用在超轉、向上。過此則不可。顧憲成的老弟曾經
　　　　說：「上不從中庸門入，下不自方便門出。」這即是
　　　　狂狷精神。狂狷，可以在習氣之糾纏中透露主體，這
　　　　有很大的作用。但只是在一關鍵上用，並不能一味狂
　　　　狷。有人謂道家有狂狷精神，其實儒家都有此精神，
　　　　無此則不能立教。所謂狂狷精神，即在放棄一切，獲
　　　　得一切。

㈤戴璉璋問：荀子講性惡，又講誠，為什麼？

先生曰：他講誠時，或是泛講的。若照誠講，則與孟子性善合

了。

又　問：荀子講禮義，有無道德意義？

先生曰：有道德意義。但他只是外在的講，沒有根。他講性，
　　　　是和道家、告子所講之性一樣，都是從「生」上講
　　　　的。

㈥朱守亮問：狂狷精神是否為創造精神？

先生曰：「逆之則成聖成賢，順之則生天生地。」創造必須在
　　　　透顯主體後方可能，唯仁才能創造，才能生生不息。
　　　　狂狷是逆之、是遮撥，以見仁體。創造是承仁體而起
　　　　用。若貫通著講，狂狷精神亦即創造精神，或函著創
　　　　造精神。

又　問：主體之心建立後，是否一定有創造？

先生曰：仁是生生不已的，只要是主體之心建立，則一定有創
　　　　造。所謂唯心論，即在這一點上講，其餘的均不可。
　　　　儒家之心為仁，故有創造。道家佛家之心為覺照，非
　　　　仁，故無創造。所以儒家要闢佛、老。

二〇、略論儒家的工夫

㈠曾厚成問：先生何以謂王學奇特如佛教之出禪宗？

先生曰：王學簡易，從先天入手，從本體起工夫，是一種頓
教。程朱之學，支離，從後天入手，從外面做工
夫，是一種漸教。二者的目的雖是一樣，而道路卻
完全不同。照普通說法，論正宗則是程朱。王學是
承程朱之弊而起的。所以說王學在當時是奇特的，
好像佛教之出禪宗；因為禪宗也不是印度傳來的固
有佛教，它是一種中國的佛教，主張不立文字，教
外別傳，以心傳心，心即是佛，特重心性，一悟百
悟。王學所走的路，也和禪宗差不多，不過王學把
握著仁（本體），禪宗則否。所以王學是儒家，而
禪宗仍是佛教。

㈡王美奐問：先生近年所講已多，旨在教吾輩學道而已，然則
其工夫如何？

先生曰：此一問題頗為重要。論工夫，若就道家而言，則比較
容易了解，因其主張出世，不與現實糾纏在一起，比
較乾淨，它有一定的目標奔赴，只要循序漸進，工夫
很容易顯出。佛家也是如此。其工夫都是趨靜、歸
寂，其宗旨是入涅槃，至於剃度與否，只不過是方式
問題，表示決心而已，並不關要緊，最重要者，乃是
參禪打坐，一心乾淨。有此工夫，即有種種境界出
現。我們雖不出家，如對某一學問用功日久，則可有
忽覺全世界放光之現象發生。現在我們講儒家工夫，
從那裡作起呢？工夫一詞好像不似佛老那樣顯豁，講
起來作起來都頗不易。但是亦並非無路數。所以這裡
需要仔細確定一下。儒家的工夫，和道、佛不同，
程、朱是主敬，王陽明講致良知，劉蕺山講誠意慎
獨。此種工夫比較不很顯，因其肯定現實生活，要開
出天下文明。敬是貫本末內外（居處恭、執事敬、與
人忠），致良知是推擴良知之天理於事事物物。誠
意、慎獨是心有主宰，毋自欺。這皆比較難。先秦儒
家論工夫的話很多。舉例來說，如《大學》主慎獨，
《中庸》主誠，曾子曰：「吾日三省吾身，為人謀而
不忠乎？與朋友交而不信乎？傳不習乎？」孟子曰：
「我善養吾浩然之氣。」《易經・繫辭傳》：「敬以
直內，義以方外。」這些都是工夫上的話。從儒家
敬、義歸納起來，儒家的工夫，實與「趨靜歸寂」的
工夫不同，所以儒家有儒家的工夫。抗戰期間，我在

成都有一個朋友對我說：「你要念宋明理學，必須打坐。」我說：「打坐不能增加人的道德感。」打坐的工夫與佛老的教義相應，不與儒家的教義相應，至少亦不是其工夫之所以為工夫的本質。佛教對人生的關係是外在的，無道德的責任可負，故堯、舜、桀、紂罔不可處。不論堯、舜之善與桀、紂之惡，都是他轉的對象，你這表面的差別，在佛教看來並不算數。儒家則不然，他對堯、舜與桀、紂，必有一個分別，古云「敬以直內」，「義以方外。」這對人生是內在的關係。佛教無分善惡，祇須同入涅槃，故佛教徒如不出家，往往多很冷酷。這是從理論上說：打坐並不能增加人的道德感。所謂道德感（moral sense）是最重要的，我們講這許多理論：目的都是在增加人的道德感。這道德感究竟是什麼呢？按平常講道德有兩種意義：

㈠拘束的意義，這是視道德為外在的條文。是拘束自己的東西，故一聽道德二字即討厭。

㈡開放的意義，這是視道德為內在的真實生命。是成全自己的東西。故道德不可厭，反是可悅的。孟子曰：「理義之悅我心，猶芻豢之悅我口。」理義就是內心之真實生命，內心之明德。故《詩》云：「民之秉彝，好是懿德。」故懿德、明德、真實生命，實只是內心之明朗、坦白。

「坦白」本是好名詞——現在卻被共產黨用來作壞

——我們平時因爲矜持，都不坦白。外在的壁壘越高，則內在的污穢愈多。如自己無壁壘，但是對方有壁壘，則可以開誠相見，以自己之光打通之，以自己之熱透過之。不過有時也不行，因爲對方太蠢，或自己的工夫不夠，就很難打通。儒家之大宗旨，即在以自己之道德感（仁），感通一切，這即是做工夫的目的與下手處。但運用之妙，存乎一心，所謂「通」，並不是指世俗之社交，有時亦不必「通」。故出處進退，乃爲最須用心之所。總之，做工夫時，宗旨須不變，而各人所做之工夫，亦常因各人之氣質而異，或表現「仁」，或表現「義」：仁是寬容、和潤，義是端方、正大、立界限、立涯岸、正是非。前者如明道，後者如伊川。而在現在自覺地有表現工夫意味的，要算唐君毅先生。他自覺地要表現仁，你只要看他做文章，總先作正面的了解，先肯定對方的價值，然後指出其錯誤而糾正之。這就是忠恕之道。我們必須知道，凡是有性情而不甚平正的人，總需要他人了解，需要適當的安排。如不予以了解，予以情感上的滿足，則將成爲瘋狂，反可毀滅一切。我們若能滿足其需要，如雪中送炭。這是大恩惠，也就是大仁。仁給他一種安慰，智給他一種了解。表現仁是「圓」，表現義是「方」，表現智是「慧」，表現禮是「敬」。仁、義、禮、智都是內心的明德。這都靠自己之誠實無妄、開朗坦白。能開朗坦白則直而勇矣。

基督教的話說：「不要怕，只要信。」我們只要理直，自然氣壯，當該怎樣，就怎樣。這信而不怕，即是工夫上的意義。我們要避免不開朗，必須包袱少些，除非有大根器，如文天祥，能受得這富貴，經得起煎熬。這些地方必須自己小心，這是最具體的例子。以上是對自己而言。

再對德業言，則必須存心於對時代開風氣，對國家立規模。小一點說，可以好好的教書與讀書。但「大德不踰閑，小德出入可也。」只要存心正大，也不必作「硜硜然小人哉」的小人。大體說來，我對儒家做工夫的看法是這樣，這與佛家之「靜坐」不同。還有平時要常接近先生，求學問總要親師取友，要開朗、要誠懇、要有迫切感，不可矜持。有問題，就要問，對先生不能有什麼敢問不敢問。我在三十歲以後，始有敬畏之感。現在則深體會到開朗、坦白、去矜持之要。此是儒家作工夫成始成終處。矜持、機心，都不可有，對人相處，須尊重人之客觀地位，不可因親暱而失禮，對朋友來信須覆，總括起來，照儒家的立場而言生活的體驗，而不失仁、義、禮、智之存心即工夫。所謂「義精仁熟」即是工夫的最高造詣。

　　　　※　　　　　　　※　　　　　　　※

吾適有答蔡仁厚同學一函，茲附於此，以作參考。

仁厚棣：

來函所述自己病痛，甚見能自反省。拘謹在某義上與矜持不同。從高一層上說，拘謹即函矜持。但吾棣現在尚不至此。未經磨練，外拘謹內即慌張，此爲表裡相反之因果。大凡青年作工夫，與中年以上直接就心性下手者不同。青年宜藉努力學問開擴自己。規模未建，心思未開，則無論大力突破，或潛心陶養，皆不能落實。大力突破是假狂蕩，久之氣洩，仍未突破。潛心陶養是虛做作，壓縮久之，仍歸慌張。故此類話必須當機、落實，否則全無著處。此所謂不相應也。青年期要去拘謹慌張，其相應之工夫當是間接的：努力學問以明事理，藉理以開擴客觀意識。此時生命容或橫撐豎架，但此步撐架是必要的，大力突破必須藉學問來突破，不是空說突破也。撐架就是突破。但撐架本身就顯生命之不諧和。衝破拘謹即隨來一不諧和。這個不諧和是過渡到諧和必要的一步。這是把毒挑破。此挑破不能空說。學以明理，不要浮泛，方能盡挑破之責。在挑破與不諧和中應事接物，內心生活，自不能順適條暢。但須知此時之拘謹方是一「眞實之拘謹」，此時之慌張方是一「眞實之慌張」。

在生命中能形成一眞實的拘謹與慌張，亦是不易。吾棣此時之拘謹與慌張尚不是一眞實的，所謂與自小生活有關是也。此是習慣中的，尚未至由憤發挑破以形成也。故吾棣現在不要多注意此種拘謹與慌張，只要提起理智興趣以追尋義理系統，藉以挑破自小以來由習慣形成之拘謹，而形成一眞實之拘謹。此步一到，方是生命中之眞病。如此方可作直接的工夫：直從心性上著手，此即所謂主觀實踐之學問與工夫之開始。此時說潛心陶養方有意義，說大力突破

方有意義。然亦不是空說。憑空說陶養，如何下手呢？憑空說大力，如何用力呢？是以必有內在義路可資循持。此即致良知教之真實作用處。吾今於此方有理會。始知朱子說「涵養須用敬」，實是空說，無下手處。其下手處全在「道問學」。是以朱子一生工夫猶在間接邊也。

吾所告棣者不走朱子路，只要先作間接工夫：藉理智興趣之追求以形成一挑破。（此義可吸收朱子之長處而與朱子之間接卻不同）。先要藉理以開朗，落在生活上之不諧和亦表示一狂者胸次或狷者胸次，狷就是真實的拘謹，狂就是真實的慌張。吾人處此時代，先要開朗作狂狷。不是假狂蕩，虛做作，乃是藉理智興趣之追求以形成一真實之不諧和。此是真狂狷。何以要如此？一是工夫過程上之必然，一是時代之意義，多暴露多反映時代生命之病，方能開出生命之途徑，方能真認識真理之所在。古凶與民同患，有情既病，我即隨病，此皆有消極與積極之意義。消極是被動的，此即成一真實的不諧和，成一真實的狂狷，成一真實的病。積極是主動的，是聖人襟懷，是菩薩的示疾。此兩面皆是「存在的」：「存在的真病」（所謂病至於死）與「存在的示病」。從「存在的真病」到「存在的示病」方是直接工夫處：致良知其要也。此就是如何成聖之工夫。棣等間接工夫處一步未走，如何能說得上去矜持與慌張。（在直接工夫處，拘謹就是矜持）。矜持與慌張是徹上徹下的病，這裡含著學問的全程。吾棣可知如何用心矣。

二一、通向新外王的道路(一)

　　各位會友，今天是我們人文友會第二十一次的聚會。上兩次是採取自由討論的方式。現在有幾位是新參加聽講的，恐怕一時不能把握住線索，可以把過去的講詞看一看，不過講詞並不夠，不夠不要緊。還有一點要說的，即常常參加這樣的聚會，可以把精神凝聚一下，提撕一下。初參加的，不要抱著求知識的態度，我們這裡有許多與生活有關係的話，一時聽不懂不要緊，切不可急躁。我們這個聚會已有一年多，從未間斷，而且精神很好，這就表示大家已有一種精神的凝聚，我們現在講內聖是為了什麼，這一點必須知道。過去講內聖，即在通外王。事功，即外王的表現。所謂事功、事業、政治、經濟、典章、制度，通同是外王。現在的建國，即根據內聖之學向外開，亦即是外王。向外開，在現在講是兩行：一是科學，一是民主。

　　過去我國講外王，是由內聖直接推衍出來。如《大學》所講正心、誠意，即內聖。修身、齊家、治國、平天下，即外王。後者是由前者直接推出來。故曰：「壹是皆以修身為本。」現在如此講法已不夠。因為科學，雖與正心、誠意有關：以之為本，但不能直接推出科學來。王陽明講良知，並不能產生科學。以前的人講外王都

是直接從內聖推出來。例如劉宗周曾答崇禎帝說：「陛下心安，則天下安矣。」朱子上宋孝宗書言天下事，必從正心、誠意、致知、格物說起。又如李世民之爭帝位，非常激烈。此類問題最根本的解決，說來說去，還是歸在正心、誠意、修身、齊家上。中國以前講外王，到這裡即無辦法。過去的問題，不外有三：㈠王位的世襲；㈡朝代的更替；㈢宰相的難處。這都是屬於外王直接由內聖推，一方面也表示對於外王無辦法。現在講外王與事功，乃集中在科學與民主。但從內聖上並不能直接推出科學與民主，其中有一轉折，只有間接關係，而無直接關係。唯這一轉折眞是難事。這是一個很重要的關鍵。即一方面科學和民主，與良知有關係，一方面科學和民主又有獨立性。若從做事上講良知，確可使事情做得好些，但對科學民主卻無直接關係。五四運動以來，認爲科學、民主與中國文化對立，故非打倒中國文化不可。至於一般老先生的講法，則又以爲科學與民主，在中國固有的。這兩種見解都不行，我們現在要把科學、民主與中國文化接起來。我們要他們接起來，首先要了解這一轉折，即科學、民主與良知有關，但科學、民主亦有獨立性。我國講科學、民主已有數十年，爲什麼還不出來？其實理由很簡單，就民主言，像憲法、權利、義務、自由、平等、選舉、被選舉等觀念，大家現在都知道，爲什麼生活上不習慣這一套呢？即這一套觀念尚未進到我們生命裡面來。這些名詞，從表面上看很易了解，但欲其進到意識裡面來，在生命裡面生根，這卻很難。這難，卻與過去的中國文化有關，現在就從這裡講。

　　這基本的關鍵是在：中國的文化生命在以前其理性的表現是「運用的表現」（functional presentation）；西方文化的精神，其

理性的表現，則是「架構的表現」（constructive presentation）。
唐君毅先生寫文章，常謂西方文化是「方以智」，中國文化是「圓
而神」。在我的《歷史哲學》中說，西方文化是「分解的盡理的精
神」，中國文化則是「綜和的盡理的精神」。這在西方近代有懷悌
海，亦了解此意。他曾對張君勱先生說：「中國文化 very
reasonable。」我過去最愛讀懷氏的書。在他的 *Process and Reality*
這部鉅著裡，他說有兩個主要的觀念，即「過程是最後的，事實是
最後的」（process is ultimate, fact is ultimate）。他的意思是反對
亞里斯多德以來所謂本體、屬性這一套概念架子。他認為具體事實
即是最後的、最根本的，而凡是一個具體事實都是一個動的過程，
故過程亦是最後的、最根本的。事實與過程就是「真實」。不必於
此呈現的真實外再推尋那不呈現的抽象的「本體」以為真實。這種
觀點就是一種功能的觀點。同時，中國人的理性表現也是功能的、
作用的，中國人喜講情理，是活的，所講的都在人情中。不講乾枯
的抽象的理性。故懷氏謂為 reasonable。因此，科學、民主出不
來。中國人講道，即在眼前，當下即是。這是作用見性。佛教在中
國出禪宗，也是表現中國人的這種特性。總括起來，西方人講道是
概念的方式，即抽象的、靜態的；中國人講道是功能的方式，即具
體的、動態的。

　　古代的聖君賢相之治理家國天下全是德化的表現。鞠躬盡瘁，
死而後已。在這種功能的方式之下，作皇帝只要有點雄心，一定是
對一切都管，所以這需要一套架子予以限制，但中國卻素來沒有。
這從好的方面說，好處很多，情、理、法，通同在內。從壞的方面
說，壞處也很多，如渾沌、拖泥帶水等。現在的人罵中國文化，都

是從壞的方面說的。現在要生存，須有架構的表現。良知的表現是運用的表現。故曰：「耳無體，以萬物之聲為體；目無體，以萬物之色為體；心無體，以天地萬物感應之是非為體。」這即是作用表現之最恰當的話頭。運用表現是最高的境界。我們所要說的轉折，即如何從理性之運用表現轉為理性之架構表現。我們中國所缺者，即在架構表現（論境界，架構表現並不如運用表現為高）。復次，中國人之思考是感覺的、直覺的，而且太重實用，不重抽象，故科學出不來。（現在的學生，都喜讀工學院，不喜理學院，即是一例。）中國之生活情調與精神，從理性上講是運用的表現，從行動上講則喜講「革命」。革命是突破，不能常革命。常革命，則大家都成了革命的對象，成了敵人。中國現在最需要政治家，有政治家，才能有民主政治出現。關於這些，我過去有一篇文章論政道與治道，大家可以看看，作為參考。政道即架構表現，治道即運用表現。創造民主政治，須靠政治家與政治思想家。並須把它當作宗教一樣的信仰，才能實現。中國現在社會上流行的，都是社會主義的意識，都是離開主題而歧出。所以不能建國。真正建國乃指有政治家建構民主政治言。直到今天，建國這個觀念還不清楚。過去抗戰建國，抗戰清楚，建國不清楚。現在講反共建國，亦是反共清楚，建國不清楚。只有反面，沒有正面。我今分別理性之運用表現與架構表現，就是要使大家從正面正視這個建國的工作。這當是儒家學術在外王方面的新展開。

二二、通向新外王的道路㈡

各位會友，今天是我們友會第二十二次聚會。上一次所講的，是就外王一問題，而言理性的架構表現與運用表現。今天偏就架構表現方面而詳言其意義。架構表現成就很多，中國於架構方面不行，所以亦沒有這方面的成就。今天的問題即在這裡。而理性的架構表現之成就不外兩點：一是科學，一是民主。幾十年來的中國知識份子，都在鬧這問題。中國為什麼不能出現科學與民主政治呢？我們的答覆是理性的架構表現不夠。中國文化只有理性之運用的表現。我們上次已說，若論境界，運用表現是高於架構表現。所以中國不出現科學與民主，不能近代化，乃是超過的不能，不是不及的不能。這個意思梁漱溟先生似乎已有觸及。他說：「中國文化是理性的早熟。」這了解雖不甚中肯，但他總比其餘的人為優。在我們講中國文化是理性的運用的表現，可以把梁先生的意思吸收進來。運用表現，它有獨立的成就，無所謂早熟晚熟。精神的向上發展，是永遠不斷的，故無所謂早熟。它只是向運用的表現方面發展，而沒有開出架構的表現。這不是早熟的問題，而是缺了一環。不過運用表現在境界上說是高的，因此之故，我們可以把梁先生的意思吸收進來而予以修正。我們現在的說法是：光是運用的表現在現在已

顯不夠。理性的架構表現與運用表現，都需要，都要出來。只要明白理性表現精神發展的全幅義蘊及其關節，則早熟的說法便顯不恰當，亦可不必要。現在中國宣傳科學與民主政治的人，即不科學，亦不民主，只會壞事。眞正的科學家與民主政治家，其態度與行爲是很值得人敬佩的。我們現在要使這一問題在生命裡起作用，不能只是口頭上嚷一嚷，一定要自覺的於此有所建立。成聖人是運用的表現，是空蕩蕩的。雖乞丐亦可成聖人。故不如架構表現之可一一指出。因此中國文化究在那裡，很難指出，只是空蕩蕩的。我們現在總要有些鋼骨水泥的大廈，不能單講山川氣象。這其中須有一種轉折上的突變，這突變的關鍵，即在要有理性的架構表現。每一建築物，有一獨立的特性與結構，對應這結構，須要有理性的架構表現。如此方能產生科學與民主。這即是我們對外王的新講法。「外王」不是由內聖直接推出來的，而須有一種轉折。中國人的人情世故熟，即因理性的運用表現。不過這是就壞的方面講的。若就好的方面講，即是成聖人。凡是理性運用的表現，都是「攝所歸能」，「攝物歸心」。這二者在免去對立。它或者把對象收進自己的主體裡面來，或者把自己投到對象裡面去，成爲徹上徹下的絕對。這即是聖賢的心量。君主政體，即是聖君賢相的政體。其君相無敵對，若不就威權而言，僅就德上論之，聖君賢相對人民，即如父母之對子女。子女不是父母的敵體。現在的人每將政治上自由民主的意義用於家庭，使成對立，是不對的，而以前將家庭父子的意義用於政治，這也不對。現在的民主政治確是一大進步，因爲在政治上須有「對列」（co-ordination）。不可以是「隸屬」（sub-ordination），隸屬是運用的表現，是自上而下的披靡，即「君子

之德風，小人之德草，草上之風必偃」之意。此種境界本來很高很好，但須適當其分，否則即有毛病。現在論君主政體，並不是說沒有好皇帝，而是論其政治形態之本質，現在的民主政體有對待，過去的君主政體無對待，二者相較，自以民主爲好。攝所歸能、攝物歸心，只能就聖賢境界言，若就政治言，則須講「對列」。我們了解 co-ordination 與 sud-ordination 二字的意義，即可了解君主政治與民主政治的關鍵，所謂理性的架構表現，是以 co-ordination 來規定的。

就政治之內容言，在君主專制下，君主看人民爲子女，是隸屬的。在民主政治下，則人民有其政治下獨立的個性。君主是超越的無限體，而民主之元首則有其法律上之「分」「位」，即有其限制。此須認人民爲獨立之對待體而後能作到。人民之爲獨立的對待體，是以權利義務來規定。若不認人民有其政治上獨立的個性，則君主即爲無限的膨脹。君主或元首若爲無限制的膨脹，其於人民便是隸屬關係，若因人民之有政治上獨立的個性而有其法律上之分與位，則其於人民便是對列關係。由此對列關係而見理性之架構表現。反之，由理性之架構表現而成此「對列之局」。

再就民主政體本身之出現言，亦爲理性之架構表現所造成。這意思是這樣：即架構表現使吾人返回來對權源要加以限制與安排，即對於最高權源之「力」（打天下）使之理性化。（在以前政權最高之權源不可動，非打不可，雖父子兄弟，亦不能相讓，非常殘酷。）馬上得天下，不能馬上治天下，可見得在「得天下」時不講理，只有在「治天下」時才講理。而民主政治卻恰好把「力」打掉，使之理性化。這步理性化亦是理性之架構表現。用此架構表現

便出現民主政體，而打天下以取政權便終止。如是，社會上便有一個永恆不變之定常。此定常是制度而不是一家之世襲。以前政權寄託在一家之世襲，而其得也必須打，其失也則由於被打（革命）。打靠力，是非理性的。即得之，則望其永恆不變，然既寄託在一家個體之世襲上，則不能永恆不變。此所以有一治一亂之循環。以前儒者提出維持政權不變之辦法便是修德。修德是理性運用表現，不是架構表現。這即表示對於政權之產生與安排無辦法，而仍歸於力。可見理性之運用表現必賴架構表現以補之。

道德宗教的境界，是攝所歸能、攝物歸心，科學則非有對立不可。故成知識非從圓滿自足之絕對境界中自覺的造成主客體之對立，使對象從感覺情感中提鍊出來成為一個知識的對象不可。對象成為知識的對象，則主體便成為純粹的思想或知性。科學家治病，不把人當人，只把人當一個對象看，當做與物一樣。要有這類的成就則須有邏輯數學等，使用概念才能成科學知識。使用概念，乃架構表現。程明道所謂「觀雛雞可以觀仁」，周茂叔「窗前草不除」，這並不能成知識。成知識之每一概念，都是抽象的、破裂的，所謂系統，即理性之架構表現。

以上所講的，即是說明為什麼民主政治與科學是理性之架構表現。同時說明中國過去的學問中為什麼沒有民主政治與科學知識。今天大體只講到這裡，下次將講如何從理性之運用表現中開出架構來，即如何從良知中屈折一下而通出來。

二三、通向新外王的道路㈢

　　各位會友，今天是我們友會第二十三次聚會。上次我們所講的是就民主政治與科學知識以明理性之架構表現。現在當該進而再講如何從理性之運用表現轉出理性之架構表現。不過在講這層意思以前，我願先就超科學知識的智用（神智）與超政治的德化（神治）這兩方面把理性之運用表現再稍微詳細說一說。理性之運用表現，在人格方面說，即是聖賢人格的感召。《論語》說：「夫子之得邦家者，所謂立之斯立，道之斯行，綏之斯來，動之斯和」，最能表示聖賢人格之感召力，也最能表示出理性之運用表現之意義。孟子說：「夫君子所過者化，所存者神，上下與天地同流，豈曰小補之哉？」這「所存者神，所過者化」兩語尤好，把《論語》上那幾句話的意義綜括無遺。這種作用，在宗教上便曰「神通」（佛教）或「奇蹟」（耶教），而在儒家，則說得如此平實、如此條暢。吾人即總名之曰「理性之作用表現」。這「化」的作用由於「所存者神」。化本身也是神。這並沒有理由可說的，這「化出去」中間並沒有什麼曲折，故無理由可說。這即表示，他的所過者化，他的聖德之化出去，並不需要經過一個媒介、一個橋樑，而是一直的，一下子即化的。莫之爲而爲，莫之然而然。雖在聖人本身也不知其所

以然。它的所以然即是他的聖德之神，而從神至化卻沒有一個曲折可說。所以也不需要一個媒介與橋樑。須知媒介或橋樑本身都是一個架構、一個建築物。這建築物本身之成就是理性之架構表現。假如我們的德要通過一個橋樑才能化出去，這便是理性之架構表現。聖德人格之感召不需有媒介，所以他的「所過者化」，完全是理性之作用表現，不需要藉助於架構表現。這完全是超架構表現的。

至於在政治方面，則理性之作用表現便是德化的治道。吾常言中國傳統政治只有治道，而無政道。所謂政道、治道乃相應中山先生政權、治權而言。在中國以往君主專制之政治形態中，政權之行使未有一常道。故治亂相循，而打天下（即革命），乃為政權更替唯一方式。儒家於此亦始終未能有一妥善之辦法。其唯一把握不放者即想「德化」──此代表政權之「皇帝」。故朱子對孝宗言，只是誠意、正心。而其萬言書中所講論之治平之道，也從格致誠正一貫而來。蓋君相負治國安邦之責，而治理此廣土衆民之大國家，固無定格可循，皇帝日理萬機，若無極高之道德修養與深遠之器識，安足以言此？此儒家所以必立一極高嚴格之標準，以要求君相之故。以是中國君主專制之政治，乃成為聖君賢相之政治，也即成了「德化之治道」（道家於此乃成「道化之治道」，所謂足不出戶而知天下的無為之治。）其理想，其境界至為高遠。而中國政治上的法律，也無近代法律之權利義務的對待關係，中國所謂法，即是維持倫常關係，所謂君仁臣義，父慈子孝，夫和婦隨，兄友弟恭，以及朋友間之信義，此則不必有人民之同意，而人民亦無不同意者。故此所謂法，乃是一種自然律。它不通過架構之表現。所以亦根本不同於近代意義之法律。因而在中國歷史中，近代意義之國家政治

法律，可說皆無出現。然此非謂中國文化尚未到達此境，乃因其超國家而已進至天下之觀念，超政治而已進至德治之觀念，超法律而已進至倫常禮義之觀念。此種政治，其層次實同於西方所謂「神治」。神治的宇宙，不需要通過國家政治法律之架構，乃直接順自然律而治理之。中國之德化與道化的治道實有類乎此。於此中國文化無論從個人人格的實踐，或客觀的政治實踐方面，皆可見其是理性之運用表現而非架構的表現。

復次，從知識方面講：此所謂知識即指科學知識。科學知識皆對人而講，不對神而言。上帝理解萬事萬物，並不需通過邏輯數學之手續，也不用科學之方法。它是一種神智的妙用。它了解萬物即是實現萬物。它的了解也是整全的了解：一了全了。不是受經驗限制的歸納的了解。它之整全的了解，此所謂整全也不是抽象的概念方式，而是既整全而又散開，個個皆貫注到的。這種了解當然無所謂科學。故科學知識只是對人而非對上帝而言。中國儒家講心性講良知，是把智收攝於仁心之中，德性一顯，本心呈露，而本心則有其靈明之覺照。就此而言智，即已是超科學知識的神智或圓智。在此可說是「攝智歸仁，仁以養智」。此種仁心中的神智圓智，它對事物的理解是一觸即通於整全，所謂一了百了，即是此意。此種智，西方人以為只屬於神心。但中國聖賢則認為人心中即可轉出。故曰天心道心。此超知性境界之神智實純是運用之表現。依此則中國文化固不能出現科學。

中國文化實有類於一大海，其於人性之表現極其豐富，可謂無所不至，無所不容。然它極涵蓄渾淪而不突出。如人體之細胞，看不見，數不清，故極難了解，不似西方文化精采顯露，高潮迭起，

使人一覽無遺。中國文化有極偉大之氣象，極高明之智慧，極神妙
之境界，而且有極深之幽默感。因其氣象宏偉，故能維繫固結此廣
土衆民之大民族，延續此悠久深厚之歷史文化。因其智慧高、境界
高，故其一切皆尚神智渾化。一面超越概念思維之科學而從作用見
性，以體認本體；一面超越政治法律而講德化天下。因其有幽默
感，故於無能爲力之艱難之世，能順應自然，以靜待天運之轉機。
故中國人人情練達，世故最深。其生活情調確能如情如理。關此，
說好則甚好，說壞也最壞，然總是人性之豐富表現。不過話雖如
此，中國文化卻無架構內容，所謂「雪泥鴻爪，不留痕跡」。即表
示空蕩蕩的，無事物可指。故若不了解中國文化乃理性之運用表
現，乃超越架構表現而上之，看中國文化即實一無所有。在此你不
必與之爭論，凡運用表現者皆是虛靈圓神，空蕩蕩的。上帝一無所
有，然上帝也無所不有。中國文化講到最高處實有類於此者。

　　總之，中國文化是理性之運用表現，非理性之架構表現，然中
國要在現世界站得住、立得起，必須由內聖開外王處有一轉折，繞
一個彎，使能顯出架構表現，以開出科學與民主，完成新外王的事
業。今天再講明這點意思，使大家於中國文化生命之發展表現有一
確切之認識。諸位會友於此若眞認識清楚，再回頭讀五經、四書或
老、莊諸子，你就能了解書中之妙處及其精采所在。此是對中國文
化最高精神綱領之了解。事屬非易，然眞能用心，亦非甚難。下次
再講如何由理性之運用表現轉出架構表現。

二四、理性的運用表現與架構表現

　　各位會友，今天是我們人文友會第二十四次聚會。近來我們講理性之運用表現與理性之架構表現的問題已有三次。第二十一次聚會首先提出架構表現與運用表現的名詞大體加以解說。第二十二次聚會特別就架構表現方面詳言其意義。第二十三次聚會則就中國文化超科學知識境界與超政治之德化境界，專講理性之運用表現。大概理性之架構表現較易了解，因其與民主科學相應。故換此新名詞提一提，可使之對民主科學之本性有確切之認識。但也要提醒大家，對於架構表現此一名詞及民主科學之本性不可輕易忽視，因事實上也並不易了解。因其後面有一甚長遠之文化大流為之背景。因而有其特殊之意義。而運用表現的境界甚高。但中國文化是理性之運用表現，故聽起來較親切。似較易了解。然要徹底了解則又甚高，因為這是虛靈的。不虛則不能靈，不靈則不能講運用。岳飛說：「運用之妙，存乎一心。」這一心之妙用是至虛至靈的。而虛靈最不易了解，尤其扣緊歷史文化社會政治等問題則更難。所以上次我們講運用表現，特就實踐方面和知識方面講。實踐方面又分個人的與客觀的政治方面。個人的實踐即成聖賢人格。而於聖賢人格處說理性之運用表現，即人格之感召力，所謂「君子所存者神，所

過者化」。此境界確爲聖賢人格所達到，此實爲中國文化之領導觀念。於此你可了解理性之運用表現。其次在客觀的實踐方面，扣緊政治講，則中國只有治道而無政道。治道是運用的，政道是架構的。中國在治道上的成就有儒家的德化的治道，道家的道化的治道，與法家的物化的治道。物化的治道今不講。德化與道化的治道，都是超政治的境界。《易·乾·文言》云：「乾道變化，各正性命，保合太和，乃利貞。」此可表示德化的治道之境界，也即是儒家政治之最高理想。我們看北平故宮有太和、保合、中和三殿，於此你可看到政治之所嚮往及其境界。而道化的治道則可以道家「各適其性，各遂其生」的話來表明。此與孔子所言「老者安之，朋友信之，少者懷之」，皆所以使人與萬物，均能各得其所，一體平舖。此即順治道走之最高的超政治的境界，它與西方神治實同一層次。上帝治理宇宙不必通過國家政治法律的方式，它只順自然律而治理之，無須這些工具。德化與道化的治道亦如此，故近代意義的國家政治法律，中國一直未出現。中國在以前是一文化單位，不是一個國家單位，它是一天下觀念。其法律亦只維持五倫。法之本身無獨立的意義，又因是聖君賢相的政治形態，故只有吏治，而無政治。政治則必具有客觀精神以顯出對列之局方可，故吾人說中國只有治道而無政道。凡此皆從實踐方面說明中國文化是理性的運用表現，而非架構表現。再從知識方面講，首先我們應知凡科學皆對人而非對上帝而說，上帝理解萬事萬物，不需通過邏輯數學之手續，也不用科學方法，它是一種神智之妙用，它了解萬物是一了全了，而且是一下子全了。儒佛講心性講良知，皆是此種神的境界，故說一通百通，一了百了。你就此與科學知識對照一下，即可知運用表

現之難以了解，實非可輕易忽視。然而中國需要近代化，需要科學與民主，上帝則不需要這些，因他是自足的。我們是人間，無此即為缺憾，難求生存。因此我們要把理性之架構表現與運用表現詳細講。

今天接著講，如何由理性之運用表現轉出理性之架構表現，即是把兩者貫通起來講。前兩次的講法是分解的併列的指出，今則須從道理上講明其內在的貫通與有機的統一。復次，中國文化是理性的運用表現，故出不來民主與科學。但我們不採五四時代的立場，以為中國文化與民主科學為敵對，必須根據中國文化之生命，以開出民主科學。五四的態度是取消問題，不是解決問題。因為你若不能證明中國文化一無是處，你即須承認它有一面之真理，是真理就得保存，因此我們必須講通中國文化與民主科學兩者之道理，以求其內在之貫通，有機之統一，此即是落到中國文化生命之根裡，去尋求去成就民主與科學。故無論從道理上或從中國文化上，皆要求我們對於理性之兩種表現有一種貫通的說明。

要了解理性之運用表現轉出架構表現之途徑，可作兩步說明：一是分解的說明，即是散的說；一是綜起來作辯證的說明。本來此問題之理路即是辯證的發展，但直接如此講則難把握，故先用分解的方式來表示，較易了解。

從理性之運用表現到架構表現，是轉折上的突變，不是直線之推理，故雖說架構表現必以運用表現為本，但直接卻推不出來。此一面表示兩者有間接關係，一面又表示民主科學有其獨立之特性。凡直接推理可用形式邏輯之方式以把握之，但轉折上的突變，卻是一辯證的發展（於此可逼使吾人去了解辯證法）。所以要把兩者貫

通起來，一面以盡其轉折之意義，一面表示其爲內在之貫通，有機之統一。普通所了解的貫通統一大都是直線的，形式邏輯的推理表示貫通統一，也是直線的。譬如「凡人有死，孔子是人，故孔子有死」便是一直線的貫通。但我們旣知從理性之運用表現推不出科學與民主，所以這裡顯然是一種轉折上的突變。要就這種轉折而明其貫通統一，則必須是一種辯證上的發展。大家在此可仔細思考一下，使通過自己之生命意識，以成一義理之軌道。此關鍵了解後，乃可作分解的說明。

平常人也說，道德不離知識，知識不離道德，此話當然不錯。但此係從外部說，太膚泛，人不覺其有若何意義。凡講貫通，即必須進入內層。在此我們首先須知：凡道德宗教皆落在個人生命上，絲毫不能假借，父子、兄弟、師生也不能相傳，此最獨特。所謂成德成聖賢皆在人格德性上說，故武訓雖爲一乞丐，不礙其爲聖人。而眞正宗教家，也只在得道福，求與上帝溝通，此絕無法與人共、與人合作，每人皆自成一整全。所以修道不能炫耀。「人不知而不慍，不亦君子乎？」即是此意。一般人總從廣度的企求，要名要利，此須從他人之關係上而得到，因人之生命必時時與他人相通，故凡知識學問事業名位之類的客觀性社會性或公共性的東西皆爲其所要求。但凡此皆與做聖賢之本性無關，故道德宗教之落在個人身上說即無需此。而客觀性社會性之事業，亦必吞沒於其個人人格之靈明內，而此一點靈明即通上下通古今通宇宙之全，其生命遂顯得非常灑脫靈活。故我常說中國文化講到最後只有三句話：在社會上是五倫，講學是靈明，在政治上是大皇帝。因此客觀性社會性之事業皆不能發達，此即中國文化獨特形態。

但中國文化如此是否已夠？道德理性之表現如此是否已夠？從扣緊道德宗教之本質之「理」上說即已夠，但從另一面說則尚不夠。簡言之，從「理」上說夠，從「事」上說則不夠。此所謂事，即超過道德宗教之本質之外，就是說，人生之具體生活不只是道德宗教，道德宗教是必要條件，而不是充足條件。人生方面很多，境域亦很多。此多即是各類的事，此由超過道德宗教之本質之外而透射的事，也不是光禿禿的事，也有其理，即有其本質，事擴大了，本質界也擴大，理也擴大，而這些事又為人生所必牽連，故道德理性之貫注也須擴大。前賢本已講內聖外王。可見道德理性不能不牽連到外王。唯以前外王是直線地函在內聖中。故外王總開不出，而道德理性亦只內縮於內聖中。我們現在對於道德理性即須一面內在地講，一面外在地講。內聖方面的成聖賢求道福是內在地講，外王即是外在地講。為何要外在地講？因為凡有客觀性社會性的事皆為人間所創造，皆在人生活動範圍之內。既如此，則代表價值之源的道德理性即必須要照顧到此，不能使之荒涼；道德理性之光明必須照射到此，不能使之黑暗而成為非道德理性的，若道德理性通不出去而自限，即與道德理性之本性相違。因道德理性是無偏私的是無遠弗屆的。故說「一夫不得其所，若己推而內諸溝中」。因此絕不能將道德理性之光限於照射個人人格，只為內在所有，而不足以言道德理性之充分實現。

由此道德理性之過渡到客觀性社會性之事業，乃是良知靈明向外之披露。可是其披露也是一轉折之突變，此處有順與逆的兩面。過去講外王只是順的向外披露。此不足以盡轉折一義。我們現在要了解「逆」的意義。有逆之成分才能成辯證之發展。成聖賢人格之

道德理性（良知）的發用流行與成科學知識之理解活動是相違反
的。科學知識要靠經驗（耳目之官）要靠邏輯數學。而成聖賢人格
之良知之用則否。（古人於此說爲見聞之知與德性之知之違反。）
但良知之光明無所不照，一切人間事物皆爲人之業力所及。故不能
讓它荒涼。民主科學能爲人類造福，故自由平等工業文明，皆爲道
德理性所要求。可是從良知直接推不出科學與民主來。表面上看兩
者似相違反，但良知不反對科學民主，並且要求科學民主。即在此
要求而又相違上看出一個逆的成分。科學與民主是理性之架構表
現，但只成聖賢人格之良知之用則是理性之運用表現。在科學知識
與民主政治處，皆是有對，而在良知之用處則是「攝所歸能」、
「攝物歸心」而無對。故只順良知走，便不能出現科學與民主政
體。但科學與民主又爲良知之道德理性所要求。它要求一個與它本
性相違反的事物。此即是一個矛盾，逆其自己的矛盾。要把這個矛
盾解消而貫通起來，故須要求一種辯證法的了解。此其意義即普通
所謂相反相成，也即是辯證法所謂對立統一。道德理性要滿足良知
之要求科學民主，便不能一味順良知之本性而爲運用的表現，它還
要相應科學民主之本性而爲架構的表現。它要滿足此要求而實現此
種表現，則吾人之心用便不能不從良知之形態暫作自我之否定，而
轉爲知性形態、對列之局。不能一味順著良知之本性往下滾，不能
只是攝所歸能、攝物歸心。因若此便成爲無對。必須讓開一步，把
「所」與「物」推出去，凸顯出來，與自己成一主賓對列之局，才
能轉出理性之架構表現。此即要與自己逆、要自我坎陷，不可一味
順。就是古代打天下也得有一步之讓開，否則拒人於千里之外，如
何容受得了偌大之天下？此逆的意思用到歷史文化上，黑格爾有

「理性之詭譎」一名詞，他說上帝利用人之自私自利以成其道。此即上帝（理性）之詭譎。王船山也以秦廢封建爲自私，但廢封建對皇帝其實並不好。故天順其私廢除封建，以實現天道之至公。這亦是理性的詭譎之意。在此意義上，即今天共產黨的殘暴惡行，也有其清毒作用。故凡辯證的發展，必須有此逆的一步。國家政治法律與邏輯數學科學，皆有其獨立之特性。在以前皆不顯，現在要顯出來，則須道德理性不再攝所歸能、攝物歸心，而能自我坎陷以顯出之，否則仍如我上次所說光有山川氣象，無建築物以陪襯之充實之，即只是空蕩蕩的。所以今天必須開出架構表現的國家政治法律與邏輯數學科學，以充實發揚道德理性之光。於此黑格爾稱爲客觀精神（凡民主科學皆爲客觀精神）。中國文化只有主觀精神與絕對精神，而無客觀精神。故民主科學皆不出現，知性形態亦不顯。而中國人之理智遂無恰當之使用（恰當之使用即指出現科學知識），而只用於人情世故及政治上之勾心鬥角，故大壞。（關於此，唐先生近在《民主評論》上有〈科學對中國文化之價值〉一文，言之甚精詳。）上面這樣分解的說，可以說得很多，今天暫說到此。

二五、民主政治與道德理性

　　上一次我們講從理性的運用表現轉出理性的架構表現，是一分解的說明，即在分解地指出它是一種轉折的突變，並說明其是辯證的發展。此一轉折乃是曲轉，非是直轉。凡直轉皆可用邏輯推理明之。故從格致誠正修齊可直接推出治平之道，也即可從內聖直推外王。而從誠意正心之運用表現以成就科學民主，則是曲轉。此中有逆的成分。吾人須知：凡眞美善皆爲道德理性所要求。科學求眞，故道德理性亦必要求科學，要求我們心之光能照射於外物。民主政治較合理合公道，故也爲道德理性所要求。但道德理性可直接成聖賢人格，卻不能直接成科學民主。但又要求之。故須經其運用表現自我否定，轉化而爲架構表現。如此即與其本性相違反。運用表現是「攝物歸心」、「攝所歸能」，是無對的。至聖賢人格之德化也是無對的。但是要成就科學民主，即須在此無對處落下來轉爲架構表現而成爲有對。有對之架構表現與無對之運用表現相違反，此即逆的成分。自我否定而成科學民主，此乃辯證法的。即是道德理性以退爲進的迂迴的通出去。也即是對立之統一。如此講法乃相應辯證發展而爲分解的說明。

　　上次所說綜起來講，即直接作辯證的表示，以明其辯證的發

展。凡辯證的往前進的方式,其逆的成分最爲重要。所以有激盪,
有波浪。在激盪波浪中每一曲折形成一獨立性的東西,即有其本身
獨立之特性和獨立之結構。但在此辯證的發展中可予以貫通起來。
以往內聖外王的講法,外王只成爲內聖的作用。其外王無獨立的特
性,不能成爲一獨立之領域。故客觀性的建築(事功)不能出現。
所謂「雲過太空,了無痕跡」,即可見其純爲作用之表現。凡作用
表現皆是驚天動地即在寂天寞地之中。只要一正心誠意,即全幅呈
現。(反之,即一切壞,即昏天黑地。)故在理性之作用表現的文
化生命裡不能出現科學民主,於此吾人可知科學民主有其獨立性。
此具有逆的成分之辯證,可前後貫通,而每一曲折又仍有其獨立之
特性。此即客觀之實現。而內聖之外王則是主觀(或絕對)的實
現。如上次講詞中「夫子之得邦家者」云云與「所存者神,所過者
化」一段話,與耶穌以手摸著病人其病即癒,皆是主觀的實現或絕
對的實現。凡辯證的發展,皆旨在相應有獨立性的東西而爲客觀之
實現以明道德理性之大通。科學民主自理性之架構表現言,皆與道
德理性之本性相違反。因此科學本身是「非道德的」(非不道德,
也非超道德)。在此有所謂「道德中立」之說。民主政體內之各成
分亦可只是政治學地用邏輯理性來講解,而與道德不相干。但吾人
須知:民主政治本身即是一大的道德之實現,而科學之求眞,智光
之照射於外物,亦爲道德理性之客觀實現之所必經過,故要在此開
出科學民主,則必爲辯證的。是即明道德不能內在於自己而作直線
的推演,因此乃自我封閉,因而變成一墮性,而道德也要成爲非道
德。此即自我矛盾。要克服此矛盾而恢復其道德性,即須讓開一步
作自我之否定,通出去繞一個彎而再回歸於其自己。否則道德要停

死在那裡。中國文化即有此一病態。故船山言南宋君子以律己者而
衡人，遂不自覺而流於殘酷。其結果乃惡惡喪德而成為非道德。故
恢復道德性，不能內在道德自身而直推，因它是一辯證之發展。故
要引發科學，必須自我否定，不要光維持運用之表現，必須自我坎
陷而轉出架構之表現，作一步客觀之實現。如此道德理性之要求科
學，乃得以實現；而道德理性也反而在此步坎陷中可以通出去而不
停死。於科學如此，於民主政治亦然。

　　民主政治乃是「公道」的實踐，當該有其道德性。但在這裡何
以說與道德不相干？此有個緣故。現在一般人了解自由平等權利義
務，是純政治學的講法。張佛泉先生即說「自由即人權」。他們是
將自由一概念散開的說，故說人有言論、出版、信仰、集會、結
社、居住、遷徙等權利，即是有此種自由，故自由即人權。這是科
學的態度，此種說法限於政法學的立場是對的。但他不該反對道德
自由與意志自由。他們以此為抽象的玄虛，形而上學的爭論問題。
故他們講自由乃截斷而只散開地講、科學地講、列舉地講，不准通
著道德理性意志自由講。此種講法是純政治學的講法。政治學是一
門獨立的科學，政治本身也成一獨立領域。故可與道德宗教劃開。
但因他們不知民主政治乃實踐的事，不能不與道德理性意志自由有
關。從政治學的立場似無關，然從實踐的立場，則不能無關。他們
認為一有關，通著講，便是泛道德主義，有助於極權獨裁。須知此
中大有委曲。豈可如此操切割截？在西方中世紀神權政治下，政治
統攝於宗教，無獨立性，西方之講道德也是從上帝講（中國則從心
性講）。到文藝復興後，民主政治出來了，政治乃與道德宗教分
開。故純政治學的講法亦因而成立。因政治乃一獨立性之科學，所

以民主政治內部諸成分以及其關係，皆可用邏輯理性來講解。此
「自由即人權」一說之由來。他們不贊成貫通著講。因他們所意指
之貫是直貫。故以為以道德貫政治，即失去政治之獨立性。因此一
提到道德與政治有關，他們即以為是泛道德主義、教條主義，有助
於極權獨裁。其實民主政治既實現公道，如何能不與道德理性有
關？問題乃是他們只知有直貫，不知有曲貫而已。

　　總之，說「自由即人權」，說道德理性與政治無關，政治學的
講法可以，不講上一截的道德理性也可以，但不准往上通則不可
以。須知權利非憑空而來，乃從長期之流血奮鬥而獲得，在此則必
須落在實踐，說實踐則必通道德理性、意志自由。只割截地講自
由，乃吃現成飯，把前人為爭人權而流血奮鬥的史實忘記了。吾人
應知自由平等博愛之要求，是人性之覺醒；而此後能以實現自由
（諸人權）平等博愛，則為奮鬥所得之結果。此如何能不通著講？
唯剋就民主政治之成立是理性之架構表現言，由道德理性不能直接
貫下來，故民主科學雖根源於道德理性之要求，而民主科學則仍保
持其獨立之特性。只要明白是曲貫，非直貫，便不是泛道德主義。
你不能認為一講貫通，便是泛道德主義與教條主義。

　　古人所講之外王乃是內聖之作用。故由理性之作用表現處看，
可以說是泛道德主義。但此泛道德主義卻又不極權、不奴役。如大
權獨攬之皇帝也要德化之，以成就德化之治道。因之此泛道德主義
不但不助長極權，且正好是對君主專制之沖淡。故要神化皇帝以成
聖德，使之不操縱把持，能讓開一步。故此泛道德主義實乃徹底散
開的個體主義。因此它要求君相與人民忘掉其為君相人民及其與政
治之關係，讓人歸於自己本位而成德。故說：「魚相忘於江湖，人

相忘於道術。」而今人講道德乃就西方文化之宗教背景上講，故道德乃成為教條化、格律化。儒家則從人性上講，從個人成德之生活上講，此則非教條，故儒家不成教會，也無維護教條的異端裁判所。其教義乃五倫，而五倫實非教條，乃人生之常道。道家在此講「各適其性，各遂其生」，儒家則講「盡心盡性」。故中國之泛道德主義是對於君主專制的一種制衡作用、沖淡作用。因對政道無辦法，故不得已而出此。此乃「權法」，但他絕不奴役人民。當然如此並不夠，故要轉出架構表現。

但泛道德主義到了教條化格律化時，即成為極權。此可分兩方面說，一是隨便取一格律以為道德，如共產黨以唯物論為其道德教條，此則非極權奴役不可。一是把道德教條化格律化。西方中世紀則因宗教之教條而把道德格律化，如西班牙有一女人在星期日換一件襯衣，即觸犯教條而成立罪名。又如希臘哲人畢塔哥拉斯所訂之奇怪的規律，如「人人必須學幾何」、「人人必須吃豆子」之類，此乃皆極無理之教條。儒家未成為宗教，固為一憾事，但卻得免於此類毛病，故中國人最無教條。現在一般人皆習於西方文化之背景講道德。殊不知道德在西方始終未講好。其道德之基礎乃在宗教。而中國人講道德，其基礎則在人性。故主「性善」。依於宗教而講道德易於教條化、格律化。用之於政治而成為泛道德主義，則必奴役人民。

除泛道德主義，還有一名詞，即泛政治主義。此即政治生活概括一切，所以必然極權。西方之神權政治只能說是教條化的泛道德主義，不能說泛政治主義。真正的泛政治主義只有共產黨。在它，泛政治主義與教條化的泛道德主義是一，故必極權奴役。但只限於

政治學之立場講自由，而不准往上通，並詆詆講道德理性與意志自由者，其弊亦同於科學一層論，而亦成為一種泛政治主義。泛科學主義與此種泛政治主義一氣相通，同為淺薄之理智主義。此必陷於現實一域而窒息文化生命與文化理想。此一形態之泛政治主義，即孔子所說「好智不好學，其弊也蕩」。「蕩」即「窮高極廣而無所止」（朱注）。故它一味放大自己之獨立性，而完全抹殺其他。泛科學主義亦是如此。講到此即知吾人之講法既非泛道德主義，亦非泛政治主義。他們要如此說，只是他們不好學，失之在「蕩」而已。

理性之架構表現與理性之運用表現，說到此大體已告一段落。吾人講這些問題，一面為貫通時代，一面也為了解中國文化之特性以及其缺憾，以期開出一條文化生命之坦途。

二六、普遍性與個體性

今天世界兩大集團之鬥爭，說到最後，實在即是普遍性與個體性的問題，自由世界要保持個體性，故特別強調維護個性與價值，但因此普遍性遂不顯。而其徵象（或說毛病）即理想透不出來，故不能爭取主動（凡講個體性過分即如此）。遂讓共產黨在此時代大出風頭，因它代表一普遍性。其徵象是：反面抹殺個性體，故無自由民主；而正面即表現理想性。雖然它只是一理想之影子，並不眞是理想，但你看不透它，即爲其所迷惑，而爲其所吸引，使你爲它而奮鬥犧牲。這個時代人的苦悶與痛苦即在此。而吾人之講法則可兩面兼顧。但必須成一風氣，始能開出坦平之途徑。然而問題即在時下人於此不能有所認識，不能透出。今日在自由中國，我們可以理直氣壯的講話，因爲在此你沒有對立，眞美善皆可在你這裡表現。但換一地方如日本則不行。今日日本人皆左傾。眞美善好像皆由左傾而表現。其情形實與以前大陸情形一樣。幾年前我們在大學教書則甚苦悶，別的不談，記得有一次講「全稱命題」，我舉例說如「殺人者死」，若翻成命題形式，即是全稱命題，當即有一學生問此法令是誰訂的，我當時即知其意，他是由此例去想政治鬥爭了。我即告訴他，此時是講邏輯，你此時也只求了解邏輯，不應讓

政治立場佔去了你全幅心靈。例子多得很,除此以外,我們盡有其他例子可舉。只此一點,你即可知那時教書與言論之難。今天日本即是如此,所以在幾年前的大陸與今天之日本,說話寫文皆須有委曲。因理想為他們所表現。此中之癥結即在普遍性與個體性一問題上。

　　吾人說「理性之運用表現轉出架構表現是曲貫」。說到貫通,無論是曲是直,就必須有超越之普遍原理,必有一普遍的精神實體。而最後的普遍性即是本體。此乃底子。理想即從此而來。有了普遍性,吾人之生命才能客觀化,即首先使生命從個人軀殼裡突出來,進而從家庭、親戚朋友之私情裡突出來。如此你才能獻身奔赴理想。否則如蝸牛般的縮回到身家,你則不能奮鬥,不能實現理想。而普遍性此一原理,則首先且最易表現此一面。從東方(中國可作代表)歷史方面說,西方人有一異口同聲的傳統說法,即「東方人有普遍性而無個體性」,近代如黑格爾、凱塞林,與今日之羅素、湯恩比、陶遜等皆如此說。此實有其深刻之道理。但中國自五四以來實無幾人能見及此。中國文化從其思想家之把握真理來講,實最易把握普遍性。如道家之道、理學家之一體、與佛家之涅槃。凡講學問講道理到最後,即非把握普遍性不可。因非如此則不算到家、不算覺悟、不算重生。(西方把握上帝,即把握了普遍性。)必須到此一步,生命才能客觀化。故凡歷史上某一時代能透顯此步時,此時代即為一有理想之時代。

　　但吾人應知西方人何以講中國人只有普遍性而無個體性。此即儒、釋、道三教雖表現普遍性,但要將普遍性返回到個體性內而有一統一之表現,即感不夠。儒家既承認普遍性,也承認個體性。如

「仁」即普遍性之精神實體,而「親親而仁民,仁民而愛物」,即表示一差別性(個體性)。孟子堅決的反楊墨,即因墨子講兼愛,而兼愛不能表現個體性,無個性與價值。(其講天志,即代表一普遍性。)而楊朱主為我,即不表現普遍性,無理想。故力闢之。但儒家要將普遍性返回到個體性使有統一之表現,則仍是不夠。道家之道,即絕對之普遍,即一大渾同,根本忽視差別性。佛家則只成一出世的涅槃之普遍性,其精神為捨離,故個體性更不能說。三教於個體性,或不夠、或忽視。因此西方人之說法是可以講的。

　　普遍性不能客觀表現,在思想義理上即成為抽象的、乾枯的,而無內容。在此必須由抽象的轉為具體的,由乾枯的轉為潤澤的才行。若從歷史文化之表現看,亦顯示東方只有普遍性而無個體性。首先是「命運」一觀念,人們蜷伏於其下自覺地服從它。如印度之階級是先天的,是一死東西,不似西方之階級能起作用。其道德宗教哲學科學表現極其平凡卑陋,其精神生活也如遊魂似的,是一夢境。再次就是統一國家,此也是代表普遍性。而中國之統一也是呆板的、凝固的,由打天下而得來。而此統一即由大皇帝以替天行道的姿態來維繫。而人民則隸屬於其下而不起作用。即改朝換代亦與人民無關,如此組成國家之諸細胞的個體性即無由表現。所以從命運到夢境似的精神生活,到大王朝之統一,皆所以說明東方人之有普遍性而無個體性。

　　西方人又說,東方人是金字塔的精神,是萬里長城之精神。秦始皇為何修長城?為的是防胡,但使用的則是奴工(孟姜女的故事即表示一悲劇)。用奴工則不把人當人看,忽視人格價值,此乃量的精神(光有普遍性,無個體性)。凡量的精神皆最能表現氣魄,

表現一種量的偉大性（中國在此有許多可稱讚處，但內中有血有淚有悲劇）。量的偉大性能引發崇高性，大氣魄也即是一種壯美感。而西方希臘則表現幽美感，故其生活美、有靈感，崇尚自由民主，重視個性價值，這是一質的精神。於是，西方人遂以共產黨乃東方精神的產物，因它一面表現氣魄，能吸引人以奔赴其虛無之理想，他可以告訴人說為了共產社會之理想，這一時代人當該吃苦，當該犧牲，甚至全殺掉亦在所不惜。另一面則講黨性、講階級性，而抹殺個性，此即代表一量的精神。東方人既無個體性，故最易為共產黨所吸引。此所以說共產黨非西方文化（希臘）主要精神之產物，此非全是偏見。但共產黨之始祖馬克思終是西方人，此乃因西歐文化發展到了近代之後即已「量化」。（此謂量化，可以科學、工業、技術來規定其意義。）量化精神把人靈魂窒死了，把人的精神壓死了，因此引出了馬克思。此即孟子所謂：「物交物則引之而已矣。」

而共產黨在中國出現，即說明中國文化亦有接受共產黨之底子，如財產即在西方視為神聖不可侵犯，而中國士大夫則視為「阿堵物」，毫不關心。但他們對生民之福禍疾苦則異常關注。漢代士大夫即要求「以道德統學術，以學術統政治」，此即有社會主義之傾向。故今天許多老先生常於此割不斷。在許多地方也同情共產黨，即因其性情、責任感與理想，皆為共產黨所吸引故。如抗戰時期梁漱溟先生在重慶組織民主同盟，專為共產黨說話。我當時即勸他說：「如程朱陸王生於今世，必不做此工作。」當時他即不以為然。最近徐佛觀先生在一篇文章中，也說到中國知識份子可分三類型：一是公孫弘、叔孫通之流，一是儒林傳的人物，一是文苑傳的

人物。文苑傳的人物有才華，很圓通，但不表現理想性，故不能眞有成就（如蘇東坡）。中國知識份子到清代以至今日則整個兒失了儒林傳之傳統，皆屬文苑傳裡的人物。儒林傳之人物在今天則逆流而爲共產黨徒之反動形態。而少數能代表儒林傳之人物如張君勱先生，在此時代則備受排擠與抨擊。其實日嚷民主科學的對民主科學可說毫無貢獻，而他們罵爲玄學鬼的張君勱先生，反而爲中華民國訂出了一部憲法。

總之，馬克思在西方出現，與共產黨在中國出現，皆有其根源。此即是皆於量化之角落中出來。西方人講中國人有普遍性而無個體性，可是很深刻的觀察。而西方人自己則把握了個體性，故能實現自由民主，發展個性價值。但其文化發展至十九、二十世紀，因已趨於量化之故，其個體性即陷落而爲現實的，而不表現理想性。此則不能無病，故必須貫通普遍性與個體性而後可。

現在我們進一步問爲何個體性要靠普遍性？爲何普遍性與個體性要貫通起來？爲何要成一統一之諧和？黑格爾學派稱缺乏普遍性之個體性所成之個人主義，爲非批判之個人主義，故是自我中心，自私自利，完全是現實的、形而下的。復次，若無理想與普遍性之提撕與涵蓋，則你之人生是盲目的、寡頭的，生命也無一妥當的安排。而落到政治上即不能合作，成一盤散沙。中國近三、四十年來政治未走上自由民主，社會則極端的自由，無限的放蕩，因而產生毛澤東之專制獨裁。而法國大革命之結果，也即由非批判之個人主義造成暴民政治，終於出現了拿破崙之專制。因此要保持個體性以充分實現自由民主個性價值，則必使個體性套於普遍性之原則潤澤一下，使普遍性與個體性貫通起來。今天把握假普遍性的是共產

黨，表現個體性的是現實的個人主義。英、美諸國在各方面已成制
度。所以它雖不表現理想性，但國家政治尚可靠制度來維持。然而
一旦崩壞，維持不住，則必如今日之日本。是即表示只有現實的個
體性而無普遍性，並不足以眞言反共也。非批判的個人主義之個體
性不是眞正的個體性，因而自由民主個性價值，亦只成了習慣的、
現實的，而喪失其理想性。今欲恢復眞正的個體性，恢復自由民主
個性價值之理想性，則必須透現普遍性。

　　但普遍性不是一隔離的空的普遍性，而是在一定形態下表現而
爲一定制度，足以保持吾人之個性的普遍性。譬如國家代表普遍
性，但其組成份子必須要有自覺能起作用，使國家之統一成爲眞實
之統一、有機之統一，則國家之普遍性始爲一具體而眞實之普遍
性。而同時各份子之個體性，亦必與代表普遍性之國家有關，而不
能只是漫蕩的寡頭的個體性。個體性與國家之關係是具體地表現在
權利義務之關係中，而眞正表現自由民主之精神維護自由民主之制
度，一方面固保持吾人之個體性，而同時一方面亦即透現一普遍
性。若不能透現普遍性，則自由民主之制度是不能保持的。此即爲
普遍性與個體性之有機的統一。西方黑格爾即在此一路數上講國
家。但人不解其義，遂誤認其有助於專制獨裁，目爲勤王學派。此
實爲非批判的個人主義之觀點。非批判的個人主義即是在生活上自
私自利，生命無妥當的安排，政治上必引出極權。在抗戰時我對數
十年來中國社會即有此感覺，倫理綱常以及一切社會軌道，生活風
範均已解體，一般人只剩下一赤裸裸之個人中心之奔馳的生命，乃
爲共產黨所吸引，而共產黨之理想又寄託於極端虛無之普遍性上，
即無家庭、無國家、無一切價值內容之「大同社會」。下面極端個

人中心之自私，上面即嚮往一虛無不著邊之極公以爲其生命之託命所。我們常聽人說「天下青山，皆可埋骨」。此即表示一遊蕩之普遍性。光棍漢一無所有，乃日暮途窮，倒行逆施。無眞正的個體性，亦無眞正的普遍性。

吾人須知極端自私與極端大公是相反而相成。我們若能從個體性與普遍性之統一中湧發理想，則共產黨實不足平。光是嚷嚷自由，那只是消極之意義。猶如關在監牢的人要求自由，然一旦釋放，反而生活無著，甚至無家可歸。此即無理想之故。要從自由轉爲理想，即非轉出普遍性不可。因此貫通普遍性與個體性，實爲解開時代之死結之不二途徑。今之講自由民主者，只一味拖著往下講，不准通著往上講，以爲一講普遍性即是有助於極權，此實忽視時代之癥結，不知問題之所在。死的、遊蕩的、虛無的普遍性有助於極權，而且必轉爲極權，因爲它不能與個體性通起來，故必抹殺個性，芻狗人民，以奔赴其虛假之普遍性，此爲私智穿鑿，立理以限事。然與個體性通起來的眞實而具體的普遍性，則是本於人性成事定制之構造的普遍性，此則正是極權之衝破，何可不講？民主制度之成立，正是此普遍性之表現。希特勒自是希特勒，黑格爾的哲學自是黑格爾的哲學。吾人以爲黑格爾的哲學所表示的原則，德國形態的統一建國，固可視爲此原則之表示，英、美形態的統一建國亦可視爲此原則之表示。只要普遍性與個體性能有機地統一起來，訂立制度，保障自由，便是此原則之表現。並非英、美形態必合拉斯基之原則，而黑格爾之原則專應德國形態也。納粹與共產黨自是近代西方文化趨於量化後之反動，是虛假的、歪曲的普遍性，故極權專制奴役人民也。

二七、黑格爾哲學與存在哲學

理性之架構表現，注重知性之作用，是一靜態的講法。通著黑格爾歷史文化及《權限哲學》講是動態的講法。這皆是往外開。到黑氏即把往外開此一意義充分的展露出來。中國文化發展到現在實需要此一部份。因宋明理學家乃做的往裡收的工作，到陽明即已至巔峰，此後乃形成一大閉塞。故需往外通、往外開。但在西方則反是。近代西方思想，可說整個是往外開。而黑氏由向外之疏通致遠的工作實已到家（充分實現）。峰迴路轉，其思想實應轉而往裡收了。此一大轉向之「機」即從黑氏那裡逼出，然而黑氏以後百年來的西方文化大體仍是往外開，不但是往外開，而且是向下墮，墮於自然主義、功利主義、唯物主義，全失黑氏由內向外之理想主義。這也是存在主義盛行於歐陸的原因。（存在主義之在歐洲大陸出現，亦可說理有必然。蓋西方文化之大傳統在歐陸，而歐陸的人歷史經驗多，對於艱苦之意思體會亦較深切，故能出現存在主義之哲學。）而此一「機」之所以自黑氏逼出，乃因黑氏向外開所成之泛理性主義、泛可知論。他將一切皆予以理性化而納入其大邏輯系統中。因之與黑氏同時之謝林在一次講演中，乃說到黑氏之思想有一問題不能解決，即先從其純思想（純實有）過渡不到具體之存在。

講演時少年黑格爾派的恩格爾斯、巴古寧、契爾克迦德等皆在座。這些人皆不滿於黑氏「純思想」一線發展，而契爾克迦德且以謝林之說法仍不夠。此即表示謝林之哲學，仍不接觸具體之存在，由存在的觀點以講人生，體悟道德宗敎之在「存在的人生」方面之作用。此即說明自黑氏所逼出之此一往裡收的「機」，經謝林之挑破，而蘊藏於此丹麥哲人（契氏爲丹麥籍）之思想中，到現在之存在主義始眞正發出。

然而黑氏哲學之毛病則頗難說。社會一般之批評大體皆不對。少年黑格爾派也不眞懂黑氏。然黑式影響之所以如此之大又大半靠馬克思之力量（馬克思亦係少年黑格爾派），而馬克思即是最不懂黑氏且最壞黑氏之學者。一般人極難欣賞黑氏，故亦不贊成黑氏。如今社會上之喜歡講黑氏，則大概從共黨來。此乃政治之關係，故大生攪擾，因之連辯證法亦不得眞解（倒是佛家與道家反眞能懂辯證法）。人常批評黑氏講國家，以爲有助於極權。講歷史哲學即有礙於歷史之求眞實及其客觀性。時人此種淺薄無聊之論，大概由英、美來。因英、美重科學分析等，是經驗主義的、功利主義的、實在主義的（依理中國人之思想絕不會停在英、美思想之層次上，此只表示今日中國知識份子之不長進而已），歐陸之人絕不至於此。

存在主義批評黑氏則很簡單，即不滿其將宇宙說成一純思想之系統。純粹思想是抽象的普遍的，黑氏講宇宙乃以「純有」爲起點，由純粹邏輯推出來，以成一合理之系統。此必把握普遍性。它透過具體事實以把握理，即扣緊具體事實來分析透顯其背後之理。而純粹之「有」是極端抽象的。即將差別相抽掉，而成爲抽象之普

遍性、不決定性，光禿禿的。在此純有即等於純無。如何從純無演
變成有，此即必使純有在辯證之發展過程中，步步限定和決定其自
己而顯出眉目來。即演變出具體世界中各種領域（大別之為自然的
宇宙與精神的宇宙）可理解的諸範疇。將自然世界之有機無機，精
神世界中之諸成分一同展露其「本質的根據」。凡可理解的必有一
「理」（朱子之理、柏拉圖之理型皆是理，上帝即為理之綜匯）。
而講範疇則康德是分解的講法，是散開的，不能統一，黑氏之諸範
疇即在辯證之發展中統一起來。然其創造之大系統雖「放之則彌六
合」，但它是單線的同質的發展，是一條鞭的，它如同滾雪球，越
滾越大，但總是雪。故看康德很是熨貼，看黑氏則否。（然能落到
具體事實上即好了解，即亦熨貼。）故人看黑氏書，鮮有不起反感
者，故黑氏之大邏輯系統實可不必要。然而謝林之批評黑氏則並不
中肯，因黑式本不必要推出具體之存在，而是要演出範疇。（即只
能推出人之本質，而不能推出人之存在。）故黑氏之意只在說明存
在，而不在推出存在。而契爾克迦德則批評黑氏之所講，都是抽象
的、普遍性的、非存在的、非人格的、非個性的、非具體的，皆是
客觀化的、理性化的、形式化的。乃將原始生命放出去投射到普遍
性的純理世界中。此即不能接觸真實人生。契氏此講法是從存在之
觀點上講，非從理智的思辨上講。純思辨地講道德宗教之所以可能
之理是講哲學。而契氏乃從道德宗教之體現上講。此即要實踐，要
去做如何成為基督徒的工夫。重「如何」（how），而不重「是
何」（what）。契氏此一途徑，卻正是中國文化所走的路。儒釋
道於修行中成聖成賢，成佛成道，皆是實踐的，理學家講學問亦絕
不離開實踐而講道。故中國以前講學倒真是從存在的進路入，非從

純思辨之觀點講。蓋要享受道福，必在具體之人生實踐中體現道福。故黑氏講道德宗教是解悟的，尚不是證悟的，多重其文化上的價值，而未措意於人格上的受用、個人踐履上的體現。但黑氏可答辯他只是講明道德宗教之本質。故他只負說明之責，而非實踐的。講學問本可有此兩面，非必黑氏為不對也。

　　講學問可從非存在之觀點轉到存在之觀點。黃宗羲所謂「心無本體，工夫所至即是本體」，即將非存在的統攝到存在中來講。此是踐履的。而在西方二千多年則皆是非存在的講。是理論的非受用的，故不了解具體真實之人生。至契氏乃力反黑格爾哲學。然要講歷史文化、講國家、講政治法律，則必講客觀化，蓋如此，才能開人文世界。如要道福，建立人格，覺悟振拔，得重生，即需走存在之路。（與上帝同在即有道福，但此不能講歷史文化，要講即須通出去。）故契氏主要乃反黑氏之泛理性之系統，和泛可知論。把宇宙之奧秘置於智之玄思之照射之中，皆可知可解。此只是思辨的，非存在的。此於存在的人生之艱苦奮鬥，並無多大助益。至少也不是直接相干的。孔子五十而知天命，也只知此天命而已。從其「知」言，是可知（智光已照射到了）；從其所知的是「天命」言，則又是不可知，有一超越者在我之外。凡成聖者，皆承認宇宙有無限之神秘，故有廣大之心量與謙卑之情。但從哲學思辨上講，即必如黑氏般講；而從存在講，卻又不能如此講法。講歷史文化，必講發展、講進步，而自存在上講道德宗教，即各自圓足，乃一永恆。是又無所謂發展。亦無所謂未來勝於往昔。中國文化即如此形態。（吾在《歷史哲學》中以「綜和的盡理之精神」與「綜和的盡氣精神」說中國文化也是此意。）然此雖是真理，而吾人自己反省

又覺不夠,故需往外通以開出外王。存在主義同時亦反笛卡兒之
「我思故我在」。由思所顯之我之存在,乃邏輯之我,非存在之
我。其存在是「思」,實非具體的存在。此即不能講道德宗教。但
要講科學知識,則也不能少此一套。此只能說各有所當。

　　契氏思想之出現,實一眼看到西方近代思想末世衰微之傾向。
非人格的傾向、非立體的傾向。故一反其傳統而主往裡收,即重歸
自己之主體肯定人格個性,以另開闢出一光明之源,透露一眞生命
之機,吾人順契氏之學回到自己來接中國學問,當能有一番新意
思。吾人之講法也能較契氏爲積極。故我們固不反對存在的,亦不
反對「非存在的」。邏輯數學科學知識是非存在的,而「存在的」
不只是道德宗教,而客觀實踐的歷史文化民族國家也是存在的。不
能認爲往外開,客觀化,即是「非存在的」。不過有本末而已。道
德宗教之存在的是本。它眞是價值之源,眞是光明之所在。你若不
解,乃你自己之墮落。最近我給唐先生寫信,內中曾提到西方哲學
亦有天地人三才之鼎立:傳統哲學(即自希臘哲學到笛卡兒康德黑
格爾之系統)表現「天」德,懷特海的自然哲學表現「地」德。存
在主義即從人生說以尊崇「人」。中國古代講天地人三才並建,而
尤重參天地贊化育之人,此正是存在主義所表現之意向。吾人從存
在之意義了解具體之人生,再來肯定道德宗教,此正是我們人文友
會成立之初念(即成人文教)。近代中國人對於自己之文化懵無所
知,縱有談論亦失本旨。存在主義之思想正給予吾人一新刺激,逼
使吾人回頭是父。凡我人文會友在此尤應發大心立大願,以全幅生
命貢獻於中國文化之創造與復興,故我渴望諸會友皆能認眞讀書從
學。

二八、中西思想諸問題之討論

　　各位會友，一年半來我們的聚會從未間斷，就是遇到新年（如去年元旦）亦照常舉行，此種精神甚是難得。這次本預備將西方存在主義要講一講，因資料尚未譯印出來，而今日又是一年之終了，故大家可就一年來聽講所得之啓發受益，及平日思想學問上之煩惱困惑，表示一點意見，提出討論。因爲光是被動的聽講也不太好。吾人所講皆與歷史文化時代國家有關。與學校上課不同。所以大家討論是必要的。

討　論：

㈠陳修武問：荀子講禮法在何處立根據？

先生曰：荀子講禮法之路與孟子不同。孟子從道德的心講。道
　　　　德的心即實踐的心、創造的心，也是動態的心，故能
　　　　成就人文世界。而荀子則從辨心講，辨心即認識的
　　　　心，也是靜態的心，此較易了解與把握。（釋道之心
　　　　也是認識的心：虛靈明覺的、超科學的。）孟子是心

性合一的，荀子則重心而輕性。故其講禮法不在人性
上立根據。其禮法遂成外在的，其理性系統之根乃自
然主義之底子，重權威，故後來可轉出法家（荀學即
差在此一點），故「性善」絕不能不肯定。因此乃價
值之源。是理性理想之形而上的先天根據。故《中
庸》說「天命之謂性」。一般人從心理現象生理現象
講人性是氣質之性。然「氣質之性，君子不謂性也」
（橫渠語）。性必從覺悟重生上講。故曰明心見性。
荀子之學實缺此一面。故其言禮義之統所依據之基本
精神與心思之形態，乃與孟子所代表之正宗儒家殊不
相應也。

㈡郭有遹問：王陽明說格心之物，格意之物，是否與黑格爾
　　「對其自己」之意相通？

先生曰：陽明以心之所發為意，意之所在為物。物必統於心，
　　故自心外無物，心外無理。其格物非格心外之物（朱
　　子言即物窮理，其物在心外，故其格物是格外在之
　　物）。故其言格心之物，格意之物，即是致良知。此
　　是一工夫過程，覺悟過程，當其良知披露時，即黑氏
　　「對其自己」之意。

㈢逄濟民問：黑格爾以中國人民無個性無自由，恐未妥，其確
　　切意義究如何？

先生曰：黑氏之意以中國人民未成一公民，乃剋就立憲政治而說，公民乃近代觀念，中國以前只有天民，而無國民、公民之觀念。周公孔子是大聖人，其思想聖德當然影響中國之歷史文化政治甚鉅。然其影響乃自上而下的，即所謂「君子之德風，小人之德草」。乃道德之意義，非政治觀念。唯公民才有政治之自覺，能自覺才有個性自由。未至此步，則四萬萬人皆是羲皇上人，實未盡建立國家與訂立制度法律之責。故此是一立憲政治問題。乃是要使政治形態從君主專制向立憲政治進一步。孔、孟與理學家固亦常講覺悟，講自我作主。此當然有個性有自由。然此乃道德意義，是主觀自由，故能成人格成聖賢，而不是客觀自由，故未能開出近代化的政治意義。中國以前實未進至主觀自由與客觀自由的統一。故顧亭林有亡國、亡天下之說，以亡國只君士大夫有責，而亡天下則匹夫匹婦皆有其責。因其是道德文化之意義，道德固不可斷絕也。到曾國藩平洪楊也仍是此一意義。故他只衛道統，非是忠於滿清也。明乎此，則黑氏之言亦未始不可說。

㈣梁尚勇問：黑格爾之學是否與民主思潮相容？若然，爲何近人以其有助於極權而大加反對？

先生曰：黑氏喜講主體自由，重個性，以見其能與民主相容。
而近人以其有助於極權，十之七八在人之於黑氏無善
解。而黑氏之毛病只能負一二分責任，此即其太重視
必然性。他將個性與普遍性，主觀自由與客觀自由皆
予以統一，而成為全體。一切皆需通過國家之整全始
成為有價值。故黑氏有歷史哲學與國家哲學，而缺少
人生哲學、社會哲學。他把人與國家拉得太緊，使人
無鬆氣之餘地。（須知人可不顧天不顧地，而專求表
現藝術諸事。人間固亦必須有以容之。）且黑氏講國
家，乃從「理念」上講。然理念上之國家從未實現且
將永不能完全實現。而現實之國家通常由政府代表，
此則不能無現實之病。人人可有自覺要求政府，然國
家之理念則不能變，不能推翻。人或以德國尚極權獨
裁，富侵略性，而黑氏乃德國人，實則德國是德國，
黑氏哲學是黑氏哲學，未可一概而論。（此上可參看
唐先生《人文精神之重建》書中論自由之文。）極權
專制實不可亂講。今人怕講國家整全，怕講全體，而
喜講原子散立式的個人自由。其實成極權與否，全看
統一之原則從何而來。從民族生命之根而發，抑由外
來之思想理論與壓力加上來（如共黨）。依黑氏意，
法律制度皆由民族生命發。其顯著之例，如階級在西
方歷史文化中能起作用，而印度之階級則否。即其階
級制度純靠外在之命運自然而定之故。凡自覺尚未到
法律制度之創建，則只有主觀自由而無客觀自由，有

法律制度而未經過自覺，則只有客觀自由無主觀自
由。此皆不足言民主政治，民主政治不許有任何內容
之思想主義，首出庶物以爲敎條。而共黨則以其唯物
主義爲敎條。王船山嘗言「有即事以窮理，無立理以
限事」。共黨即立理（如其唯物主義）以限事者，清
儒謂理學家以理殺人，實則只有今天共黨才足當此。
即歷史上之大暴君亦未有以一理限制人如今之共黨
者。斯賓格勒曾說及近代世界代替帝王貴族者，乃立
名詞概念之思想家與利用此名詞概念之資本家野心
家。立理限事之害此可概見。而力反黑格爾的個人自
由主義，推至其極，則二人即不能合作。更不能講統
一。此則必歸於下沉而不能上升。

又　問：解決思想上自由與組織之問題是否以黑格爾爲最好？
又先生嘗以黑格爾比王船山，兩人異同如何？

先生曰：自由與組織，羅素即曾以此名其一書。此兩者固必求
調和。其途徑是否以黑格爾爲最好，這問題是要看從
理上講還是從事上講。如果從事上講，當然有多端，
其途徑亦無一定。從理上講，則有一定。羅素之講法
乃從事上講。而黑氏講個性與普遍性之統一（亦即要
求自由與組織之調和），乃是從理上講。故有一定，
而且最透，發展得最到家。英國人講這類問題，總喜
歡從事上講（因其淺顯易解），不必能透其理。但表

之於行事，實亦不背乎此理。唯其意識上之觀念不必
能及此理。但在就事而言的人，這亦不要緊。英人最
現實、最保守（如以保守爲政黨名，只英國有）。英
人實最能作到「凱撒的歸凱撒，上帝的歸上帝」之
話。一切就事論事。如牛頓一面窮研科學，一面虔誠
信宗教。他並不求兩者之統一。英人此態度當然可
學，然非學之盡在於此也。凡眞理當該通在一起，如
在理上不能連在一起，即其中必有一面非道理，故應
從理上講。學問亦必從理上講始能透。德國人即與英
人不同。他強烈的要求道德宗教國家政治之理上的統
一。此即從理上講。而能講得透者則以黑氏爲最好。
中國正宗儒家及王船山皆從理上講。而顧亭林即從事
上講。黑氏與王船山有相似處。乃同形態之人物，同
有具體之智慧，其思想落在歷史文化上即皆甚清楚。
唯王船山是儒家，其講法較王道較純正。而黑氏則較
霸道。但王船山亦缺少黑氏之大間架。關於他兩人，
吾曾有一文略論之，可參看。

㈤陳問梅問：康德、黑格爾之唯心主義與存在主義有何不同？

先生曰：康德、黑格爾講學皆是非存在的講法，此在上次講詞
中也曾提及。如康德批判哲學，重在講一概念如何可
能之理，講道德宗教科學知識之可能的先驗根據，皆
是非存在的。我的《認識心之批判》之所講，亦皆是

非存在的。此思辨之學乃由希臘而來之大傳統。把握
普遍之理以說明現象，即西方傳統之學。此皆是非存
在的講法。而存在主義即從具體現實人生的道路入，
此即立綱常立間架。西哲之思想，非其生命之全幅表
現，其思想與生命可分為二。而中國人講學即從工夫
實踐上講，理學家尤重人品性情。康、黑之學是解悟
的，契爾克迦德則重證悟、徹悟。所以他說：「我不
敢自居為基督徒，我只想如何成為基督徒。」如何成
為基督徒，此即一無限實踐過程，故存在主義力反黑
氏之客觀化，而重主體性、重覺悟。因為從這裡才能
見真實之人生，才能保住善惡是非之辨，才能保住價
值。希臘之傳統是滿足人之知識條件，不能滿足實踐
條件。

　　據我看，存在主義實不可當思辨的哲學講。它實
是主觀實踐的學問，它要靠感受。人生由虛無之感而
引發生活上的荒涼，與無名之痛苦。（不安、失望、
怖慄、放棄、病至於死、深淵等，皆契氏常用之名
詞。）而覺人乃被拋擲於此世界中。佛教說生老病死
苦，也即現實生活之痛苦。於此你轉而能了解宋明理
學。我以前講王學乃是解悟的講法。最近我則常有虛
無之感。午夜夢迴，恍惚中若被拋擲於曠野。此時上
帝、道、聖賢皆接不上，一切成為不相干，一切掛搭
不上。這些年來我常有此感，孤獨久之人恆如此。要
補足此缺憾，只有倫理生活與宗教兩法。然成就真實

之人生，必翻上來始可。於此我益感儒家「爲生民立命」之重要。儒家之倫理生活實具至理。以其最能彌縫人生之痛苦缺憾也。論到苦，佛家乃從生老病死之「無常」講，儒家則從「虛無」處講。故儒家最哀憐無告之鰥寡孤獨。如「一夫不得其所，若己推而內諸溝中」「老者安之，少者懷之」諸語，皆所以要求人之免於虛無之苦。此皆是感受問題。一健康正常之人生，不必能有此感觸，此乃衰世之象徵。所謂「衆生皆病，我即隨病」。時代是一大虛無，而我即其反映也。

二九、存在的進路與非存在的進路

各位會友，今天大家仍可接著上一次繼續討論。

㈠**陳問梅問：存在主義重實踐，其實踐當亦依於一理論，此與康德、黑格爾如何區別？**

先生曰：此在於其進路之不同。一為存在的，一為非存在的。存在的進路與中國講學之路同，即從踐履工夫之受用上講道德宗教，使道德宗教之本質義理，在工夫實踐中透露呈現。但道德宗教亦可思辨地講，以展示其本質義理。但此乃是哲學地講，非存在地講，只是哲學中的道德宗教。康德、黑格爾即如此。當然，康德也可有其踐履上之工夫，但其講法總是「非存在的」。中世紀神學家講道德宗教也仍是哲學地講，唯神學也仍可有其道德宗教之受用。吾人說西方無心性之學，因它必須有存在的工夫實踐，然後其精神乃能與耶穌之精神相應，而西方以往實未能臻於此。從思辨中講道德宗教也可放光。但那是理智之光，不是道德宗教

放光。是你之講（你之智）放光，而契爾克迦德則要
求道德宗敎歸於你存在之實踐的生活中放光（中國理
學家之放光即是道德之光），此則不可只當哲學講。
故有神論的存在主義是正路，此是契氏之路。無神論
的存在主義則是歪路，如尼采、薩特利。因他們正停
在佛敎所說之「八識流轉」中，而未能轉識成智如佛
之講般若、涅槃。故說人生是荒謬的、非理性的。人
只憑自己之命運在創造他自己。故尼采根本即肯定權
力意志之衝動以凌駕庸衆。而尼氏此說實本於叔本華
之盲目意志而轉出。叔氏主以藝術之美境消解意志之
作孽。但此未是究竟。就此可見叔氏並未能翻上去。
而尼氏則根本不往上翻，而一任意志之衝動。此乃成
外道，而薩氏亦然。海德格雖不同於薩氏，但他講實
有，講從無到有，仍是哲學地講。契氏講「虛無」則
非哲學之概念，是情感上之概念，故是存在上的虛無
之感。而接下去乃講無、痛苦、怖慄等。到一無所有
時則皈依上帝而得重生。故其講無，是要從虛無之生
活中往上翻而轉爲有之肯定。由此乃覺大地圓滿，重
獲歸宿與安頓。而海氏則大概頗受中國道家之影響。
但老氏所謂天地萬物生於有，有生於無，「無」乃絕
對無限之妙用。它是一實體，可作本體看。而「有」
在此乃第二層次之概念。故老子曰：「無名天地之
始，有名萬物之母。故常無欲以觀其妙，常有欲以觀
其徼。此兩者同出而異名，同謂之玄。玄之又玄，衆

妙之門。」此見老氏之無是一正面觀念，是積極觀
念。而契氏之無實是生老病死苦之苦諦之意，是負面
名詞，是消極觀念。前者之無，亦是空，空蕩蕩之無
爲，然無爲而無不爲。而後者之無，則是一無邊的虛
無之感、怖慄之感。海氏由契氏所說之無以顯有，此
已歧出而爲哲學的。又不講上帝。以爲只要把「有」
講好，以靜待上帝之是否再現於世界。此則與契氏之
原意亦相違反。

㈡王美奐問：黑格爾把宇宙納入一大系統中，而爲可知的。此
　　　　　　似令人精神上有一暴露淺顯之感，而失神聖之超越
　　　　　　義。他又以國家爲最後最好之形態，而未對高於國家
　　　　　　之天下大同作妥當之安排。恐兩皆未妥。

先生曰：黑氏之學是一泛可知論、泛理性化。他以理智之光無
　　　　微不照，此則一切宗敎家（契氏亦然）無不反對。因
　　　　超越之無限非可知者，非理性所能企及者，如上帝
　　　　（此是不可知論）。然黑氏並非從主觀理性之思考力
　　　　上說，而是客觀地呈現一理性之系統。此系統即統於
　　　　上帝。故整個歷史可予以一精神發展之解釋。而整個
　　　　宇宙亦可統於上帝之理性系統。而一般所謂各有各的
　　　　哲學系統，則仍是主觀的。黑氏之意，是除了主觀的
　　　　各人之系統以外，還有一客觀之系統。主觀之思考可
　　　　透顯此客觀系統。故此並不妨礙理性地講上帝並展露

其為一理性的系統。西方一般說「可知」，是指耳目之官，見聞之知之限制中的理智作用是可知。此則當然不能企及超越實體。然「知」可有超於此者之意。故道家有言：「其出彌遠，其知彌少。」又說：「不出戶知天下。」此則非見聞之知，亦非知性之知，而是知道、明道之知。故道是可知的。（基督徒祈禱時可與上帝通，此亦是知。）但「道可道，非常道。名可名，非常名。」此又成不可知。此不可知，是說不可以知性名言之知去知，不是經驗所能及，不是邏輯概念所能定，故曰「玄」。如此而言，道或上帝不可知，亦可知。不可知，是不可以抽象的知性言；可知，是可以「具體的玄思」透。如良知之光披露照射時，即一切皆可知。故說一知一切知，一了一切了。而黑格爾亦必言具體的玄思。此玄思是有確定意義的。黑格爾知之，東方人知之，而一般則不知也。西方一般人在此實太滯礙，不復知此玄思之義。故反對可知論，黑氏之學以及東方之學實可解消此可知不可知之矛盾。然黑氏雖由玄思以展露整個宇宙、整個人文世界為一理性之系統（非知解理性之系統，乃一玄思所展露之精神發展之系統），而畢竟尚只是解悟地如此說，而非由「存在的證悟」入，故其所說一切皆離開「個人的」而成為「非人格的」，使人有散出去為一套理論之感。此契氏所以提出「存在的」而收攝於個人之存在的踐履之故。由收攝於「存在的踐

履」，自顯超越義，不可知義，而加重信仰。然若眞
收攝於存在的踐履，由之而眞得存在的證悟，則黑氏
所說之一切亦皆可成立。此則一往由存在的證悟以展
露而皆落實矣。此莊子所謂「備天地之美，稱神明之
容」，而得見「古人之大體」矣。故吾人以爲，契氏
與黑氏不可視爲對立，當視爲相收攝相轉進，而得一
「存在之融通」。如此可知不可知之矛盾即解消矣。
其次，黑氏之以國家爲最後最好之形態，乃因他以國
家是精神之圓滿具體化（體現）所達至者。國家乃代
表客觀自由與主觀自由之統一。精神之發展，一是同
裡收、向後反，以成聖成賢（主觀的實踐）；一是向
外放、向前開，以實現價值、成就全幅人文世界（客
觀的實踐）。分解地說，即可從家庭說起，到社會國
家天下。茲簡單言之，黑氏認爲國家是客觀自由與主
觀自由之統一。主觀自由如不客觀化而爲法律則無保
障，客觀自由若無主觀自由則抽象而落空。（東方皇
帝之權力，無限制，未客觀化，是隨意揮灑的。故只
皇帝有自由，其自由亦只是主觀的，而人民無自
由。）黑氏說國家乃「稱理而談」。到此乃是主客觀
自由之統一，故是最好的。當然現實之國家未必至此
境。但從政治立場講，今日英美型之民主政治，已有
合於黑氏之意。唯人之精神發展與人之自覺是無窮
的，理念上的國家，乃精神之圓滿實現，而爲道德之
整全，也無異是上帝實現於地球。故不但是最好的，

而且是最後的。十九世紀以國家爲最高標準。（從現
實說，如今仍然。）黑氏之認國家爲最後的，似是爲
此現實所限。但道理上當該不爲現實所限而進至大
同。（人類亦應作此努力，因爲人類有此能力。）黑
氏當然未再從理上想到國與國之間是否亦可達到主觀
自由與客觀自由之統一。能，則另有更高更好者；
否，則大同亦只是空名。

黑氏更有一言：「凡未能建立國家之民族，不能進入
歷史之舞台。」此話在我們聽來，眞是觸目驚心。中
國數十年來民主建國未能成功，而光說大同。須知建
國此一步是必有的，必須做到。先有國然後有國際。
國際即國與國之間。自己國未建，那裡有間？講國
際、講大同，亦只成空言而已。但國家之上，當該有
一實體。黑氏以國家爲精神理性所貫注，法律制度亦
客觀實現。在此人人有自由、有限制，亦人人有保
障。而國與國之間，則是自然狀態，理性不能客觀
化，紛爭一來只有訴之於戰爭。故一個國家之對外，
完全以「主觀福利」爲標準。而主觀福利並非道德理
性之觀念。故爲了自己國家之福利，即可發動對外之
戰爭。如此，國家對內雖是理性的，對外則變爲非理
性的。此是一矛盾。我們不能以國家爲最高形態。
「大同」才是精神之圓滿體現。同在理性之貫注中，
自己之國家可以保存，而國與國之間亦可成爲法律制
度之形態，而不應永遠落在自然狀態。黑氏未思及

此。而認爲國家之上只有以世界史（即人類全史）爲
最高之判斷法庭。國際之紛爭訴諸戰爭，而戰爭之勝
敗，則待歷史之判斷。如此將國家之存亡投於歷史命
運中取決。此乃是命運法庭，非法律法庭。當一個國
家毀於戰爭時，必有寧爲玉碎，毋爲瓦全之精神。國
家雖完，其精神乃能得一永恆之存在。此意實至嚴
肅，亦至悲壯。然不是最可欲者。

黑氏之了解是三層的（家庭、社會、國家）。吾人應
加上第四層，即「大同」。於此可使命運法庭轉爲法
律法庭。而命運法庭則順而仍往上推。如聯合國可保
障人不亡你的國家，但你的國家可因自己腐敗墮落而
亡。而人類亦並非不可整個毀滅。蓋人類有神聖（法
力）一面，亦有業力之黑暗一面。佛家說法力不可思
議，業力亦不可思議。而人之從神聖轉，或從業力
轉，皆由自取。然無人能保人類之必不墮落也。最後
只有付諸命運裁判。此或即爲上帝法庭或宇宙法庭。

先生又曰：從個人、國家、人類講，皆有不可避免之悲劇。康
　　　　德曾說及永久和平之問題，唐先生亦論及中國文化最
　　　　能講明致世界於和平悠久之道。然廣義之戰爭恐不可
　　　　免。大同與國家內部隨時可能破裂。人之非理性一
　　　　來，一切理無可說，只有付諸戰爭。而戰爭之最後起
　　　　因恆只是爲爭氣。此見人之非理性之業力不可思議。
　　　　一般社會人生之悲劇，大體是在意識中之悲劇，此可

克服、可超越。（然人於此可不去克服、不去超越。
此即看人之根器。根器亦從業力說，亦不可思議。）
而在人的意識之外的悲劇（如希臘悲劇中之亂倫），
則更是無法抗拒，全為外在的命運所撥弄。只有靠最
後之悲劇來解脫。於是可知吾人必須嚴肅的正視人
生。中國人受佛老之影響，山林氣太重，漸流於疲軟
膚淺。王船山嘗言：「害莫大於膚淺」，故吾人必避
免膚淺。而黑氏之書實應仔細讀。同時想問題要在過
程中發現艱難，不能從最後之結論上漫然浮光掠影。
要一步步在過程中落實做工夫，不應只是浮泛不切。
人之放光，有思考過程所放的理智之光，有誠樸篤實
之道德宗教之放光。吾人須了解精神發展至某一形
態，即有某些成果出現。此靠具體之解悟（此絕非神
秘）。黑氏之學真可謂博大精深，終始條理。其思想
實能貫徹到底。他從歷史了解縱貫線，從「權限」了
解橫剖面而相會於國家。而於人類歷史之前途，國家
以上之大同，則未十分想得透。吾人於此須靠自己有
嚴肅之精神生活，及多讀書明理，以提起志氣，放出
智慧之光，成就偉大人格，然後才能挽救此一時代之
大苦難。

三〇、精神哲學與自然哲學

　　各位會友，我們已有六次講「存在主義底義理結構」。上次所講最後一段：「存在與上帝」，乃存在主義者在講完一切負面話之後的一最終之肯定。其中所說宗教 A 與宗教 B 的問題，可促使我們反省孔、孟之教以及宋明儒者之造詣究竟在何層次。那是一個最深遠最根本的問題。它可以使我們看出基督教的形態、儒教的形態，乃至佛教的形態之何所是。在理學中從了解劉蕺山進而了解王陽明，再上溯到陸象山，轉而看程朱；由此再下來看陽明後學，而知二溪（王龍溪、羅近溪）之學實乃中國心性之學發展至一成純之最高峰。（此乃就心性之學發展之理路言，非謂二溪超過孔孟程朱陸王也。）所以對我們了解中國自己之學問而言，存在主義是一刺激、一挑戰，從它那裡再進一步往上翻，則良知心性可徹底透露，全體放光。學問之發展，要向上也要向下，要向內也要向外。就像一個輪子，從內轉外，從外轉內，而成一圓球之諧一。此猶如一輪子在轉之模型可看黑格爾之學。黑氏也是對吾人之一刺激，從他那裡可以開出外王之學。

　　此向下引發向外開出的第一步，就肯定人文世界（價值世界）。中國以前的學問對此之規模結構實不夠，故須從此往外開。

吾人前面講黑格爾《權限哲學‧引論》，即欲就此助大家了解。羅
素嘗謂，黑氏之學為「思想老是想著思想自己」。這句話雖是譏
笑，卻是對的。他表面看出這個相狀，這是羅氏的聰明。但他全不
解其底蘊，所以便認為是可笑。通體透徹，直達本原時，一切從良
知本體發，一切復還歸此良知本體。佛教也說：一切從此法界流，
一切還歸此法界。依黑氏，絕對理性離開其自己置定一他，復消融
他以回歸於其自己。這樣內外輪轉，步步決定其自己，步步充實其
自己。說它是「思想老是想著思想自己」亦是對的。可是這個意
思，近人全不理解。蓋因十九世紀以來，事實觀念作主，已無價值
觀念。科學以經驗事實為對象。在化質歸量下，第二性如聲色臭味
等已在排除之列，何況第三性？〔第一性是位置、形狀、量度等，
此是客觀實在的，是「量」的；第二性是聲色臭味，精滑軟硬，是
主觀的感覺，是「質」的；科學化質歸量，故不重第二性。第三性
是價值判斷，如是非（道德上的是非，非知識上的是非）、善惡、
美醜等。〕站在科學的立場，價值特性是中立的，與科學知識不相
干。如以物理化學之立場，人與動物皆由原子粒構成。人開刀時，
即把人作機器看，不作人格看，此固與是非善惡無相干性。故價值
特性，由其開始是中立的，進而因其不是科學之對象，所以也不認
其是學問之對象。科學一層論造成價值世界之荒蕪，亦造成價值意
識之薄弱。可是人天天生活在價值意識中，時時在表現價值意識。
由於既不認為是學問之對象，而認為無意義的情感滿足（或者說是
鬧情緒），則其所表現的價值意識只是不在話下的情感表現氣質表
現而已。這裡並無「理」可言。此近人之所以無肯定、無信仰、生
命無可交代安頓處之故。但是古人講學卻正從價值意識講，所謂

「大學之道，在明明德」是也。近人則盡量嘲笑這種學問。古今人之不相及，有如此。若在這裡能嚴肅自反，則對黑氏之學自無那種輕薄的態度。在內外輪轉中，我們首先肯定了展現了人文世界價值世界。這個就是黑氏所指稱的「第二自然」。

第二步往外開時，則不但第二自然的人文世界從此法界流、還歸此法界，就是第一自然（即自然世界）也是從此法界流、還歸此法界。此尤為近人所難契會。（第二自然歸於法界尚不能解，何況第一自然！）蓋因科學給予人之影響太大，故前人普遍認識之理，今人則視為不可思議。如說物理現象原子電子皆在良知中，豈非駭人聽聞？（此等處最使時下人誤解唯心論。因他們只做直接了解，其心思頭腦無法轉過來。）以此之故，吾人且先講懷悌海，將自然只作自然觀。對自然真正通透了解後，再回頭即可明瞭自然也從此法界流、還歸此法界之意義。到此時便是古代所謂之大人。大人於內外無間隔。故陸象山言：宇宙不曾限隔人，人自限隔宇宙耳。此實是至言。大人者與天地萬物為一體，故大人之學在明明德，在內外通透，言下領悟。故黑氏學中有精神哲學，也有自然哲學。其講自然也從絕對理性講，從理性講科學所以可能之根據。而非為某一理論找科學根據。他以自然是絕對理性之客觀化外在化，與科學事實無關。今人有種種障蔽，也無此氣度，不能了解黑氏之學，也不能講大人之學。故吾人暫不講黑氏的自然哲學，而講能與科學接頭的懷氏之學。順科學之成果，先自然就作自然看。懷氏於此建立其宇宙論以上達希臘哲學之傳統，他也進到了上帝。

懷悌海是當代英美哲人中最有成就者，然其學在西方卻無人欣賞。英、美人認為其隱晦而不予重視；歐陸人（德人為主）則以其

爲自然哲學，不夠勁。今天英美之顯學是羅素，中國這幾十年來學
哲學的也大體走英美實在論經驗主義之路，故也不喜歡懷悌海。更
接不上希臘、德國之哲學傳統。我常感到現代中國人的聰明退步
了，解悟力想像力不夠了，已失去古代中國人高明的穎悟力，而只
剩下精明一面的理智興趣，在耍弄小聰明。了解學問既不虛心，且
動輒以科學作爲拒絕眞理之擋箭牌。此實顯出中國人之衰象。故近
時中國不出大德大才，也無大見識。時下中國人似乎不成一個格
局，心胸器量又小，將自我緊縮局限於一極小之圈圈，對人處處防
範，不敢相信。此即表示生命力衰。聰明不夠。而學者也只看眼
前，眼前之外一樣反對抹殺。不僅此也，即使眼前現成的學術標準
也都達不到，卻又自以爲是，充內行，好像無所不知。如此，則不
但聰明才力衰，作爲一個人的「德」也大衰了。所以我們要踏實用
功，做學問要一個概念一個概念求了解。下學下達，開拓變化。所
以現在先不必說從此法界流，還歸此法界。吾人可以懷悌海之學作
一刺激，作一基礎，也足以別開生面。

　　我學哲學的第一階段，便喜讀懷氏之書。到抗戰期間寫完《邏
輯典範》（民國二十九年），乃感到懷氏之學不夠，這時我的思想
進入一新的階段，此即《認識心之批判》所表現者。要了解懷氏之
學，首須有自然科學做底子。懷氏是講相對論的三大派之一，物理
學之造詣很深。（一派是愛因斯坦，一派是愛丁頓，一派是懷
氏。）其最早之哲學著作爲《自然之概念》與《自然知識之原則》
兩書。一九二五年他出版《科學與近代世界》。這部書是他的哲學
醞釀大展驥足的開始。講十七世紀以來三百年的西方學術之發展及
其觀念之方向。在此書前後，他出了一小書名曰《象徵論》。專講

知識上「知覺之直接呈現式」與「知覺之因果實效式」。這是他的
哲學之問題的入路。數年後他的玄學偉著《過程與真實》即出版。
把前此所講到的觀念都收在這裡面，這是二十世紀唯一的一個宇宙
論的系統。了解這個系統，物理學固是重要，他與羅素合著的《數
學原理》尤重要。若沒有這兩方面的訓練，是看不出他的學問之分
量的。除物理的數學的兩面外，還有生物學一面。在這一面，他接
受柏格森的影響。他是融合生物、物理、數學於一爐的。在物理世
界中看出神秘的數學秩序與其神秘的生命底蘊（這兩個神秘的意義
不同）。上達畢塔哥拉斯與柏拉圖。以柏拉圖的意識形態貫注於近
代之科學，亦表示近代之科學仍是古希臘之傳統。懷氏是真能就科
學（主要的是物理與數學）而了解其本真的，了解其為學之嚴肅的
意義與崇高的意義。科學在他的心靈裡，是潔淨的、尊貴的、嘉祥
喜氣的。他把理智融於美學中。這是古希臘的精神。此須有美學的
直覺力始能臻此。懷氏之學實有類於中國之《易經》。（所以我讀
書時一面喜讀懷氏書，一面喜《易經》。）《易經》亦有象數、物
理、生命之三面。但《易經》畢竟是儒家的經典，道德一面是其
體。這必須與《中庸》《孟子》合看始能見出（與《春秋》合觀也
可見出）。孟學不通於易，則「孤」；易學不歸於孟，則「蕩」，
兩者合乃見真實。而懷氏之學則不似《易經》有道德之成分。道德
一面在懷氏系統中並沒有透出來。因此他的那個偉大的系統結構，
最終還是平面的，未達「立體」之境界。德人之不以懷氏為滿足，
蓋有以也。然你若能感到平面之不行，一回頭你即能懂：一切從良
知本體發，一切還歸於良知本體。凡此，皆所以促使中國文化之復
活。吾人應於此等處仔細用心。

三一、理智、美學與道德意識

各位會友，上次講懷悌海之學的大體形態，一是美學的，一是理智的，其主要精神實不外此二面。而其學之底子是物理學、數學、生物學，此表示其學之形態缺乏道德的成分（學術系統大體不出道德、美學、理智三面）。故其講文化總不透。

理智與美學的成分實到處表現：如從生活情調與人品上講，魏晉人即表現美學的與理智的形態，即兩漢人物如張良、郭林宗等皆屬此類型。從學術上講，道家與禪宗皆顯極高之智，而其到達最高境界時，亦即是美學的。在西方希臘文化之情調也彰顯美學與理智兩面，而道德則不顯。吾人可在希臘人之思想系統中看出智的成分重，而到最後即總帶上美學的成分。希臘哲人特注重幾何形式與數學秩序，是首先把握智，再提高上升即生出一美的欣趣在其思想生命背後鼓盪。希臘文化傳統雖未必能直接產生近代科學，但產生科學之最根本的精神卻是希臘的。而今天中國人了解科學，卻不從形式（邏輯、數學、幾何皆是形式的）一面去了解，而是透過杜威輩的實用主義從實質的功用一面去了解。此實甚卑陋。在西方近代哲人中最能了解希臘科學之大傳統的是懷悌海，他確能將希臘科學的高貴之靈魂透出來，懷氏實是一能繼承希臘科學精神者（真正大科

學家如牛頓、愛因斯坦也能保持西方科學傳統的高貴性純潔性，而不受時代精神之影響）。近代科學精神則是無限的追求、無限的擴張、無限的征服，無限則不圓滿不整齊，是數學的無限拉長線，故近代科學精神是一量的精神。而希臘人則喜講有限，有限是圓滿整齊。如幾何即有形式之美，其圖形也圓滿整齊，所以希臘人的基本靈魂是理智的美學的。〔在某方面講，共產黨的基本靈魂亦是美學的理智的，它代表量的精神。量的精神對質的世界（人文世界）發生流弊時也表示一步解放，美有質的美，也有量的美，在共產黨的生命裡實有一量的美的欣趣在鼓盪。質的趣味是色相，色相可以是壞，共產黨之要打掉它，而返於原始之粗獷，割斷一切求大灑脫，自也表示一量的美之欣賞，而其機詐謀略與冷靜，也是智（雖是穿鑿之智）。蕭伯納嘗說：世間的文字除電信號碼外，皆有穢褻的成分。此實是聰明人之言，蓋一切文字總有人之情感心意質的成分滲於其中。故若不雅馴，即是不乾淨。最乾淨的，只有數目號碼了。而號碼是純量的。共產黨之反人文，蓋也有故。而共黨之魔不易克服即在此等處。要克服它，先須自己打掃乾淨，在道德上超過它才行。〕

美學與理智二成分，在中國則歷來無恰當之表現。魏晉人的風流瀟灑固表現生活情調之美，但實是不健康的。道家佛家對人生甚冷，缺少道德感，故儒家以異端闢之。唐君毅先生有一篇論科學的限制之文章，即曾提到「智」在中國未能恰當表現。（其恰當之表現應在邏輯數學科學）。智既無用武之地，乃內收轉而用於人事上，故體會人情之深無如中國人者，而其壞處，即表現於人與人間之勾心鬥角，其機詐陰謀用於政治上，即依附於道、佛。故歷代打

天下者，其陰暗一面總爲和尚道士，其陽剛一面則爲立法制度輔政
安民之儒者。儒家之所以爲正統，即在其能提出「道德」以做主。
皇帝伸大義於天下，固不能一味陰暗也。但中國人之智總無用武之
地，不得其所，智必用於邏輯數學科學，方是正用。故從學術上
說，智之最恰當之表現是在希臘之大傳統（吾人稱其爲學統，儒家
代表道統。在西方，耶教爲道統）。智必求有正確之用處，否則兩
眼看人，爾詐我虞，必滋生騷擾。故人最好能相忘。所謂「魚相忘
於江湖，人相忘於道術」。相忘即是彼此放心，能放心即能相安而
可無爲而治。

　　是以科學之可貴，即在其使人之智有正用，有掛搭處，而能造
出成果。故了解科學產生科學，須有高貴之靈魂。西方哲學家大體
皆能把握此一點，而以懷悌海爲最好。因其學問系統正表現理智的
與美學的，但「學統」只是人文世界之一部門一成分，而非全部。
綜起來講歷史文化，即須逼出道德意識。道德意識不夠，即不能講
歷史文化，也不能有歷史意識文化意識。愛因斯坦說：「亞力山大
可以不知，而牛頓三定律則不可不知。」蓋科學面向自然，求永恆
之律則，以滿足人理智之追求，而又遠於人事，爲非人文的，故比
較灑脫乾淨而單純。而歷史則是具體的、實際的、變化的、又是人
事的，此非科學家之所喜。故講邏輯數學之人，大體皆不能講歷史
文化，歷史文化是人類奮鬥創造的，故不知艱難困苦，即無道德意
識，因而不能講歷史文化。現在之歷史學者徒知發掘史料考據史
事，不承認歷史法則歷史精神。他們不但毫無道德意識，且無理智
的美學的趣味，實乾枯之至。故此種人最卑陋乏味。（以前張君勱
先生嘗言閻若璩雖爲一代樸學大師，然其人最庸俗卑陋，毫無趣

味，人之不可久與死材料爲伍，此可想見。）科學雖也研究無生命之原子，但原子之動則形成一神秘的宇宙。此宇宙之奧秘，又可由數學公式表現出來，即原子電子能服從數學公式，故物理學派到最後是機械主義，而數學派到最後則是神秘主義。量子論的小宇宙的物理學與相對論的大宇宙的物理學，就靠數學公式而通在一起。故科學的最根本之精神是理智的美學的，懷悌海之學最能表現之。唯要講文化問題則必須道德意識強，然後才有歷史意識文化意識。懷氏講文化是從科學方面講，此相應西方之歷史社會固亦可以講，但總不透。而近人介紹西方文化歷史學者最推崇湯恩比，而大罵斯賓格勒，此實表示中國人思想智慧之貧乏。湯氏與斯氏實有小巫大巫之別。近人之智慧不及，遂見小巫而不識大巫矣。

顧亭林當年最推崇朱子，朱子在美的欣趣、道德的意識、理智的興趣三面皆甚強，其學問最踏實，一字一句皆往復宛轉體會，其具體的解悟力實極高。然朱子之門庭不開，無大弟子，蓋其學自我開之，自我封之。他留給弟子後學的只剩下訓詁一面。故結果皆落在知解的智上，不能光大其學。此其緣故，一是朱子之道德意識太強，一心嚴防聖學流入異端。以其戒心太重，遂無形中對弟子多所挫折。一是象山對朱子之影響甚深，他總以象山近禪而反對之（此也是其認眞處），但又不能化之，即不能超過之，實則，要提高道德意識，必如象山般講才行。故朱子也謂「子靜門人，皆有氣象可觀」，人之表現美學、理智、道德此三面，須看各人之氣質與根器，人總要立志，要企望高處。西方人大體表現美學與理智二面，而道德一面即不夠。如羅素即如此。近人於道德一面最爲薄弱，但皆能有所成，即因「智」有正用之故。要講歷史文化固必靠道德意

識，但純是道德意識強也不能講歷史文化，如朱子道德意識即太強，故其《通鑑綱目》無趣味，人不樂讀。道德判斷是當下的，不能脫離道德主體，因每一事總要有人負責。但歷史是一條流，是通變，過於嚴緊苛責，總不行。然而本源抓不住，也不能講歷史，故朱子責浙東學派爲枉尺直尋。是必以孟子爲迂闊，而蘇秦、張儀則果然大丈夫也。古代賢哲中唯王船山能講歷史文化，其《讀通鑑論》、《宋論》諸書，皆不失義理之正，而成爲中國論史者之絕響。即因其道德意識強，而於道德與歷史文化之具體解悟力亦極高之故。

　　以上所講，乃是一些法眼，可用以批判自己，衡量人物，以各還其所當。我了解這些很早，求學時即有影子在心目中，那時我覺得北大清華一輩人皆甚聰明，但經過幾次世變，即見出他們根本無道德意識。我們之對他們有所責備，即是對時代而說話。我們生命意識裡何以有此道德意識之根，此固是各人之生命氣質與根器問題。大體農家子弟這一面總較強，所謂「樸實」即是一道德意識，故曰：「剛毅木訥近仁。」而世家子弟與都市中人則皆有理智與美學之欣趣，故伶俐風雅，巧言令色。而其道德則皆是習慣的，是僞道德。非眞正從內在意識發。共產黨最鄙視此種人。我們反共必須剛拔正大，承繼正統，共產黨最能重視正統，認識正統；但正統與它針鋒相對，它怕正統，故要大力反對正統。時下人也天天反正統，正好爲共黨鋪路。我們友會所講即是對著共黨魔道與灰色的時風而說話，能通時代問題，即能接得上正統學問。二年來我講的這些話眞如象山所說是從天而降，自肺肝中流出，故諸位要立志，志氣非常重要。人不可自限，任何限制不能約束我們。今天是共產黨

佔上風，而撥亂返正，則責在吾人，今後之思想主流必從我們這裡
開始，是須大家軒昂奮發，承擔責任。

　　下次起我們將講明懷悌海自然哲學中之一些重要觀念，供大家
對此一在西方代表地道（希臘哲學到德國之理想主義之大傳統代表
天道，存在主義之學代表人道一面）之學問，增加一番了解。

三二、懷悌海哲學大意

　　各位會友，上兩次我們從精神哲學講到自然哲學，而說出懷悌海的學問與人格形態，是美學的與理智的，而於道德的成分則不夠。而懷氏之如此表現，實有其先天之氣質與人格上之趣味，故其思想學術實整個是一個靈魂。孟子說：「讀其書，不知其人可乎？」我們了解了這一面，便易於把握他的學問。今天我們先內在於其學問系統講個人概，然後再看譯印的原料，即可知懷氏這晚年作品中之一章（按：指《觀念之冒進》第十一章：〈客體事與主體事〉），正已將其學問統括地說得很簡約而完備。

　　講自然哲學，有黑格爾的講法，他從精神之發展理性之表現上說。此較難。而懷悌海則將自然就作自然觀，暫不要通精神之發展，也不以之為理性之外在化客觀化。黑氏之講法，是有邏輯之必然性、理性發展之必然性的。而懷氏則直接以自然為對象，完全靠經驗之觀察，是用的描述法。故較鬆散，不似黑氏先天的推理之謹嚴。在西方講哲學，不甚重視描述法，而必須是邏輯的、批判的。但邏輯思辨與批判必須用於可思辨可批判之處，而宇宙間事理，卻有必須面對面直接承認、當下肯定者。此可分兩方面說：從高的一面說，如宇宙人生之「大本」，孟子之「性善」，陽明之「良

知」，皆非思辨的、批判的。須直下肯定，當下即是。一切思辨與批判都是過程中的，旨在把握或建立此不可思辨者。即面對此大本、性善、良知本身說，是不可思辨、不可批判的。此「最後眞實」直須直下肯定，或在工夫中體悟。思辨或批判是從外部逼進去，這一過程是思辨的、批判的。當經由此過程以達到那最後眞實之必然被肯定時，那最後眞實本身便是不可再思辨的，直須面對面直下肯定。此須直下肯定的，是先驗存在的。把握此先驗存在的，如說有方法，其方法是反顯法或先驗法。如康德問：自然知識如何可能？數學知識如何可能？自由意志、靈魂不滅、與絕對實有（上帝），總之，超越形上學如何可能？在這「如何可能」上是思辨的、批判的。這只是外部逼進去的話。及至問題集中在「先驗綜和判斷如何可能」上，提出「超越的統覺」與「範疇」以答之時，此超越的統覺與範疇本身便須直下肯定，由反顯法先驗法以把握之。至於超越形上學中的三個基本理念，則思辨的結果是必須由道德實踐以肯定之，此思辨亦是外部逼進去。那三者本身經此逼進去後，便須直下肯定，由反顯法先驗法在踐履中直接體悟之。此便不是思辨批判的事。再舉一例以明之。當孟子說：「古之人修其天爵而人爵從之。」吾人可問：有了天爵，是否必從之以人爵？此顯然不可必。依康德，天爵與人爵的綜和是「至善」。這「至善」如何可能？天爵與人爵的綜和，依康德，當爲先驗的綜和。此先驗綜和如何可能？康德於此肯定靈魂不滅。即依據靈魂不滅，此先驗綜和始實現。此顯然只有超越的意義，並無經驗的意義。在現實經驗界，天爵與人爵的綜和固永無必然性。然在此思辨批判的進路上，吾人可以直下肯定「靈魂不滅」一超越理念。若依儒者，則可把天爵人

爵的連結關係轉化而爲一分析判斷：直下是承體，直下便起作用：承體是天爵，起用是人爵。一下子便是至善。一切以義理是憑，並無其他迴互。而永恆不朽即在其中矣。天爵人爵的問題，開始是思辨的、批判的，而由之以肯定靈魂不滅，或逼顯一先天之性理，到此便不是思辨的、批判的。此須面對面直下肯定。

以上是從高的一面說。至於從低的一面講，感覺經驗亦非思辨批判所能增損。它乃邏輯思辨一線之外的外界現象。此亦要直下肯定，面對面承認。唯此肯定與承認是依感覺經驗，並不依實踐與性情。當下肯認之後，再進一步看此感覺經驗現象之內部關係、相狀、性質等，即非用「描述法」不可。因它是外來的，非理性所可控制。描述法是單對「經驗事」而用。對事不對理。理可思可辨，而事只可記述，只可觀察。由對於事之記述觀察以顯其中之理，此即爲描述的。事是理性以外的一個「給予」，非邏輯思辨之單線所能盡，所能抽引而出。故須面對面承認，而描述法亦單在此而顯其用。

黑格爾講自然哲學是先驗法，是從理性上找經驗，所以可能之先驗根據和原理原則。故是直線推演的。是相應事而言，卻不是對事而記述而觀察。而懷悌海講自然哲學則是描述法，是發現地講，是將事之隱曲奧秘描述出來，故較鬆散。從此要建立自然哲學進到宇宙論，則須有佛教所說之「妙觀察智」。懷氏即很有這種妙觀察智。其美學的興趣實寄託於此。故凡從撰述法而講自然哲學，總須有妙觀察智方行。（左派講唯物辯證法也頗有妙觀察智，故善觀幾勢，但太簡單，且其政治性爭鬥性太強，那原有的一點妙觀察智，結果也弄得沒有了。）

懷氏之學大體可分為三方面而概略言之：一面是屬於批評的，一面屬於基礎概念，一面是問題性的入路。

批評一面是其早年之工作。他第一是批評物質，其次是批評空間中之點，再次是批評時間中之瞬。亞里士多德講「物質的本體」是從主詞謂詞而講出，是抽象的。物理學上的物質也是抽象的概念，非具體的真實，當然亦不是一具體的個體，而是抽去個體之一切特性而剩下的那點東西。近人不喜講主謂式邏輯，因其不喜主謂式所意指的本體屬性一概念，故偏愛講關係，而發展為數理邏輯。用到現實世界即重視關係、重視過程、重視具體而現實的「事實」。認為最真實的東西不能由往後推以求得。只須看眼前之事實即是真實。此確是更生動更具體。其遮撥往後推以究本體，實有類於「作用見性」。往後推固是幽深玄遠而可達到一些形而上的概念。然近人不喜此。只要人承認眼前之事實而得其意義。在此懷悌海有兩句話：「過程是最後的」、「事實是最後的」。這是從往後追問而反上來的話。（中國人講道理即不具備本體屬性一套概念架子，而是作用的。具體活潑的、就眼前事實而說話的。故亦合乎這兩句話。所以懷氏亦自謂其學是東方型的。）其意即以物質乃抽象之概念，非具體之存在，必須去掉。故他認為以前人將此抽象之物質當做具體之事實，乃是「錯置具體之謬誤」（the fallacy of misplaced concrete）。在此點上，他有契柏克萊的「存在即被知」之主張，初性次性之分是沒有的，都是呈現的、具體的、特殊的真實，在覺知前之真實。不可知而要設定其存在的物質本體是沒有的。所以懷氏說一切都在同一條船上。在柏克萊，「存在即被知」，是說存在是在覺知關係中呈現，而在懷氏則轉為在「攝受關

係」中呈現。從認識的轉而為形上學的。由普遍的形上陳述進而確定認知之特殊關係。

至於空間中之點、時間中之瞬，乃高度的邏輯構造、理智活動之產品。懷悌海稱之為「單純的定位」。而科學之用點與瞬，則是為了準確。科學知識利用高度之抽象以達準確。但吾人衡量科學知識，既需要成就抽象，亦須批判抽象。因其非具體之眞實。科學知識是追求簡單，不抽象、不準確，則無簡單。唯此簡單不同於《易》之簡易，與漢高祖之簡易。科學之簡單是抽象的。故論科學知識必須成就抽象、批評抽象；成就簡單、批評簡單。懷氏對時空之看法，與愛因斯坦、艾丁頓皆不同。愛因斯坦是物理學的講法，以實質的物決定形式的時空。而艾丁頓則重視形式，以時空決定實物，故是數理說。懷氏則對二者皆不贊成，而認實物與時空皆是被決定的、是後起的。而另有一更具體更根本的東西，它更能代表宇宙最具體最眞實的一面，是即「活動」（此是一般地說）。此為功能說。其說此活動，不取生命之名詞，如「生命之流」之類。而用「自然之流轉」。其實即柏格森之「生命之內浪的衝動」、「生命之創化」之意。唯懷氏之講法更鬆散一點、外在一點；而柏格森之講法則更強烈一點、內在一點。以「自然之流轉」是一活動流，由之可引申出實物、時間、空間。而相應時間空間說，最具體眞實的是「時動關係」與「空擴關係」。用「抽延法」（即擴延抽象的方法）可以從「時動關係」造成時間，從「擴延關係」造成空間。而將點造成為有量的，使能由點而成線而成面，此則依於「輻輳律」而成。故時空是後起的、抽象的、構造的。至於實物則在有機的生長發展中而完成，或形成。

但自然之流轉是用什麼形成的，以使其爲自然宇宙之最具體而真實之底子？是即是「事」。雲之行、水之流，也是一件事。電磁現象也是事件。在物理學上，「事」與「場」爲主要觀念。此表示宇宙無可孤立之物，而其範圍即「場」。從事件一詞追到「生起」一詞，即從事件轉而爲「緣起事」（現象的緣起），佛家言「因緣生起」即恰合懷氏「緣起事」一詞之意。凡事件之生起皆是一下子的，可一而不可再，它連續的出現，而且一旦出現即永是它了，皆是獨一無二的。故事件是發展的，不是變化的。它是一條流而發展，故說自然之流轉。從這整個發展過程上看，事是代表變化的，但從事之生起皆是可一而不可再，則又是無所謂變的。此即有類於僧肇之物不遷。此一事件流不是認識之對象。凡對象皆是認識之對象，可再認。其事雖已過去，而它有可供再認者，而可供認者皆有永恆之意義。「事」可攝受或領悟，而不可再認。在懷氏學中與「事件」相對的是「物相」（object）。事件不可認識，而物相則可認識。物相之意義實同於理型、本質或形式。故「物相」以後又轉而爲「永相」。事件與物相是懷氏學中之基礎概念。此後其《過程與真實》鉅著中所具備的宇宙論的系統，大體可以說是由此基礎概念孳乳而成。（懷氏言物相或永相，是無色的，先不作任何特殊之規定，只就其可被認識，爲認識之對象而名之，故即使用普通「對象」一詞以識之，可認即可再認，故有永恆的意義。他初有「知覺物相」、「物理物相」、「科學物相」各層級之分。此是隨認知之程度而進以分之。後來即普泛而爲「永相」，此是形上學地、宇宙論地言之。吾譯「物相」，物、取其客觀義，相、取其形式義、永恆義。但比柏拉圖之理型，亞氏之形式，更爲無特殊之規

定，更爲具體，更爲內在，更爲美學的，即較弱。近人或以「共相」譯柏氏之「理型」則不妥也。）

從事之擴延關係（此是形式的）向時間空間方面走，即講形式的知識，如幾何數學。從事之物理關係（此是具體的、實際的）向生長發展方面走，即講自然哲學，此即其宇宙論。在此，他有一個問題性的入路，此即因果問題。此留待下次再講。

附　識

近代哲學從妙觀察智去了解自然與科學世界，皆甚好。因它將一切糾纏蕪雜掃蕩得很乾淨。如羅素的《物之分析》、懷氏的自然哲學、維特根什坦的《名理論》。甚至馬克思的《資本論》。皆有足以吸引人處。但此尚只是了解「事法界」一面，而未進到了解「理法界」的境界。故我嘗說近代西方文化「無理、無體、無力」。其結果是虛無情調而成虛無主義。我前有〈論上帝隱退〉一文，即從此講。但我對西方人了解事法界一面，也很能欣賞。先了解了俗諦，進而即可再見眞諦。說到眞諦，眞不容易。近代西方學者所能表現之智力解悟力實有不可及處。我個人做學問是從知性一面入。但看看羅素《數學原理》之系統構造，即深感自己智力不如他。雖然另一面又覺自己之哲學智慧不讓於任何人。如《認識心之批判》一書，即自信達到一相當之程度，而有進於康德之《純粹理性批判》與近人之哲學理論者。但總不能無憾。研究學問實如同疆場比武，不及便是不及，無可假借，亦無可僥倖。學問、眞理，都是比出來，才能立於天壤間。我以前在大理，案頭上擺一部《成唯

識論》、一部《純理批判》、一部《數學原理》。一位頗有靈感的
青年同事，以為這就夠了。我現在覺得尚不甚夠。《數學原理》、
《物之分析》（解剖物理世界）、《資本論》（解剖經濟社會），
吾已說皆有足以吸引人處。一旦鑽進去，很難跳出來。所以你要想
有向上一機，從事法界進到理法界，而契悟真諦，真是難之又難。
「察業識莫若佛」，這是向上一機之樞紐。然說到真諦，佛家尚不
是究竟。窮理盡性莫若儒。窮智見德，建立主體，莫若康德。若沒
有康德與宋明儒學，你要想從事法界跳出來是很難的。你要想能抵
禦住那些無理無體無力之妙觀察智之虛無情調而不陷落於其中，也
是很難的。案頭必須擺一部《純理批判》，才能把那些妙觀察智所
成的散的事法界提得起、鎮得住。同時必須再擺一部宋明儒學，才
能使康德的哲學徹底通透而歸真實。宋明儒學沒有系統的建構，東
一句，西一句，看起來很不行。然究竟真諦必歸於此。這是與各種
大系統比出來的。宋明儒者究竟把握了一個客觀真理，這是很堅實
的。所以能立於天壤間，而讓你來比觀，比來比去，讓你覺得究竟
真諦是在這裡。人間的支柱，真理的歸宿，是在這一支。你擺上了
這一支，你覺得那些事法界的妙觀察智有了主了、提得起了。否則
你必陷落而為其所吸住，終為流俗之歸而不自覺。象山說：必為二
程，方為不俗。這「不俗」二字，爽朗之至。宋明儒學之這種地
位，也是疆場比式比出來的。浮薄小智，何足以知之。

　　個人作學問，也是疆場比武，絕無僥倖。所以大家要多讀書，
求充實。尤其要知道西方學問的基幹靈魂，因其所論皆中國學術所
未備。聖多瑪的神學（包括柏、亞二氏），羅素的《數學原理》、
《物之分析》，懷氏的《過程與真實》，康德的《純理批判》，吾

人必須了解它。到能看出它有不足時，再跳出來而超過它。此就是
《成唯識論》、宋明儒學。

　　窮無盡的。我每於此，慨然嘆息。覺得自己實在太不行了。

三三、懷悌海哲學之問題性的入路

　　各位會友，上次我們講過懷悌海之學屬於批評的一面，與屬於基礎概念的一面，現在再接著講「問題性的入路」一面。即看他此一學問系統遵循一個什麼途徑，從那些問題進入。凡學問必有所對而發，然後始能成系統。前次所講「事」與「物相」等概念，在懷氏系統中，尚不表示問題性的入路，乃只是直覺地獨斷地指出，凡問題性的入路皆是批判性的（此與康德之批判不太同）、思辨性的，懷氏學中這個問題性的入路即因果律問題。從休謨以後，因果律即成了問題，康德之學即對付休謨此問題而欲救住因果律，懷悌海亦為對付此問題而提出其「知覺兩式」（two modes of perception）之講法，是即：一、直接呈現式；二、因果實效式（或譯因果效應式）。

　　照懷悌海之觀察，自休謨以來，對知覺問題都採取直接呈現式，依休謨，吾人認識外界不能離開感覺，有感覺印象然後有觀念。印象不過五種（即依五感官而來），而印象與觀念則是孤離的、零碎的，我聞一聲音，即此特殊之聲音，我看見一顏色，即此特殊之顏色，有此印象，即有此感覺，即有一個單純之觀念。凡感覺現象皆是孤離的，每一孤離的零碎的現象，即是一個直接呈現。

故此一現象與彼一現象的來龍去脈之聯繫找不出來，因爲人無一感覺器官能感覺此聯繫，此即所稱「感官知覺之直接呈現底模式」。一般的聯繫既找不出，當然更不能講因果聯繫，我們對因果聯繫根本無印象無感覺，故亦無此觀念。就此直接呈現式即無法講聯繫（連結），這裡既無一個關於聯繫的「所與」（given），則因果觀念從何而來？照休謨講即純粹是「主觀聯想」。因果性因果關係純是我們主觀的創造，無外界之「所與」與之相合。然主觀何以能聯想？他以爲是靠習慣。我們常見某一現象出現，後面另一現象跟著亦出現（如先看見電閃，接著即聞雷聲）。一次如此，二次如此，久而久之，我們只要一見甲現象出現，便立即聯想到乙現象，遂視甲爲乙之因，乙爲甲之果，此完全靠主觀習慣，並無客觀性，故休謨說：科學家相信因果律，亦如相信上帝。並不能證明。這就是感覺主義的說法。懷悌海稱此直接呈現式的知覺爲「感覺主義的原則」，而此種感覺主義的原則必歸爲主觀主義。

唯主觀主義有二個方式（即二個形態），一是休謨所代表的，一是康德所代表的。休謨是經驗主義的主觀主義，或稱心理的主觀主義。從主觀方面說，他把因果性因果關係弄成只是一個心理的靈幻（幻象），無客觀實在性；從客觀方面說，他即無法說明科學知識底基礎。科學知識靠歸納，歸納靠因果律。否定因果律，科學遂失去了根據，而成爲沙灘上之建築。故休謨成爲懷疑論者。然休謨之講法雖不妥，然甚鋒利，能聳動人，當年康德讀休謨書乃覺自己從獨斷的理性主義之迷夢中警醒。但康德之視感官知覺仍只是直接呈現式，故進而仍爲主觀主義，但其主觀主義是由感覺而進至認知主體，而以自然世界皆從內在的認知主體而構成。故康德的主觀主

義對休謨經驗主義的主觀主義與心理的主觀主義而言，乃是理性主義的主觀主義，或稱論理的（邏輯的）主觀主義。（此處說主觀，不同於平常所說之主觀。平常人所說的主觀皆心理的主觀。）邏輯的主觀是客觀的，理性與邏輯合在一起，即成超越的先驗的主觀主義。康德認爲感覺上不能對因果性有一「所與」，而科學知識又不能離開因果律，那麼科學知識之根據何在呢？依康德，我們可以先把因果性因果關係看成是科學知識的基本條件基本原則（範疇）。即我們不從感覺經驗去把握它，而先當然地如此說，本質地如此說。進一步再問如何發現此範疇，即範疇的出生地（根源）何在？依此康德講出了十二範疇以控制自然界？照康德講，認知的主體（此與知性、理解、超越的統覺同義），即自然世界之立法者，也就是認知主體在自然面前頒佈法律，此法即十二範疇，此範疇即自然世界所服從之理。而此自然世界所服從之理，即從認知之心發出，故在這裡也可說「心即理」（唯陽明之心是道德的心，康德的心是認識的心），故說他是理性主義的主觀主義。

懷悌海既不贊成休謨，也不贊成康德，他認爲從主觀方面說感覺知覺的生起，與從客觀方面說感覺對象知覺對象之生起，通在因果的效應之中，月亮之所以成其爲月亮，是靠烘托，所謂「烘雲托月」是。月之所以特別顯著，一是靠背景，一是靠白光。而顏色之呈現即在條件中出現，它爲我目所視，我知其爲顏色，我之目即爲一條件，故從生理器官如何把握聲音顏色，與從聲音顏色如何生起看，其間確有因果性。因果實效即從直接知覺中講入，懷悌海之路大體想從知覺本身把因果效應引起來，因果性在我們的知覺關係中有其直覺的確定性（無邏輯的必然性與理性的必然性）。如人吃砒

霜可以致死，此即有因果關係，它不同於孤離的現象，不是散沙，
而有物理學上動力的過程在其中。在此它不必接受邏輯思辨的批
判，其講法是描述的，我那部《認識心之批判》，理路是康德的，
但講因果律則吸受懷悌海之意從知覺講入。我之講法有一理路，是
邏輯思辨的。懷氏則把握事實而講入，其講因果實效式即是將有機
的自然宇宙之結構與發展解剖出來。故張東蓀先生稱其學為通關哲
學（此較譯為有機哲學為好）。其通關即在因果效應處，將因果效
應以知覺上講出即是客觀的。故說康德是從主觀到客觀，而懷悌海
自己則從客觀到主觀。我們從此了解進去可以通康德。從懷氏之泛
客觀主義進而看康德之主觀主義，即覺得康德「自然世界皆從認
知主體構出」之說實太強，即其認識心之擔負太重，故其《純理批
判》必須重寫，始能恰當其分。但懷悌海之講法，卻又不能建立主
體，是即未能真進到理法界。大體英美人總將心與物平看，它與佛
家《成唯識論》將心法與色法平看相彷彿。而儒家與德哲則非平
看，故能見主體。

　　我們介紹了黑格爾、存在主義、懷悌海之後，康德當該還要講
一講。經過了這些關節，才能在學問上撐開間架，站得住，回頭看
中國學問才能真知其充實通透。故上次我們說儒家學問之成為人間
之支柱、真理的歸宿，乃是與各種大系統比出來的。故能長立於天
壤間。在此我們也可了解文化學術的莊嚴性及其嚴肅之意義。

三四、唐君毅先生講「人學」

民國四十五年八月初，唐君毅先生首次由港來台，曾
應牟宗三先生之約，參加人文友會主講一次。當時由
我擔任記錄。二十年來多次親聆唐先生的教益、講
話，這是唯一存留的記詞。現原稿墨色已淡，唐先生
亦遽爾謝世，敬特重新抄錄，寄請《鵝湖》刊出，永
留紀念。　　　　　六十七年二月八日　仁厚謹識

牟先生致詞

今天是我們人文友會第五十次聚會。兩年以來，我們的聚會講
習從未間斷。而其中最關心我們，最鼓勵我們的，就是唐君毅先
生。唐先生雖遠在香港，但由於唐先生對我們的關懷和繫念，所以
地隔千里，也如在眼前。這次唐先生隨港澳訪問團來到台灣，大家
正好藉此多聆教益。茲乘人文友會聚會之期，先請唐先生講幾句
話。因爲唐先生今晚九時還有重要宴會必須參加，所以將聚會時間
提前到七時半開始。另外，劉校長今天也到我們友會，還帶來點心
西瓜，應先致謝。現在，就請唐先生爲我們講話。

唐先生主講

今天很高興能與諸位見面談話，七天來日日隨團參觀，連和牟先生敘談的機會也很少。每天觀光，因而精神散漫，好像凝聚不起來的樣子。天天見很多人，但彼此都只在感覺上存在。今天到了友會，才使我精神收斂凝聚，回歸到自己。我本來只想來聽，仍由牟先生講。這樣將更好，更能達到收斂凝聚的目的。但牟先生一定要我講。我也沒有準備講一個題目，而許多要說的意思，牟先生兩年來都已對諸位說到過。我在思想上與牟先生無大差別，只有時說話方式不相同，頂多也只是著重點不同而已。

我與牟先生分別已經七年。依生物學的說法，人經過七年，身體的細胞全換過了。細胞雖換過，人當然還是這個人，而且思想亦沒有變。但精神上則似乎如夢如寐的樣子，心情已與以前不同了。這心情不太好說。但內中有許多感慨，而這感慨亦一樣不太好說。譬如辦新亞書院，因為兼教務，經常要參加社會上一些會議與活動。這些事情實在不能與自己理想一貫，但有時要適應、有時要周旋。通常我總在晚上靜坐一、二十分鐘，使精神凝聚一下。故七年來尚未怎樣墮落。新亞書院自然也照一般大學教育來辦，但做學問是否也像辦大學一樣來做呢？照現在大學裡學問的觀念來說，我想是不夠的。如文學、史學、哲學與社會科學等等的學問，當然各有它的價值。但其為「學」，實際上皆由西方 science 一觀念而來。科學知識是指有系統有條理的知識，它要將理性所創造出來的東西，客觀化外在化以成為一個對象。譬如歷史，必將它擺在時間之線上，以指說在某年某月發生了一件什麼事。史實必成為對象，然

後歷史才成為外在的客觀的知識。其他社會科學也要將社會變為客觀外在的對象，然後才成為知識。當這些外在化客觀化以後，我們自己的生命就抽空了。如我在此講話，我的身體是這血肉之軀，講話的地點是師大會議室，講話的時間是八月十一日，講話的對象是你是他等等一個個的人，這些全部是外在的。一切都成為科學知識以後，我們的生命即將完全抽空。在此，知識本身便有了一個危機。但這個危機還不是一般所謂科學知識的誤用（如原子知識之誤用，造成原子彈可以毀滅人類等等），而是它將人生化為外在的東西，使人的生命抽空了。成就知識使之客觀化，當然也表示自我的擴充以獲得一解脫、一超升。所以知識不容否定。但我們不能陷在知識裡，使精神也外在化，而造成自我分裂。一個人自我分裂之後，精神感覺敏銳的人，必將感到無邊的空虛徬徨，必須在科學知識以外，另有一套學問而後可。牟先生在人文友會與諸位所講的，就是這一套學問。

兩、三年前，牟先生約我同時在新亞也開始講。但因事務繁雜，始終未講過。到今年上半年才開始定期與幾個學生講過幾次。這套學問我名之曰「人學」，是人的學問。是要把外在客觀化的東西重新收回到自己來。這也就是牟先生所常說的收回到「主體」。這「人學」，不能說它是人類學或心理學。因為人類學與心理學還是把人作對象看。人研究人類學心理學時，固然是以人為對象，但人類學家心理學家並未把他「自己」放在對象之內。在此我們要問：研究人類的那個人、研究心理的那個心理，他個人自己的生命存在之本身又如何呢？此即顯示人自身之另一套學問。學這套學問完全是人自己的事，任何人幫不了忙。它是個體存在本身之學問。

就像餓了，除非我自己去吃飯，任何人不能對我之餓幫忙。這套學問，或者在我自己心上能覺悟，或者一無所有。如心性之學，前人得了，但我們自己不得，也就沾不了前人的恩惠。這是無所依攀，是自己與自己面對面的地方。這種學問與使用抽象概念的普通知識不同，它不是將概念擺開，或將概念連絡起來就能成就學問的。這種學問的語言不是指示式的，也不是宣傳式的，而是啟發式的。指示式的語言只要指一對象即可，宣傳式的語言也可用來說服或暗示，而啟發式的語言則必須清楚，必須找出一個東西以供印證。所以它隨各人之具體生活而有不同，並且最後還要將此語言收歸到自己才能了解。同時，說這一類語言，也可不說完，而可有含蓄、有保留。這種語言也不能嚴格系統化，而須隨事而因應。這番話我在香港曾經講過幾次，意思與牟先生所講大體相同，只是說話的方式不太一樣。當時也曾有記錄，將來印出來可以寄給諸位。這種學問有其領域，但它不同於哲學，只能說它是心性之學。但又非心理學，而是人性的學問。從此學下去，就是古人所說成聖成賢的學問。通常也說它是完成人格的學問。但說完成人格，容易與心理學說的人格觀念相混淆。對心理學上的人格觀念，我素來不喜歡。它是外在的講，我們是內在的講法。這表示完成人格之學必扣緊聖賢學問，或西方基督教之靈修與佛教之禪定而說。絕不好從心理學或社會學的人格觀念去了解。

這套學問從個人自身再通出去，從一個人通到另一個人，則倫理學也要重新講。在西方，道德精神總不顯，而中國講道德，則最重倫理。在早年，我並不喜歡倫理的意思。如在從前我寫的《道德自我之建立》一書中，即以自我之超越為道德之根據。這七、八年

來，始知倫理之意義非常深遠。離開倫理，個人固然亦可有高卓一面的道德成就，而令人尊崇仰讚；但只有在倫理關係中（如朋友、夫婦），才有互相內在的意義，才有最高的道德。這幾年在香港，常常念及自己的師友、家庭，乃知與我有倫理關係之人為最難忘。因此，遂對倫理的莊嚴深厚之意，有了深切之感觸。直接的五倫關係，我們有許多地方尚未能「盡分」。如家庭、父子、兄弟、夫婦之關係亦皆未盡其分。因此，人倫的道理仍然值得講。我近年來對此深有體會。從這裡再推出去，如改造社會、改造自然，自是客觀上的實踐。但它仍然只能是人分上的事。「知人」而後能「論世」，所以我們不能沒有知人之學。（此與一般所講的處世哲學不同，平常人所講──如馬爾騰，乃敎人如何獲得人之好感、討人歡心，這實在只是權術哲學，不足以言知人論世。）中國古賢有這一面的學問。但不好稱它為科學，也不好說是哲學。但它又不是完全的直覺，其中有一種修養的方式。知人之學，也不一定講出一套道理。眞正知人，不是為了要得知識或要用人，而是「人之相知，貴相知心」，所以，此「知」之本身，即有一價值。人與人固不應誤會，而當互相了解。社會上許多衝突，皆起於不相知。所以人與人是分離的，通不過去，就像水之有阻隔而流不過去一樣。知人必須要知心，要有知人的智慧，在這裡就含有工夫的意思。凡是需要通過自覺和用工夫的地方，就是學問的所在。學問不宜局限於一小圈子，應該要擴大，否則，有時會感到沒有學問之存在。由這知人之學當然還可以產生許多價值。如事業是人做的，但必須合起來做。而要人合起來便必須先知人。而現代的人將人合起來，是用一外在的力量。譬如靠一共同目標之組織等等。然而，人與人要眞正的合

起來，則需彼此知心。人與人知心，可以開拓個人的生命與胸襟。
而當前這個時代，正需要一種「擴大的友道」。講友道，除了友天
下之善士，還要「尚友千古，下友百世」。這必須以道通之。如我
與牟先生，從時間上說，分別已經七年；從空間上說，海天茫茫，
地隔千里。而我們在心靈上卻是最近的。因為有道以通之，時空的
阻隔便可以化除。人有時很孤獨，需要同情的了解與安慰。但別人
總不能分擔他的孤獨。我們通過師友之道，則仍然可以幫助他，而
使他覺得並不孤單。牟先生友會講習的這番精神，也猶此意。上面
說到現代人是用一外在的力量將人合起來。就民主制度言，本是要
建立和成就各種社會組織，但任何組織還是靠一個抽象的公共的目
標來聯合許多人，而不是這個人與另一個人真有精神上的互相內
在。所以一個人儘管有許多同學同事，事業上也有合作者，但他仍
可有孤獨之感。如我們同時呼口號，聲音是一個，但發出此聲音
的，仍然是一個一個的各個人。即如諸位來此聽我講話，也仍是靠
一抽象的目標，我們初次見面，仍未必已到互相內在的境地。再如
社會繁榮，在繁榮中仍然是寂寞。人住在最熱鬧的市街，但來來往
往的人始終是陌生的，結果仍然是無邊的寂寞。在這裡只有師友之
道可以安頓人生。人也常說宗教可安頓人生，但人求上帝求佛時，
事實上正是他最無人了解的時候。此中有無限的悲涼。一個人面對
上帝是悲涼，有二個以上同信上帝，他便算有了同道，而可以不悲
涼。而二人以上，便正構成「倫理」的關係，所以師友最重要。這
最能顯發倫理之精神意義的師友之道，是直接安頓人生之處，是德
性表現的地方。

　　各類社會組織是一「方德」，是由許多線縱橫交織而成。但它

不能使人之精神有一周流融通之處。在此，只有靠師友之道。要成就事業，當然要組織，這就是建國的問題。近幾年也常感中國建國問題的重要，而牟先生則在十多年前便正視了此一問題。人學，對自己是成就人格；進而求知人，是要使倫理關係各盡其分；再向外通出去，便是建國。建國的事業需要科學知識，但建國的精神則不在科學裡面。對中國而言，建設國家的專門知識和技術甚爲重要，但首先必須提撕建國的精神。中國未來的政治一定走民主之路，此無問題；在這裡不好退卻，有許多觀念也不好違背。就這一面講儒家的學問，也可有不同的理路。不過在政治理想上，古代的觀念是顯得不夠。董仲舒嘗有「仁君正己心，正人心，正朝廷，正百官，正萬民」之說，此便是從一個中心出發，而期其「光被四表」，但這畢竟不夠。其根本的問題，是在政治領導人物之擔負太重。此意牟先生常說到，但現在無人了解此意。所謂擔負太重，即人民之精神爲君主所涵蓋，而人民之精神不能涵蓋君主。此中實有一大委屈。結果君主之仁愛，也成了天羅地網。而民主政治，則在此前進了一步。它不獨是「仁」的關係，而且是「義」的關係。民主政治的根源實在於此。可惜現在的從政者仍然是往昔聖君賢相的意識，而又欠缺古人那種道德意識的基礎。結果便成了官僚集團。另外一些人則未認清民主的本性與自由之眞諦，而成爲飄游的個人自由主義。這兩種意識，皆所以阻礙中國民主建國之成功者。自從共產黨佔據大陸以後，人們對於此一問題當能見得明白，而可看出中國社會毛病之所在。但我與牟先生講學問，總從大處根本處著眼，而不取時人針對一點一點的弊病而批評之、反對之的態度。因爲那樣容易使精神散漫，不能凝聚。諸位於此不可不愼。中西文化在互相衝

擊中自然產生了許多弊病。民國以來,青年人喜好革命,看見黑暗
腐敗就要去反對去打倒。革命當然有其時代上的價值,但今天中國
的青年則應該回轉來反求諸己,不好一往的向外批評、反對、打
倒。記得胡適之先生在北平三貝子公園的烈士紀念碑上,曾有二句
這樣的讚詞:「他們的武器,炸彈!炸彈!他們的精神,幹!幹!
幹!」然而,我們的生命不要只成為炸彈。炸彈是毀滅了他人,也
毀滅了自己。我們至少要做一個照明彈,以毀滅自己來照耀天空,
光明大地。而最好則必須是燈塔。燈塔照明了黑暗的大海,使航行
的輪船分辨出方向,避開礁石而得到安全。而燈塔自己且又是長明
的。人也要在人世間做一個燈塔,既能照耀人間、指導人生,而且
使自己也成為一個永恆的光明之存在。總之一句話,培植自己比向
外尋找缺點來加以反對批評,實在重要得多。

牟先生講話

　　剛才唐先生已將我們人文友會的精神,與我們講學之方向,重
複地講了一遍。為使大家更能把握唐先生所講的要義,乃其發展的
幾個關節,我再簡要的重述一下。唐先生首先從學問之性質講起,
說明學校裡的學問是以科學知識為主,乃由西方 science 一觀念引
下來。進一步指出科學與知識以外另有一套學問,此即成聖成賢之
學問,也就是德性之學。由此德性之學往外通,就是正視倫理關
係,是即君臣、父子、夫婦、兄弟、朋友之五倫。在此再點出人只
有在倫理中,乃能精神上互相內在,周流融通。所以「知人」甚為
重要。知人才能講師友之道,才能擴大友道精神,由此再通出去而
說建國的問題。指出建國總不能從組織一面去想,而須把握住發出

此組織之精神。這就是近代化的問題。近代化不是一時間觀念，它有價值之內容。我們要正視近代化之內容，不能只是外在地去看它。繞著建國的問題，首先，人本身必須處理自己，安排自己。在此，人當該用點心。要把精神收回來，不要兩眼只朝外看。先要建立自己，要自己通體透明，全體放光才行。現代人最喜歡講作用。你講學問，他必問你有什麼實際效用，此最無理。實則要講作用，必先求自己站得住。一個人真能在學問上站住了，便是人世間無限的大作用。他就是一個積極的存在，在可以直上直下立於天地之間。我們不要總從作用處想，自己還不能站起來，如何能講作用？人常說要做中流砥柱，若站不住，如何成其為中流砥柱？唐先生教大家要做燈塔，燈塔也不因為講作用而去這裡照照，那裡照照。它只是矗立大海之中，永恆自明。而其光芒亦就自然能照耀海面，指導輪船之航行。唐先生今日所講，極懇切，極中肯，希望諸位會友切實用心。

唐先生講話

我自己講話總很散漫，承牟先生用簡要精當之語，才使剛才所講的線索顯出來。在我講時卻不自覺，人若多一個自覺，即多一分意義，這很重要。在此，我應該謝謝牟先生。下學期起，牟先生將離此赴東海大學教書，也就是說要與諸位同學離得更遠些。但我們曾說過，人的精神要超越時空，即使隔得遠，仍然如在眼前。另外，希望諸位安心讀書從學，在此亂世，台灣是比較最寧靜的地方。在香港則不行。那裡風吹過來又吹過去，草木不能生長，實在不好做學問。諸位在台灣有一個安定的環境，就該多用點心，精神

上要多凝聚。這也是牟先生所說，要求自己站得住的意思。

三五、師友之義與友道精神

㈠各位會友,今天是我們人文友會第五十一次聚會,以後我們在台北的聚會將暫時停止。照我們友會聚會之精神說,本不一定要有定期聚會之形式,所以暫停一下,也不要緊。多通信或個別見面晤談也是一樣。我們人可以散處各地,而精神則始終是一,友道的擴大可超越時空之限制,而天邊也可如同眼前。今天我們先將懷悌海「主體事與客體事」講完,作一結束。然後大家可就此機會互相談談。

㈡**先生曰**:我們人文友會二年來之所講,不全是知識學問,主要是精神之提撕、生活之志趣,以求表現一個理想、一個願望。但人要真能對自己、對家國天下、對歷史文化擔負一份責任,則總必先從學問上建立自己。學問思辨乃所以表現一個人的觀念之方向。人生的踐履本可從兩面說,一般所說大體皆指風習上的踐履(究極地說,此非真踐履)。而內容的強度的踐履,則是要人表現風力,顯顏色,有豪傑氣。人要表現風力,必靠原始的生命力(如英雄人物)。否則,則須靠學問,以表現觀念之方向,而開創時代倡導風

氣。在此則既是思辨的，又是踐履的。將思辨與踐履皆藏於開創觀念方向之凸顯，此其本身即是大踐履。此踐履是強度化的深度化的，即如佛家任一開山祖師或造經造論以另開宗派，亦皆須凸顯一觀念之方向，而其人也皆有大風力。二年來諸位參加友會之志趣自甚可貴，但在凸顯觀念上、建立自己上，則不夠。故未能剛拔自立，眞站起來。我們人文友會之精神，是能和生命、學問、事業相配合的。在此大家正應磨練思辨，敦篤品行，這個時代的風氣實在將人壓得太平凡了。人當該要表現風力氣象，對學問來一次大革命，以表現一新的觀念之方向。我們友會之不間斷的精神雖屬可貴，唐先生也對我們甚爲稱讚。但此仍只能是消極的意義，不能生大作用。我們當該要找用心處，要有所奮發。要頂著時代，不可逃避。要不厭不倦，奮發不已，須知此生命之不容已，即是一大踐履。孔子開二千五百年文運，即靠其生命力，靠其觀念之方向，人當該要有此番氣概。人總要有志趣、有觀念，以表現生命的風力。

㈢先生曰：剛才韋政通同學所說甚好，人能針對自己之病痛而在生命內部起奮爭，即可保持生命之緊張而不墮塌。至於成敗倒無關係。蓋此奮爭即是一番情之興奮、情之熱烈，表示一向上之精神。但此亦非容易。而是處處顯出人生之艱難。繼此奮發向上之精神，而求成爲一人格之容受體，則更是一無限之踐履過程。

至於崇敬聖賢與崇敬當代人，此對自己說，皆是一好的存心。而能使自己精神上提，人格上升者。崇敬古先聖賢，即是念茲在茲，以聖賢人格爲楷模而完成人格之同一。而崇敬當代人，即是我對他人之一心思、一存心。人能多有幾分虔誠之意敬畏之感，總是

好的。敬聖賢是提升自己，尊崇人或人之互相尊崇，也是當有之存心。但對自己說，則不可不知艱難。人崇敬我，固然是對我之安慰和鼓勵，但同時也是對我之限制。在此限制處則見人生之艱難。而師友夾持即從此說。以前熊先生有兩句話：「人不志於聖賢，能免於禽獸乎？人以聖賢自居，能免於禽獸乎？」此語最見人生嚴肅與人生艱難之意。人不志於聖賢，固見人之墮落喪志，無異於禽獸；然人即以聖賢自居，是又表現一自我之限隔與自我之圈住或封閉。人不能奮進不已，健行不息，也終必淪為禽獸。人處於社會實是大鬥爭，人要在社會上出人頭地，成為一個真實的積極的存在，殊不容易。此人之所以要戒慎恐懼，警策惕勵。雖然天道於冥冥中有公平存焉，但此天道之公平要降臨於我自身，即不容易。此人之所以生於憂患，之所以必須反求諸己、反身而誠。人自身之奮鬥與學問之成就，皆如英雄比武，不及就是不及，無便宜可討，無方便可求。

　　說到我自己，實是病痛甚多，生命有駁雜。我的生活有許多不足為訓。但就我們所處之時代，和我們擔負之使命言，人過於規行矩步，注重細節，亦見生命之拘束而推拓不開。現今之所需，是要有風力，要有凸顯之氣象，要表現觀念之方向。否則不足以言擔負。我與諸位相處是相勉以道，而以超越吾人而上的的一「生命之途徑」以為法、以為模型。而人之尊崇師長，即是使「道與人合一」。學生尊崇老師，老師愛護學生、希望學生。說實了即是一人格之互相尊重。在不失其崇敬而互相愛護，不失其愛護而互相尊敬。此中有許多深微之道理可說。中國以前所謂「春秋責賢者備」是好的。「責而備」是寄予更大之希望，期以更重之責任，而最後

仍是對其人格與以一更高之尊崇。但「訐以爲直」則是不好的。有失恕道精神。師友相處是相互之承認，相互之鼓勵。一方是提攜，一方是增上。在此師友夾持中有無限之寬容，有無限之慰藉。人優游涵泳於其中，即能得一精神人物之提升。若一落於「訐以爲直」之層次上，師友一倫即不能維持。（古賢以父子之不責善，亦同此理。）此義在佛家亦甚看重。小和尙看其師父只是佛，沒有凡夫，如我師是凡夫，我亦是凡夫。此實不易之理。熊先生平常脾氣大，常敎訓人，其生命亦不盡順適條暢，人常據以作批評。我從熊先生最久，我只是以他爲老師而尊崇之，以他爲一高貴之人格而敬仰之，常人之閒言苛語，與其生活之細微末節，根本不在我的意識中。人不到生命之最後，總不能期其如玉之圓潤潔淨。孔子七十而從心所欲不逾矩。此是自己心安理得之言。而他人是否承認，則亦難說。故崇敬師長，當該以一崇高之人格而尊崇之，而視之同聖賢。人必有此寬宏之心量，有此虔誠之存心，始足與語聖賢學問。

我在友會兩年來之所講，皆旨在提撕精神，凝聚心志，透露生命主體以撥雲霧而見靑天。故語語皆從天而降，自肺肝流出。諸位於此宜能剛拔自立，軒昂奮發。而人文友會成立之初衷，乃在成人文敎。此是永恆悠久事業，要待人心大回向，形成新運會，則亦是理所必然勢所必至之事。現在只是要順兩年來所開出之理路，各就所長，踏實用功。先求在學問上能站得住，分工合作，一慮而百致，殊途而同歸。則新時代新學風之開創，與第三期儒學之復興，庶乎可期。這是我對諸位的期望，也是時代所賦予我們的使命。

牟宗三先生全集㉘

中國哲學的特質

牟宗三　著

《中國哲學的特質》全集本編校說明

高瑋謙

　　本書是一演講系列，共計十二講。前十一講係牟宗三先生於1962年爲香港大學校外課程部所講，由王煜筆錄而成；最後一講〈作爲宗敎的儒敎〉係牟先生於1960年3月26日在台南神學院所講，後又於東海大學人文友會中重講，此篇即楊樹林根據這兩次之所講，記錄、整理而成。

　　此書前十一講曾以「中國哲學的特質」爲題，分五期刊載於《民主評論》第13卷第2－6期（1963年1月20日／2月5日／2月20日／3月5日／3月20日）；最後一講則以「作爲宗敎的儒敎」爲題，刊載於《人生雜誌》第20卷第1期（1960年5月16日）。1963年6月，此書始由香港人生出版社出版單行本。1973年2月，台北蘭台書局曾將此書影印流通。

　　1974年8月，此書改由台灣學生書局出版，但版式未改。此後，台灣學生書局曾多次重印此書，唯1984年3月及1994年8月兩次重印時曾重新排版。1984年3月重印時，牟先生曾對此書作了若干文句上的修訂。1997年11月，本書由上海古籍出版社出版簡體字本。本書之編校工作以台灣學生書局1994年8月之重排本爲依據，間亦根據舊版校訂文字。

再版自序

　　此小冊便於初學，但因是簡述，又因順記錄文略加修改而成，故不能期其嚴格與精密。倘有不盡不諦或疏闊處，尤其關於《論》、《孟》與《中庸》、《易傳》之關係處倘有此病，則請以《心體與性體》之綜論部為準，以求諦當，勿以生誤解也。

　　此講辭以儒家為主，蓋以其為主流故也。若通過《才性與玄理》、《心體與性體》、《佛性與般若》，再加以綜括之簡述，則當更能盡「中國哲學的特質」一題名之實，而凡所述者亦當更能較精當而切要。惟如此之簡述，內容雖可較豐富，然與西方哲學相對較以顯特質，即使不加上道家與佛教，亦無本質的影響也。故此小冊題名曰「中國哲學的特質」，縱使內容只限於儒家，亦無過。

中華民國六十三年八月 牟宗三 序於香港

小　序

　　本講演是香港大學校外課程部所規定的題目。約定十二次講完，每次一小時。在這十二次裡，想把中國哲學的特質介紹給社會上公餘之暇的好學之士，當然是不很容易的。如果是輕鬆地泛泛地講述，那當然比較具體一點，聽起來也比較有興趣。但這樣恐怕不會有眞正的了解，也不是這個倒塌的時代講中國學問之所宜。因此，我採取了直接就中國學問本身來講述的辦法。這也許聽起來比較艱難一點。但若因此而稍能把握一點中國學問之內在本質，或即不能把握，而艱難之感中，引起對於中國學問之正視與敬意，這也並非無益處。

　　中國哲學包含很廣。大體說來，是以儒、釋、道三教爲中心。但我這裡是以中國土生的主流——儒家思想，爲講述的對象。其餘皆無暇涉及。

　　本講演並無底稿。在講述時，託王煜同學筆錄。口講與自己撰文不同，而筆錄與講述之間亦不能說無距離。如果我自己正式撰文，也許比較嚴整而詳盡。但有這個時間限制的機會，也可以逼迫我作一個疏略而扼要的陳述，這也自有其好處。而王君的記錄也自有其筆致。換一枝筆來表達，也自有其新鮮處。順其筆致而加以修

改，也覺得與我原意並不太差。緊嚴有緊嚴的好處，疏朗有疏朗的
好處。是在讀者藉此深造而自得之。

目 次

第一講　引論：中國有沒有哲學？

　　中西哲學，由於民族氣質、地理環境、與社會形態的不同，自始即已採取不同的方向。經過後來各自的發展，顯然亦各有其不同的勝場。但是中國本無「哲學」一詞。「哲學」一詞源自希臘，這是大家所熟知的。我們現在把它當作一通名使用。若把這源自希臘的「哲學」一名和西方哲學的內容合在一起，把它們同一化，你可以說中國根本沒有哲學。這個時代本是西方文化當令的時代，人們皆一切以西方為標準。這不但西方人自視是如此，民國以來，中國的知識分子一般說來，亦無不如此。所以有全盤西化之說。中國以往沒有產生出科學，也沒有開出民主政治，這是不待言的。說宗教，以基督教為準，中國的儒、釋、道根本沒有地位。說哲學，中國沒有西方式的哲學，所以人們也就認為中國根本沒有哲學。這樣看來，中國文化當真是一無所有了。構成一個文化的重要成分、基本成分，中國皆無有，那裡還能說文化？其實何嘗是如此？說中國以往沒有開發出科學與民主政治，那是事實。說宗教與哲學等一起皆沒有，那根本是霸道與無知。人不可以如此勢利。這裡當該有個分別。西方人無分別，還可說。中國人自己也無分別，那就太無出息了。

　　五四前後，講中國思想的，看中了《墨子》，想在《墨子》裡翻筋斗，其他皆不能講，既無興趣，也無了解。原來中國學術思想中，合乎西方哲學系統的微乎其微。當時人心目中認爲只有《墨子》較爲接近美國的實驗主義。實則墨學的眞精神，彼等亦不能了了。彼等又大講《墨辯》。蓋因此篇實含有一點粗淺的物理學的知識，又含有一點名學與知識論。雖然這些理論都極爲粗淺，而又語焉不詳，不甚可解，但在先秦諸子思想中，單單這些已經足夠吸引那些淺嘗西方科學哲學的中國學者。因此，研究《墨子》，其實是《墨辯》，一時蔚爲風氣。鑽研於單詞碎義之中，校正訓詁，轉相比附。實則從這裡並發現不出眞正科學的精神與邏輯的規模。而那些鑽研的人對於邏輯與西方哲學，也並無所知，連入門都不可得，更不用說登堂入室了。捨本逐末，以求附會其所淺嘗的那點西方哲學，而於中國學術之主流，則反茫然不解。

　　後來馮友蘭寫了一部《中國哲學史》，彼在自序裡自詡其中之主要觀點是正統派的。可是馮書之觀點實在不足以言正統派。馮書附有陳寅恪和金岳霖二先生的審查報告。其中陳氏多讚美之語，如說馮書「能矯附會之惡習，而具了解之同情」。此實亦只貌似如此，何嘗眞是如此？陳氏是史學家，對於中國思想根本未曾深入，其觀馮書自不能有中肯之判斷。至於金岳霖先生，他是我國第一個比較能精通西方邏輯的學者，對於西方哲學知識論的訓練也並不十分外行。他看出馮書「討論易經比較辭簡，而討論惠施與公孫龍比較的辭長。對於其他的思想，或者依個人的意見，遂致無形地發生長短輕重的情形亦未可知」。金氏雖知馮氏之思想傾向於西方的新實在論，但是力言馮氏並未以實在主義的觀點批評中國思想。這雖

在馮書第一篇容或如此，但在第二篇就不見得如此。馮氏以新實在論的思想解析朱子，當然是錯的。以此成見爲準，於述及別的思想，如陸、王，字裡行間當然完全不相干，而且時露貶辭。這即表示其對於宋明儒者的問題根本不能入。對於佛學尤其外行。此皆爲金氏所不及知。金氏早聲明他對於中國哲學是外行。我們自不怪他。

　　同時馮書另一致命缺點，那就是分期的問題。馮書分二篇：首篇名爲「子學時代」，自孔子以前直至秦漢之際，類似西方古希臘時代；次篇名爲「經學時代」，由漢初至清末民初之廖季平，這又類似西方的中紀；但並無近代。馮氏以西方哲學之分期方式套在中國哲學上，顯爲大謬。至於馮書特別提出並且注重名學，對《墨辯》、《荀子‧正名篇》，以及惠施、公孫龍等的名學所作的疏解，當然並非無價值。而且對中國名學之特別重視，彷彿提供了研究中國哲學一條可尋的線索。可惜先秦的名學只是曇花一現，日後並未發展成嚴整的邏輯與科學方法。所以名學不是中國哲學的重點，當然不可從此來了解中國之傳統思想。故馮氏不但未曾探得驪珠，而且其言十九與中國傳統學術不相應。

　　中國學術思想旣鮮與西方相合，自不能以西方哲學爲標準來定取捨。若以邏輯與知識論的觀點看中國哲學，那麼中國哲學根本沒有這些，至少可以說貧乏極了。若以此斷定中國沒有哲學，那是自己太狹陋。中國有沒有哲學？這問題甚易澄清。什麼是哲學？凡是對人性的活動所及，以理智及觀念加以反省說明的，便是哲學。中國有數千年的文化史，當然有悠長的人性活動與創造，亦有理智及觀念的反省說明，豈可說沒有哲學？任何一個文化體系，都有它的

哲學。否則,它便不成其為文化體系。因此,如果承認中國的文化
體系,自然也承認了中國的哲學。問題是在東西哲學具有不同的方
向和形態。說中國沒有「希臘傳統」的哲學,沒有某種內容形態的
哲學,是可以的。說中國沒有哲學,便是荒唐了。西方的哲學工作
者,歷來均有無視東方哲學的惡習,所以他們的作品雖以哲學史為
名,而其中竟無隻字提及東方的哲學。如此更易引起一般人的誤
會,以為東方哲學無甚可觀,甚至以為東方全無哲學。哲學就等於
西方哲學,哲學盡於西方。二次大戰前後,羅素始一改西方哲學史
作者的傳統態度,名其書為《西方哲學史》。本「不知蓋闕」的態
度,不講東方,但無形中已承認了東方哲學的存在。羅素又著《西
方之智慧》(*Wisdom of the West*),不名為人類之智慧,特標
「西方」二字,亦可見他對東方並未忽視。時至今日,東西方都應
互相尊重平視,藉以調整、充實、並滋潤其文化生命。否則無以克
共禍之魔難。西方人若仍故步自封,妄自尊大,那也只是迷戀其殖
民主義惡習之反映。中國人少數不肖之徒,若再抵死糟蹋自己,不
自愛重,那只可說是其買辦之奴性已成,自甘卑賤,這只是中國之
敗類。

　　中國既然確有哲學,那麼它的形態與特質怎樣?用一句最具概
括性的話來說,就是中國哲學特重「主體性」(subjectivity)與
「內在道德性」(inner morality)。中國思想的三大主流,即儒釋
道三教,都重主體性,然而只有儒家思想這主流中的主流,把主體
性復加以特殊的規定,而成為「內在道德性」,即成為道德的主體
性。西方哲學剛剛相反,不重主體性,而重客體性。它大體是以
「知識」為中心而展開的。它有很好的邏輯,有反省知識的知識

論，有客觀的、分解的本體論與宇宙論：它有很好的邏輯思辨與工巧的架構。但是它沒有好的人生哲學。西方人對於人生的靈感來自文學、藝術、音樂，最後是宗教。但是他們的哲學卻很少就文學、藝術、音樂而說話。他們的哲學史並沒有一章講耶穌。宗教是宗教，並不是哲學。宗教中有神學，神學雖與哲學有關，而畢竟仍是神學，而不是哲學的重點與中點。哲學涉及之，是哲學的立場，不是宗教的立場。他們有一個獨立的哲學傳統，與科學有關，而獨立於科學；與宗教、神學有關，而獨立於宗教、神學。而且大體還是環繞科學中心而展開，中點與重點都落在「知識」處，並未落在宗教處，即並不真能環繞宗教中心而展開。但是中國哲學卻必開始於儒道兩家。中國哲學史中，必把孔子列為其中之一章。孔子自不像耶穌式的那種宗教家，亦不類西方哲學中的那種哲學家。你如果說他是蘇格拉底，那當然不對。印度哲學中亦必須把釋迦牟尼佛列為一章。釋迦亦不類耶穌那種宗教家，亦不像西方哲學中那種哲學家。但是孔子與釋迦，甚至再加上老子，卻都又有高度的人生智慧，給人類決定了一個終極的人生方向，而且將永遠決定著，他們都取得了耶穌在西方世界中的地位之地位。但他們都不像耶教那樣的宗教，亦都不只是宗教。學問亦從他們的教訓，他們所開的人生方向那裡開出。觀念的說明、理智的活動、高度的清明、圓融的玄思，亦從他們那裡開出。如果這種觀念的說明、理智的活動，所展開的系統，我們也叫它是哲學，那麼，這種哲學是與孔子、釋迦所開的「教」合一的：成聖成佛的實踐與成聖成佛的學問是合一的。這就是中國式或東方式的哲學。

它沒有西方式的以知識為中心、以理智遊戲為一特徵的獨立哲

學，也沒有西方式的以神爲中心的啓示宗教。它是以「生命」爲中心，由此展開他們的教訓、智慧、學問與修行。這是獨立的一套，很難吞沒消解於西方式的獨立哲學中，亦很難吞沒消解於西方式的獨立宗教中。但是它有一種智慧，它可以消融西方式的宗教而不見其有礙，它亦可以消融西方式的哲學而不見其有礙。西方哲學固是起自對於知識與自然之解釋與反省，但解釋與反省的活動豈必限於一定形態與題材耶？哲學豈必爲某一形態與題材所獨佔耶？能活動於知識與自然，豈必不可活動於「生命」耶？以客觀思辨理解的方式去活動固是一形態，然豈不可在當下自我超拔的實踐方式，現在存在主義所說的「存在的」方式下去活動？活動於知識與自然，是不關乎人生的。純以客觀思辨理解的方式去活動，也是不關乎人生的，即存在主義所說的不關心的「非存在的」。以當下自我超拔的實踐方式，「存在的」方式，活動於「生命」，是眞切於人生的。而依孔子與釋迦的教訓，去活動於生命，都是充其極而至大無外的。因此，都是以生命爲中心而可通宗教境界的。但是他們把耶教以神爲中心的，卻消融於這以「生命」爲中心而內外通透了。既能收，亦能放。若必放出去以神爲中心，則亦莫逆於心，相視而笑，而不以爲礙也。衆生根器不一，何能局限於某一定型而必自是而非他？

中國哲學以「生命」爲中心。儒道兩家是中國所固有的。後來加上佛教，亦還是如此。儒、釋、道三教是講中國哲學所必須首先注意與了解的。二千多年來的發展，中國文化生命的最高層心靈，都是集中在這裡表現。對於這方面沒有興趣，便不必講中國哲學。對於以「生命」爲中心的學問沒有相應的心靈，當然亦不會了解中

國哲學。以西方哲學爲標準，來在中國哲學裡選擇合乎西方哲學的題材與問題，那將是很失望的，亦是莫大的愚蠢與最大的不敬。

　　附識：西方哲學亦很複雜。大體說來，可分爲三大骨幹：一、柏拉圖、亞里士多德爲一骨幹，下賅中世紀的正宗神學。二、萊布尼茲、羅素爲一骨幹，旁及經驗主義、實在論等。三、康德、黑格爾爲一骨幹。這三個骨幹當然小有互相出入處，並不是完全可以截然分得開。如果從其大傳統的理想主義看，雖其活動大體亦自知識中心而展開，然而充其極而成其爲理想主義者，亦必最後以道德宗教爲中心。從柏拉圖、亞里士多德，下及中世紀的聖多瑪，以至近世的康德、黑格爾，與夫眼前海德格（Heidegger）的「存在哲學」，從其最後涉及道德宗教的哲理說，這一傳統是向重「主體性」的主體主義而發展的。現在德國有一位名叫繆勒（Muller）的，他講述海德格的存在哲學，文中即宣稱柏拉圖、亞里士多德，下賅中世紀的聖多瑪，以及近世的康德、黑格爾、（包括費息特、謝林等），都是主體主義。他當然分別開古典的主體主義之處理人生道德問題，與康德、黑格爾的主體主義之處理人生道德問題之不同。他並宣稱他們都不能面對具體存在的人生，在人生方向、道德決斷上，作一個當下存在的決斷。所以他宣稱他們的哲學皆不能適應這個動盪不安、危疑不定的時代。他由此顯出海德格的存在哲學之特色。據我們看，說柏拉圖、亞里士多德，下賅中世紀的聖多瑪等，是主體主義，未免牽強。他們當然涉及主體（靈魂、心等），但是他們並不眞能成爲主體主義。必發展至康德、黑格爾，主體主義始能徹底完成。不至主體主義，嚴格講，並不眞能接觸道德宗教的眞理。說康德、黑格爾的主體主義（理想主義）亦不能在人生方

向、道德決斷上，作一個當下存在的決斷，在某義上，亦是可以說的。但這並非不可相融。存在主義，自契爾克伽德（Kierkegaard）起，即十分重視主體性，這當然是事實。發展至今日的海德格，雖注重「存在的決斷」，讓人從虛偽掩飾的人生中「站出來」，面對客觀的「實有」站出來，此似向「客觀性」走，（這本亦是承繼契氏而轉出的），然說到家，他並不真能反對主體主義。在這裡，最成熟的智慧是主觀性與客觀性的統一，是普遍原理（泛立大本）與當下決斷的互相攝契。我看西方哲學在這一方面的活動所成的理想主義的大傳統，最後的圓熟歸宿是向中國的「生命之學問」走。不管它如何搖擺動盪，最後向這裡投注。如果順「知識」中心而展開的知識論，以及由之而展開的外在的、觀解的形上學看，這當然是中國哲學之所無，亦與中國哲學不同其形態。近時中國人只知道一點經驗主義、實在論、唯物論、邏輯分析等類的思想，當然不會了解中西理想主義的大傳統。就是因表面的障礙，不喜歡中國這一套吧！那麼就從西方哲學著手也是好的。對於西方哲學的全部，知道得愈多，愈通透，則對於中國哲學的層面、特性、意義與價值，也益容易照察得出，而了解其分際。這不是附會。人的智慧，不管從那裡起，只要是真誠與謙虛，總是在長遠的過程與廣大的層面中開發出的，只要解悟與智慧開發出，一旦觸之，總是沛然也。今人之不解不喜中國哲學，並不表示他們就了解西方哲學。

第二講　中國哲學的重點何以落在主體性與道德性？

　　希臘最初的哲學家都是自然哲學者，特別著力於宇宙根源的探討，如希臘哲學始祖泰里士（Thales）視水爲萬物根源，安那西明斯（Anaximenes）視一切事物由空氣之凝聚與發散而成，畢達哥拉斯（Pythagoras）歸萬象於抽象的數（數目 number 或數量 quantity），德謨克里圖斯（Democritus）則以爲萬物由不可分的原子構成，至庵被多克斯（Empedocles）又主張萬物不外地、水、風、火四元素的聚散離合，安拿沙哥拉斯（Anaxagoras）更謂萬物以無數元素爲種子，並且假定精神的心靈之存在，由此而說明種子之集散離合。以上諸家均重視自然的客觀理解。至希臘第二期的哲學家才開始注重人事方面的問題，如蘇格拉底所言正義、美、善、大等概念，柏拉圖所主的理想國，及亞里士多德倫理學所講的至善、中道（mean）、公平、道德意志、友誼與道德之類，都是人類本身而非身外的自然問題。然而，他們都以對待自然的方法對待人事，採取邏輯分析的態度，作純粹理智的思辨。把美與善作爲客觀的求眞對象，實與眞正的道德無關。由於他們重分析與思辨，故喜歡對各觀念下定義。如辨不說謊或勇敢即爲正義，由此引申以求正義的定義，顯然這是理智的追求。自蘇格拉底首先肯定（形而上

的）理型（idea）的功用，柏拉圖繼而建立理型的理論（theory of idea），由之以說明客觀知識之可能。並研究理型之離合，由之以說明真的肯定命題與真的否定命題之可能。如是遂建立其以理型為實有的形式體性學。亞里士多德繼之，復講形式與材質的對分，上而完成柏拉圖所開立的宇宙論，下而創立他的邏輯學。他們這種理智思辨的興趣、分解的精神，遂建立了知識論、客觀而積極的形上學——經由客觀分解構造而建立起的形上學。這種形上學，吾名之曰觀解的形上學（theoretical metaphysics），復亦名之曰「實有形態」的形上學（metaphysics of being-form）。這是中國思想中所不著重的，因而亦可說是沒有的。即有時亦牽連到這種分解，如順陰陽氣化的宇宙觀，發展到宋儒程朱一系，講太極、理氣，表面上亦似類乎這種形上學，然實則並不類。它的進路或出發點並不是希臘那一套，它不是由知識上的定義入手的，所以它沒有知識論與邏輯，它的著重點是生命與德性。它的出發點或進路是敬天愛民的道德實踐，是踐仁成聖的道德實踐，是由這種實踐注意到「性命天道相貫通」而開出的。

中國的哲人多不著意於理智的思辨，更無對觀念或概念下定義的興趣。希臘哲學是重知解的，中國哲學則是重實踐的。實踐的方式初期主要是在政治上表現善的理想，例如堯、舜、禹、湯、文、武諸哲人，都不是純粹的哲人，而都是兼備聖王與哲人的雙重身份，這些人物都是政治領袖，與希臘哲學傳統中那些哲學家不同。在中國古代，聖和哲兩個觀念是相通的。哲字的原義是明智，明智加以德性化和人格化，便是聖了。因此聖哲二字常被連用而成一詞。聖王重理想的實踐，實踐的過程即為政治的活動。此等活動是

由自己出發，而關連著人、事和天三方面。所以政治的成功，取決於主體對外界人、事、天三方面關係的合理與調和；而要達到合理與調和，必須從自己的內省修德做起，即是先要培養德性的主體，故此必說「正德」然後才可說「利用」與「厚生」。中國的聖人，必由德性的實踐，以達政治理想的實踐。

　　從德性實踐的態度出發，是以自己的生命本身為對象，絕不是如希臘哲人之以自己生命以外的自然為對象，因此能對生命完全正視。這裡所說的生命，不是生物學研究的自然生命（natural life），而是道德實踐中的生命。在道德的理想主義看來，自然生命或情欲生命只是生命的負面，在正面的精神生命之下，而與動物的生命落在同一層次。老子說：「何謂貴大患若身？吾所以有大患者，為吾有身；及吾無身，吾有何患？」（《道德經》第十三章）。所謂「有身」的大患，便是植根於自然生命的情欲。耶教所言的原罪、撒旦，佛教所說的業識、無明，均由此出。佛、道二家都很重視生命的負面。在他們的心目中，人的生命恆在精神與自然的交引矛盾之中，因此如要做「正德」的修養功夫，必先衝破肉體的藩籬，斫斷一切慾鎖情枷，然後稍稍可免有身的大患，把精神從軀體解放出來，得以上提一層。可見釋、道兩家的正德功夫是談何容易！儒家則與釋、道稍異其趣，他們正視道德人格的生命，使生命「行之乎仁義之塗」，以精神生命的涵養來控制情慾生命，所以儒家的正德功夫說來並不及佛道的困難。另一方面，儒家的正視生命，全在道德的實踐，絲毫不像西洋的英雄主義，只在生命強度的表現，全無道德的意味。譬如周文王的三分天下有其二，便是由於他能積德愛民。為王而能積德愛民，固為生命強度的表現，但其實

不只此。因爲西方英雄的表現，大都爲情欲生命的強度，而中國聖
王的表現，是必然兼有而且駕臨於情欲生命強度的道德生命強度。

　　中國哲學之重道德性是根源於憂患的意識①。中國人的憂患意
識特別強烈，由此種憂患意識可以產生道德意識。憂患並非如杞人
憂天之無聊，更非如患得患失之庸俗。只有小人才會長戚戚，君子
永遠是坦蕩蕩的。他所憂的不是財貨權勢的未足，而是德之未修與
學之未講。他的憂患，終生無已，而永在坦蕩蕩的胸懷中。文王於
被囚於羑里而能演《易》，可見他是多憂患且能憂患的聖王。我們
可從《易經》看出中國古代的憂患意識。〈繫辭下〉說：「《易》
之興也，其於中古乎？作《易》者，其有憂患乎？」又說：
「《易》之興也，其當殷之末世，周之盛德耶？當文王與紂之事
耶？」可見作《易》者很可能生長於一個艱難時世，而在艱難中鎔
鑄出極爲強烈的憂患意識。《易·繫辭》又描述上天之道「顯諸
仁，藏諸用，鼓萬物而不與聖人同憂。」這是說天道在萬物的創生
化育中、仁中顯露；（「天地之大德曰生」。仁，生德也。故曰
「顯諸仁」。）在能創生化育的大用（function）中潛藏；它鼓舞
著萬物的化育，然而它不與聖人同其憂患。（「鼓之舞之以盡
神」。神化即天道，自無所謂憂患。）程明道常說的「天地無心而

---

①「憂患意識」是友人徐復觀先生所首先提出的一個觀念。請參看他的
　〈周初宗教中人文精神的躍動〉一文。見《中國人性論史·先秦篇》
　第二章。這是一個很好的觀念，很可以藉以與耶教之罪惡怖慄意識及
　佛教之苦業無常意識相對顯。下講「憂患意識中之敬、敬德、明德、
　與天命」，亦大體根據徐先生該文所整理之線索而講述。請讀者仔細
　參看該文。

成化」，便是這個道理。上天旣無心地成就萬物，它當然沒有聖人
的憂患。可是聖人就不能容許自己「無心」。天地雖大，人猶有所
憾，可見人生宇宙的確有缺憾。聖人焉得無憂患之心？他所抱憾所
擔憂的，不是萬物的不能生育，而是萬物生育之不得其所。這樣的
憂患意識，逐漸伸張擴大，最後凝成悲天憫人的觀念，悲憫是理想
主義者才有的感情。在理想主義者看來，悲憫本身已具最高的道德
價值。天地之大，人猶有所憾，對萬物的不得其所，又豈能無動於
衷，不生悲憫之情呢？儒家由悲憫之情而言積極的、入世的參天地
的化育。「致中和」就是爲了使「天地位」，使「萬物育」。儒家
的悲憫，相當於佛教的大悲心，和耶教的愛，三者同爲一種宇宙的
悲情（cosmic feeling）。然則儒家精神，又與宗敎意識何異？

　　宗敎的情緒並非源於憂患意識，而是源於恐怖意識。恐怖
（dread）或怖慄（tremble）恆爲宗敎的起源。近代丹麥哲學家，
存在主義的奠基契爾克伽特（Kierkegaard）曾著《恐怖的概念》
（*Concept of Dread*）一書，對恐怖有精詳的分析，其中特別指出
恐怖（dread）之不同於懼怕（fear）。懼怕必有所懼的對象，而恐
怖則不必有一定的對象，它可以整個宇宙爲對象，甚至超乎一切對
象，故人面對蒼茫之宇宙時，恐怖的心理油然而生。宇宙的蒼茫，
天災的殘酷，都可引起恐怖的意識。耶敎視人皆有原罪，在上帝跟
前卑不足道，更視天災爲上帝對人間罪惡的懲罰，帶著原罪的人們
在天災之中，只有怖慄地哀求寬恕，故耶敎的根源顯爲典型的怖慄
意識。至於佛敎，其內容眞理（intensional truth）的路向，雖同於
耶敎，同由人生的負面進入，但它異於耶敎的，在由苦入而不由罪
入。佛敎的苦業意識，遠強於恐怖意識，它言人生爲無常，恆在業

識中動盪流轉。由此產生了解脫出世的思想。

耶、佛二教從人生負面之罪與苦入，儒家則從人生正面入。它正視主體性與道德性的特色，在憂患意識之與恐怖意識和苦業意識的對照之下，顯得更為明朗了。

第三講　憂患意識中之敬、敬德、明德與天命

　　在上一講之末，我們已明憂患意識與恐怖意識及苦業意識之分別。現在繼續談的，就是這兩種意識不同的引發與歸趨。宗教意識中的恐怖意識無須有所恐怖的對象。當我們站在高山之巔，面對一蒼茫虛渺的宇宙時，我們的心底往往湧現一個清澈的虛無感，驀然之間覺得這個宇宙實在一無所有，甚至連自己的身軀也是一無所有，總之是感到一片虛無（nothingness）。如果像契爾克伽特（Kierkegaard）所說的，能夠從這虛無的深淵奮然躍出來的，就是皈依上帝了。假如不望或者無能從這深淵躍出，那就等於萬劫不復的沉淪。因此，恐怖意識為宗教意識中典型的皈依意識，皈依便是解消自己的主體，換句話說，就是對自己的存在作徹底的否定，即作一自我否定（self-negation），然後把自我否定後的自我依存附託於一個在信仰中的超越存在──上帝那裡。如此，由虛無深淵的超拔，恆為宗教上的皈依。在耶教，恐怖的深淵是原罪，深淵之超拔是救贖，超拔後之皈依為進天堂、靠近上帝，天堂是耶教之罪惡意識所引發的最後歸宿。在佛教，苦業意識的引發可從教義中的四諦看出。四諦是苦、集、滅、道。由無常而起的痛苦（苦）、由愛欲而生的煩惱（業），構成一個痛苦的深淵，它的超拔就是苦惱

的解脫，即是苦惱滅盡無餘之義的滅諦，而超拔苦惱深淵後的皈依就是達到涅槃寂靜的境界。道諦所言的八正道，就是令人苦業永盡而進涅槃境界的道路。

中國人的憂患意識絕不是生於人生之苦罪，它的引發是一個正面的道德意識，是德之不修，學之不講，是一種責任感。由之而引生的是敬、敬德、明德與天命等等的觀念。孟子說：「生於憂患，死於安樂。」中國人喜言：「臨事而懼，好謀而成。」（《論語》孔子語）憂患的初步表現便是「臨事而懼」的負責認眞的態度。從負責認眞引發出來的是戒愼恐懼的「敬」之觀念。「敬」逐漸形成一個道德觀念，故有「敬德」一詞。另一方面，中國上古已有「天道」、「天命」的「天」之觀念，此「天」雖似西方的上帝，爲宇宙之最高主宰，但天的降命則由人的道德決定。此與西方宗教意識中的上帝大異。在中國思想中，天命、天道乃通過憂患意識所生的「敬」而步步下貫，貫注到人的身上，便作爲人的主體。因此，在「敬」之中，我們的主體並未投注到上帝那裡去，我們所作的不是自我否定，而是自我肯定（self affirmation）。彷彿在敬的過程中，天命、天道愈往下貫，我們的主體愈得肯定，所以天命、天道愈往下貫，愈顯得自我肯定之有價值。表面說來，是通過敬的作用肯定自己；本質地說，實是在天道、天命的層層下貫而爲自己的眞正主體中肯定自己。在孔子以前的典籍早已有「敬」和「敬德」，進而有「明德」的觀念。今引《尚書》爲例，〈召誥〉有言：「惟王受命，無疆惟休，亦無疆惟恤。嗚呼！曷其奈何弗敬！」可知召公在對其姪成王的告誡中，已由憂患（恤）說到敬了。召公認爲無窮無盡的幸福，都是上天所降，但是，切不可只知

享福而忘其憂患。永遠處在憂患之中，持著戒愼虔謹的態度，天命才可得永保，否則上天撤消其命。召公在這裡深深地感嘆出「嗚呼」一聲，而且繼而再歎「曷其奈何弗敬！」可知他具有很強烈的憂患意識。所以他又說：「嗚呼！天亦哀於四方民，其眷命用懋，王其疾敬德。」那是說：「天又哀憐社會上的老百姓，天之眷顧降命是在勤勉的人身上。成王啊！你要趕快敬謹於德行。」但是這裡所謂德，只是應然的合理行為，並未達到後來「內在德性」的意境。由敬德而有「明德」，〈康誥〉有云：「惟乃丕顯考文王，克明德愼罰。」這是周公告誡康叔的說話，要康叔昭著文王的美德，即要明智謹愼，特別在施刑方面，須要公明負責。至於天命，〈召誥〉又說：「今天其命哲，命吉凶，命歷年。」這三句的意思可注意的是天不但是命吉凶，命歷年，且命我以明哲。天既命我以明哲，我即當好好盡我的明哲。盡我的明哲，那就是敬德，是明德愼罰了。無常的天命，取決於人類自身的敬德與明德。如果墮落了，不能敬德、明德，天命必然亦隨之撤消。所以如欲「受天永命」（〈召誥〉語），必須「疾敬德」。否則，「惟不敬厥德，乃早墜厥命。」（亦〈召誥〉語）「天命」的觀念表示在超越方面，冥冥之中有一標準在，這標準萬古不滅、萬古不變，使我們感到在它的制裁之下，在行為方面，一點不應差忒或越軌。如果有「天命」的感覺，首先要有超越感（sense of transcendence），承認一超越之「存在」，然後可說。

　　用今天的話說，通過「敬德」、「明德」表示並且決定「天命」、「天道」的意義，那是一個道德秩序（moral order），相當於希臘哲學中的公正（justice）。然而後者的含義遠不及前者的豐

富深遠。孟子的民本思想，引《尙書》「天視自我民視，天聽自我民聽」爲論據。的確，這兩句的意義非常豐富，天沒有眼耳等感官，天的視聽言動是由人民體現的。換言之，統治者需要看人民，人民說你好，那麼表示天亦認爲你好；人民說你壞，那麼自然天亦認爲你壞。因此人民的革命表示統治者的腐敗，在統治者的方面來說，是自革其天命。天命的層層下貫於人民，表示一個道德的秩序。人民在敬德和明德之中，得以正視和肯定天道和天命的意義。天道與天命不單在人的「敬之功能」（function of reverence）中肯定，更在人的「本體」（substance）中肯定。因此，這道德的秩序亦爲「宇宙的秩序」（cosmic order）。

天命與天道既下降而爲人之本體，則人的「眞實的主體性」（real subjectivity）立即形成。當然，這主體不是生物學或心理學上所謂的主體；即是說，它不是形而下的，不是「有身之患」的身，不是苦罪根源的臭皮囊，而是形而上的、體現價值的、眞實無妄的主體。孔子所說的「仁」，孟子所說的「性善」，都由此眞實主體而導出。中國人性論中之主流，便是這樣形成的。在宗教則無眞實主體之可言，這是道德與宗教大異其趣之所在。西方人性論的主流中，人性 human nature 直截地是人之自然，沒有從超越的上天降下而成的人之主體。西方的上帝與人類的距離極遠，極端地高高在上的上帝，又豈能下降於人間呢？

西方宗教中的天命觀念，以中國傳統的天命觀看來，是很容易理解的。譬如耶教中伊甸園的神話，亦表示了人本有神性，本有神性以爲眞實的主體，而不只是原罪。這神話叙述的亞當與夏娃本是與神性合一的，可是他們一旦相繼吃了禁吃的智慧果，表示他們的

情欲，為毒蛇引誘而至墮落，結果與神分離了。從此以後，人便只
注意那原罪，而不注意那神性了。神性永遠屬於上帝一邊，人陷落
下來而成為無本的了。亞當夏娃在未墮落之前可以無憂無慮地遨遊
於伊甸園，墮落的結果就是在靈魂方面的永恆死亡。然而耶教又說
上帝愛世人，所以耶教不能不言「救贖」。從此以後，伊甸園的神
話完全向「上帝、原罪、救贖」這以神為中心的宗教形態走。救贖
的觀念相當於中國「喚醒、覺悟」的觀念。覺悟或喚醒之後，人與
天才可有「重新的和解」（reconciliation），在和解的過程中人可
重新提起已墮落的生命而與神性再度合一。由此我們可以這樣想：
能否使此神性作為我們自己的主體呢？看來這一步的功夫是很有意
義、很有價值的。可是西方思想的傳統，不容許這功夫的完成。於
是西方思想中的天命，對於人類是永恆地可望而不可即。他們只講
神差遣耶穌來救贖，卻並不講「天命之謂性」而正視人自己之覺
悟。西方思想中的天人關係，依然停滯於宗教的型態，沒有如中國
的孔孟，發展出天人合一的儒學。

　　最後，我們可以簡潔地列出兩種意識所引發的天人關係，以為
這一講的總結：

宗教意識　　恐怖意識（耶）：上帝（God）$\overset{\text{向上投注}}{\longleftarrow}$人

　　　　　　苦業意識（佛）：

道德意識　　憂患意識（儒）：天命、天道$\underset{\text{向下貫注}}{\longrightarrow}$人

第四講 天命下貫而為「性」

　　上一講的中心，就是我們不只在敬的作用中，更在我們的本體中肯定自己。這一講是解釋天命下貫而為「性」此過程的涵義。至於講的方式，與前略異，不是在泛論中徵引經典，而是通過三段最有代表性的引文，以看天命如何下貫而為「性」。這三段經文都已肯定是孔子以前的，它們都是了解中國思想的鑰匙：

1. 《詩·周頌·維天之命》：「維天之命，於穆不已。於乎不顯，文王之德之純。」
2. 《詩·大雅·烝民》：「天生烝民，有物有則。民之秉彞，好是懿德。」
3. 《左傳》成公十三年：「劉子〔康公〕曰：『吾聞之，民受天地之中以生，所謂命也。是以有動作禮義威儀之則，以定命也。』」

　　《詩經》中的觀念在孔子以前已形成，絕無問題；至於《春秋》所記魯國十二公之中，成公是第八個，而孔子生於定公，即春秋魯國第十一公，故第三段引文中的觀念，當亦形成於孔子以前。

現在對上列三段，作一仔細的考察。

　　1.首段是《詩·周頌·維天之命》的前段。朱子《詩集傳》雖值得商榷，但是其中對此詩的釋義，頗爲中肯。朱註如下：

> 賦也。天命，即天道也。不已，言無窮也。純，不雜也。此亦祭文王之詩，言天道無窮，而文王之德純一不雜，與天無間，以贊文王之德之盛也。子思子曰：「維天之命，於穆不已」，蓋曰天之所以爲天也。「於乎不顯，文王之德之純」，蓋曰文王之所以爲文也，純亦不已。程子曰：「天道不已，文王純於天道亦不已。純則無二無雜，不已則無間斷先後。」

此解雖好，但在今日看來，仍不足以明天道於穆的全幅意義。天道高高在上，有超越的意義。天道貫注於人身之時，又內在於人而爲人的性，這時天道又是內在的（immanent）。因此，我們可以康德喜用的字眼，說天道一方面是超越的（transcendent），另一方面又是內在的（immanent 與 transcendent 是相反字）。天道既超越又內在，此時可謂兼具宗教與道德的意味，宗教重超越義，而道德重內在義。在中國古代，由於特殊的文化背景，天道的觀念於內在意義方面有輝煌煊赫的進展，故此儒家的道德觀得以確定。西方的文化背景不同，西方人性論中所謂人性 human nature，nature 之首字母 n 字小寫，其實它就是自然的意思，而且恆有超自然（super nature）與之相對。此超自然始有超越的意味，它屬於神性而不屬於自然世界（natural world）。西方哲學通過「實體」

（entity）的觀念來了解「人格神」（personal God），中國則是通過「作用」（function）的觀念來了解天道，這是東西方了解超越存在的不同路徑。中國古代的「天」仍有人格神的意味，例如上一講已引用的〈召誥〉語：「今天其命哲，命吉凶，命歷年。」分明說出「天」可以降命，亦可以撤命。公道的天對人有降命，人的生命才可有光輝發出。否則，如西方之視人爲首席動物，生命不得不淪爲一團漆黑，毫無光輝可言。天的命「哲」、「歷年」與「吉凶」三事，似爲命之個別化、事件化；而將天命的個別化與事件化，轉爲光明的主體時，人不必事事想及天志，只要當下肯定天所命給自己的光明主體便可。這時，反觀天道、天命本身，它的人格神意味亦已隨上述的轉化而轉爲「創生不已之眞幾」，這是從宇宙論而立論。此後儒家喜言天道的「生生不息」（《易‧繫辭》語），便是不取天道的人格神意義，而取了「創生不已之眞幾」一義。如此，天命、天道可以說是「創造性的本身」（creativity itself）。然而，「創造性的本身」在西方只有宗敎上的神或上帝才是。所謂「本身」，就是不依附於有限物的意思。譬如說手足可創造工具，詩人有創作才華便可以創造詩歌，這一類的創造顯然附著於有限物如人體，所以都不是創造性的本身。

　　天命如何「於穆不已」的？「於穆」是一個「副詞的片語」（adverbal phrase），是深遠之貌。天命的確是深奧（profound）而且深透（penetrating）的。「於穆」可謂兼有深奧和深透的意義。我們試觀這個宇宙，山河大地變化無窮，似乎確有一種深邃的力量，永遠起著推動變化的作用，這便是《易經》所謂「生生不息」的語意。正因爲「於穆不已」的天命，天道轉化爲本體論的實

在（ontological reality），或者說本體論的實體（ontological substance）。此思想的型態一旦確定了，宗教的型態立即化掉，所以中國古代沒有宗教。

為什麼要大大昭彰文王的德性呢？因為文王真正能夠表現自己光明的德性生命，他的生命之光永恆不滅，他的德性精純不雜；所以他永遠不會墮落。難怪《中庸》對「維天之命，於穆不已」加一精警的贊語，說：「此天之所以為天也。」又對「文王之德之純」加一類似的贊語，說：「此文王之所以為文也，純亦不已。」這兩句贊語中的「所以」，都是為了表明「本質」（essence）的意思。「天之所以為天」，就是天的本質，換句話說，便是天的德。（本質義之德，非德性 virture 義之德）。同樣，「文王之所以為文」，等於文王的德，「文」字本身便是一個美稱了。由此可知《中庸》對天德與文王之德，都有很高的讚美。天之德和文王之德有什麼關係呢？顯然，天命、天道貫注到個體的身上時，只要這個體以敬的作用來保住天命，那末天命下貫所成的個體的性可以永遠呈現光明，文王便是一個典型的例子。《詩經》這幾句在讚美文王時，首先讚美天道、天命，那是很有哲學意味的。

2.《詩·大雅·烝民》第一章開首便是：「天生烝民，有物有則。民之秉彝，好是懿德。」朱子《詩集傳》這樣解釋：

〔……〕烝，眾。則，法。秉，執。彝，常。懿，美。〔……〕言天生眾民，有是物必有是則。蓋自百骸、九竅、五藏而達之君臣、父子、夫婦、長幼、朋友，無非物也，而莫不有法焉。如視之明，聽之聰，貌之恭，言之

順，君臣有義，父子有親之類是也。是乃民所執之常性，
故其情無不好此美德者。〔……〕昔孔子讀《詩》至此而
贊之曰：「爲此詩者，其知道乎？故有物必有則，民之秉
彝也，故好是懿德。」而孟子引之，以證性善之說。其旨
深矣，讀者其致思焉。

可見此詩的作者認爲天生的人類（烝民可代表一切人），絕不是漆
黑一團，而是「有物有則」的。「物」即「事」，不是物體。天生
人類的個體，具有耳目口鼻觸等感官，此等感官使人能與外界的人
與物發生關係，這便是事。又如人與人的關係，便有所謂五倫：即
是君臣、父子、夫婦、長幼（兄弟）、朋友五種人與人間最基本的
關係，這些關係的本身亦是「事」的物。所謂「則」就是行事之一
定的道理或原則，如父子之間有孝與慈的原則，即朱註所說的「父
子有親」。當然，朱子說「有是物必有是則」很對，因爲對應著每
一件「事」物，都存在著一種行事的法則。至於「民之秉彝」，就
是人民具有恆常的性之意，「好是懿德」便是好善惡惡的德性。由
此，可知中國在孔子以前已有講「好善惡惡」的道德觀念，這觀念
由孔孟發展，一直下貫至王陽明的思想。還須一說的，是所謂「好
善」的好，不是如嗜好吃煙或飲茶之類的嗜好之好，而是發於常
性，有道德判斷意義的好善惡惡之「好」。

　　3.《左傳》成公十三年所引劉康公「民受天地之中以生，所謂
命也」，是述中國思想史所必引的名句。首先要說明的是：「中」
即天地之道。「命」，不是命運之命，而是天命之命。天既然降命
而成爲人的性，形成人的光明本體，但是單有本體不足恃，仍須倚

賴後天的修養功夫，否則天命不能定住，輕鬆一點說，天命是會溜走的。如要挽留它，那麼必要敬謹地實行後天的修養，須要有「動作禮義威儀之則」。換句話說，要有「威儀」，亦等於說要有莊敬嚴肅的氣象，如是才能貞定住自己的命。劉康公所說的「中」，後來即轉而爲《中庸》首句「天命之謂性」了。

　　總之，上引的三段都是孔子以前最富代表性的傳統老觀念。它們都表示天命天道在敬的作用中，步步下貫而爲人的性這一趨勢。這裡開啓了性命天道相貫通的大門。「維天之命，於穆不已」是一個重要的觀念，它把人格神的天轉化而爲「形而上的實體」（metaphysical reality）。只有這一轉化，才能下貫而爲性，才能打通了性命與天道的隔閡。如此，才有「民受天地之中以生，所謂命也」的觀念，才有「民之秉彝，好是懿德」的觀念。這是中國從古以來所自然共契的一個意識趨向。這一意識趨向決定了中國思想的中點與重點不落在天道本身，而落在性命天道相貫通上。如是自不能不重視「主體性」，自不能不重視如何通過自己之覺悟以體現天道——性命天道相貫通的天道。本講是著重在這下貫的趨勢。至於對於「性」的正式規定，則俟講了孔子的仁後，再詳細講。

第五講　孔子的仁與「性與天道」

　　上一講我們講由敬的作用，表明天命天道下貫而爲性的趨勢，歸結到《中庸》的首句——天命之謂性。從天命天道下貫說性，是中國的老傳統。《中庸》首句即代表這個傳統。但是《中庸》出於孔孟以後，至少也是在孔子以後。因此要了解「天命之謂性」，必先了解孔子的仁。孔子在《論語》裡，暫時撇開從天命天道說性這一老傳統，而是別開生面，從主觀方面開闢了仁智聖的生命領域。這一講爲了便利，把孔子思想分成兩行：

　　1.仁與智或仁與聖。

　　2.性與天道。

　　雖然孔子一向被後人尊爲聖人，但是孔子自己不敢認爲自己是聖人，他說：「若聖與仁，則吾豈敢？」仁與聖是人生的最高境界。在現實世界裡，是不可能有聖人的，因爲某人縱使在現實世界裡最受尊崇，一旦他自稱爲聖人，自命到達最高境界，那麼他的境界就不是最高的，所以已不可算是聖人了。聖人的產生，必由於後人的推崇，便是這個道理。孔子提出「仁」爲道德人格發展的最高境界。至孟子，便直說：「仁且智，聖也。」仁智並舉，並不始自孟子。孔子即已仁智對顯。如「仁者安仁，智者利仁」、「仁者樂

山，智者樂水」、「智者動，仁者靜」等等，便是仁智對顯，而以仁爲主。孔孟的智絕不是理智活動的智，而是生命的通體透明。「仁且智」即是說生命既能表現仁，又能裡外明澈，毫無幽暗。仁的主要表現是愛，但當然不是「溺愛」。我國的老生常談「溺愛不明」表示出溺愛就是不明之愛，即是無智之愛。無智的愛當然不夠理想，因此道德生命的發展，一方面需要仁，另一方面需要智來輔助與支持。仁且智的生命，好比一個瑩明清澈的水晶體，從任何一個角度看去都可以窺其全豹，絕無隱曲於其中，絕無半點瑕疵。這樣沒有隱曲之私，通體光明瑩澈的生命，可以經得起任何的引誘與試探，能夠抵得住一切的磨折與風浪，永遠不會見利忘義，或者淪落到「利令智昏」的境地。見利忘義或者利令智昏，便是生命藏有隱曲，使本有的仁心仁性亦無從透顯。孔子以仁爲主，以「仁者」爲最高境界。此時仁的意義最廣大，智當然亦藏於仁之中，一切德亦藏於其中。孟子仁義禮智並舉，這是說我們的心性。說「仁且智，聖也」，實亦賅括義與禮，這是自表現我們的心性說。並舉仁與智，就是爲了特注重智對仁的扶持作用。這樣說時，仁的涵義不得不收窄一點。仁與智並講，顯出仁智的雙成。

　　至於孔子思想中第二行的「性與天道」，那不是孔子最先講的，而是孔子以前的古老傳統。《論語》載有這問題的最佳參考，就是子貢所說的：「夫子之文章，可得而聞也；夫子之言性與天道，不可得而聞也。」所謂「文章」，當然不是文學作品，而是成文而昭彰的東西，其中最典型的應是實際的工作或事業。其次，「不可得而聞」向來有相異的兩種解說：第一種是說孔子認爲性與天道過分玄妙深奧，索性根本不談它們；另一種說法認爲孔子不是

不講性與天道，只因性與天道不易爲青年學生所領悟，所以很少提及。我們可以推想，子貢說「不可得而聞」那話時，年齡一定不小了，最低限度他可略懂性與天道的道理。如此，他所說的「不可得而聞」其實是對孔子的讚嘆，這讚嘆又表示子貢對性與天道有若干程度的解悟。也許，孔子的確很少談論性與天道，從《論語》看來是如此；然而，孔子五十而讀《易》，至「韋編三絕」，而且又曾贊《易》，顯然他對《易經》下了一番功夫。《易經》的中心就是性與天道，因此孔子對性與天道，確曾下了一番研究的心血。說孔子對於性與天道根本不談，或根本無領悟，那是不對的。不過他不願客觀地空談，而卻開闢了仁智聖的領域。只要踐仁成聖，即可契悟天道。

　　如要明白孔子對天道、天命的看法，必先參考所謂「三畏」之說。孔子說：「君子有三畏：畏天命，畏大人，畏聖人之言。」「畏」是敬畏之畏，非畏懼之畏，敬畏與虔敬或虔誠，都是宗教意識，表示對超越者的歸依。所謂超越者，在西方是 God，在中國儒家則規定是天命與天道。孔子的「三畏」思想，便是認爲一個健康的人格，首先必要敬畏天命。換句話說，如果缺乏超越感，對超越者沒有衷誠的虔敬與信念，那末一個人不可能成就偉大的人格。

　　然而，性與天道並非孔子開闢的思路，他所開闢的思路就是仁與聖的一路。顯然，孔子對性與天道這一傳統思路是念念不忘的。如此我們可以推想，孔子談論仁、智、聖的時候，必已具有一種內心的超越企向，或者說具有一種內在的超越鼓舞，這企向或鼓舞，就是他的對於天命天道的契悟與虔敬。實在說來，孔子是以仁智與聖來遙契性與天道。至此，我們自然會發生下列兩個重要問題：

1.仁、智、聖有何作用？

2.仁、智、聖如何遙契性與天道？

由於時間所限，這一講首先解決第一個問題。

仁、智、聖的作用，可從兩面說明。首先，仁、智、聖是以成聖爲目標，指出道德人格向上發展的最高境界，換句話說，便是指出人生修養的軌道或途徑，同時指出了人生最高的理想價值。在西方，耶教不教人成就一個基督，而是教人成就一個基督徒（follower of Christ）。耶穌叫人跟祂走以獲得眞正的生命，然而跟祂走最高限度只是一個忠實的跟從者，到底不能成爲基督，因爲基督根本不是人，而是神或神而人（God-man），即以人的形態出現的神，在此人可希望做他的隨從，而永不可「希神」的。中國的儒家聖人教人希聖希賢，而聖人也是人，因此希聖是的確可以的，不需要說只可希望做聖人的隨從。東方的另一大思想——佛教，教人成佛，而人亦的確可成佛，不只成爲佛的隨從。這是儒、佛二教異於耶教的一重大之點。因此，亦可看出，孔子始創的仁與聖一路，確是中國思想史上的一個大躍進。

上面是內在地說明仁的作用。如要外在地說明，仁的作用便是遙契性與天道。成聖並非以工作才能爲標準，現實社會上所表現的才幹與一切聰明才智，都不足以成就聖人，充其量只能成就專家或者英雄。因此，仁的作用內在地講是成聖，外在地講的時候，必定要遙契超越方面的性與天道。仁和智的本體不是限制於個人，而是同時上通天命和天道的。《易·乾·文言》說：「大人者，與天地合其德，與日月合其明，與四時合其序，與鬼神合其吉凶。」可知要成爲「大人」，必要與天地合德，那就是說，個人生命應與宇宙生

命取得本質上的融合無間（或說和合 conciliation）。天地之德當然
是上一講所引證的「維天之命，於穆不已」所表示的創生不息的本
質。大人與天地合德，就是說要與天地同有創生不已的本質。用今
日的語言解釋，就是要正視自己的生命，經常保持生命不「物化」
（materialization），不物化的生命才是真實的生命，因為他表示
了「生」的特質。此生命當然是精神生命，不是自然生命，而是好
比耶穌所說「我就是道路、真理、生命」中的生命。「大人」又要
「與鬼神合其吉凶」，說明了大人的生命，應與宇宙的幽明兩面都
能做到息息相通的境界。換句話說：便是人生的幽明兩面應與宇宙
的幽明兩面互相感通而配合。宇宙的幽明兩面是人所共知的，例如
神、白晝、春夏都可認為是宇宙的光明面，而鬼、黑夜、秋冬都可
認為是宇宙的幽暗面。人生亦如宇宙，有著明暗的兩面，譬如說生
是明，死是幽。要了解宇宙的全幅意義，必要並看宇宙的幽明兩
面；同理，要了解人生的全幅意義，必要並觀人的生死。所謂「大
人」，須以全幅生命與宇宙打成一片。如此，仁、智、聖的本體不
是封閉的，而是直往上通，與天命天道遙遙地互相契接。

　　解決了仁、智、聖的作用問題之後，我們很自然地引發另一問
題──怎麼使仁、智、聖能和性與天道相契接？即是：怎麼才可與
宇宙打成一片？關此，首先須要說明「仁」一概念的全幅意義。根
據《論語》，總觀「仁」的意義，可知一個人如何可成仁者或聖
人，亦可知仁者與聖人如何又能與宇宙打成一片。照講者個人的了
解，孔子的「仁」具有下列兩大特質：

　　1.覺──不是感官知覺或感覺（perception or sensation），而
是惻惻之感，即《論語》所言的「不安」之感，亦即孟子所謂惻隱

之心或不忍人之心。有覺，才可有四端之心，否則便可說是麻木，中國成語「麻木不仁」便指出了仁的特性是有覺而不是麻木。一個人可能在錢財貨利方面有很強烈的知覺或感覺，但他仍可能是麻木不仁的，儘管他有多麼厲害的聰明才智。那是因爲「覺」是指點道德心靈（moral mind）的，有此覺才可感到四端之心。

　　2.健──是《易經》「健行不息」之健。《易經》言「天行健，君子以自強不息。」所謂「天行健」可說是「維天之命，於穆不已」的另一種表示方式。君子看到天地的健行不息，覺悟到自己亦要效法天道的健行不息。這表示我們的生命，應通過覺以表現健，或者說，要像天一樣，表現創造性，因爲天的德（本質）就是創造性的本身。至於「健」字的含義，當然不是體育方面健美之健，而是純粹精神上的創生不已。

　　從上述的兩種特性作進一步的了解，我們可以這樣正面地描述「仁」，說「仁以感通爲性，以潤物爲用」。感通是生命（精神方面的）的層層擴大，而且擴大的過程沒有止境，所以感通必以與宇宙萬物爲一體爲終極，也就是說，以「與天地合德、與日月合明、與四時合序、與鬼神合吉凶」爲極點。潤物是在感通的過程中予人以溫暖，並且甚至能夠引發他人的生命。這樣的潤澤作用，正好比甘霖對於草木的潤澤。仁的作用既然如此深遠廣大，我們不妨說仁代表眞實的生命（real life）；既是眞實的生命，必是我們眞實的本體（real substance）；眞實的本體當然又是眞正的主體（real subject），而眞正的主體就是眞我（real self）。至此，仁的意義與價值已是昭然若揭。孔子建立「仁」這個內在的根以遙契天道，從此性與天道不致掛空或懸空地講論了。如果掛空地講，沒有內在

的根，天道只有高高在上，永遠不可親切近人。因此，孔子的「仁」，實爲天命、天道的一個「印證」（verification）。

第六講　由仁、智、聖遙契性、天之雙重意義

由仁、智、聖遙遙地與「性與天道」相契合，含有兩種的意義：

一、超越的遙契。這方面的含義可從《論語》中孔子的幾句話看出：

　　1.子曰：「莫我知也夫！」子貢曰：「何爲其莫知子也？」子曰：「不怨天，不尤人，下學而上達，知我者其天乎？」
　　2.五十而知天命。
　　3.畏天命

孔子所說的「莫我知也夫！」是意味深長的慨嘆，所以它引起子貢的發問。然而，孔子並不作正面的直接答覆，而把子貢的問題撇開，從另一方面間接地答覆。孔子認爲不應怨天尤人，即是不應把痛苦與罪過的責任推卸到自身以外，而應努力不懈地做自身的「下學」的踐仁功夫，以期「上達」的效果。「上達」什麼呢？顯然是天命、天道。「上達」就是古語「上達天德」的意思。天德、天

命、天道其實沒有很大的差別。所謂「下學」的學,即是孔子所說的「學而時習之」的學。雖然這種「學」與追求專門知識的「學」,都是從累積經驗開始做去,但是它們有本質上的差別:追求專門知識的「學」,是以成專家爲目的,並無德性修養的意味;「下學而上達」的「學」,當然亦須從日常生活的實際經驗著手,可是它以上達天德爲最終目標。用現代化的語言來解釋,它的作用是把知識消化於生命,轉化爲生命所具有的德性。因此,「下學」的材料極爲廣泛,禮、樂、射、御、書、數之類通通要學,只是在學習期間,沒有成爲某方面專家的企圖,心中念念不忘便是怎麼轉化經驗知識爲內在的德性,簡單地說,就是怎樣轉智爲德。然而,這轉化不是容易得來的,它必須通過內心的覺悟,因此古人之訓釋「學」爲「覺」極有意義。「覺」等於德性之開啓或悟發,當然不是憑空地開啓,而是從經驗知識的獲得開始。

孔子認爲從下學可以上達,那就是說:只須努力踐仁,人便可遙契天道,即是使自己的生命與天的生命相契接,所以孔子作出「知我者其天乎」的感嘆。「知我其天」表示如果人能由踐仁而喩解天道的時候,天反過來亦喩解人,此時天人的生命互相感通,而致產生相當程度的互相了解。這樣的契接方式,我們可以名之爲「默契」。正如宗教上的「靈修」或者「培靈」的功夫,也是冀求天人的感通應接,例如耶教亦有這樣的義理:如你能與上帝感通,那末上帝的靈,自然降臨到你的身上。而在感通的過程中,你與上帝就可以互相喩解了。儒教中的天人感通,也只是一個精神生活上的境界。這境界的獲得,當然是談何容易。世人皆知人與人之間的眞正感通已甚難能可貴。古語有云:「人生得一知己,可以無

憾。」可見人間的互相感通已極可珍視。人生數十年，常苦未得一知己。人與人都如此，人與天的感通更難。孔子的下學上達，便是希冀與天成爲知己。

知天當然不易，所以孔子的生命，經過一番踐仁的功夫，直到五十歲才敢說「知天命」。人當盛年，往往由於生命力發展已趨高峰，而表露出驚人的英雄氣概、壯志豪情。然而到行年五十之時，原始生命的高潮已過，英雄氣概與壯志豪情便一一收斂而趨向恬淡的思維。孔子行年五十，由於不斷的踐仁，生命更精純了，思想更精微了，德性人格向上發展了，人生境界亦向上提高了，因此他敢說「五十而知天命」。在孔子，五十是德性人格一大轉進的年齡，是與天相知的年齡。

然而，這種與超越者的相知，絕不是經驗知識（empirical knowledge）或者科學知識（scientific knowledge）的知，這樣的知愈豐富，人便愈自豪，愈缺乏對超越者的敬畏。但是知天的知，必然引生敬畏的意識，敬畏是宗教意識。天道高高在上，人只能遙遙地與它相契接，又怎能沒有敬畏呢？故此敬畏的意識是從遙契而來的。從知天而至畏天命，表示仁者的生命與超越者的關係。但是在此我們先要了解的，就是暫時不要把天命、天道了解爲「形而上的實體」（metaphysical reality），儘管在儒家思想中天命、天道確有「形上實體」的含義。在前第四講裡，我們知此含義從古就有。我們可從《詩》「唯天之命，於穆不已」、《易》「天行健，君子以自強不息」，以及劉康公所謂「民受天地之中以生」，就可看出。後來宋儒則把此義概括爲「天命流行」。把天命、天道說成形而上的實體，或「天命流行之體」，這是了解儒家的「天」的一個

方式。但是孔子所說的「知我其天」、「知天命」與「畏天命」的
天，都不必只是形上實體的意義。因為孔子的生命與超越者的遙契
關係實比較近乎宗教意識。孔子在他與天遙契的精神境界中，不但
沒有把天拉下來，而且把天推遠一點。在其自己生命中可與天遙
契，但是天仍然保持它的超越性，高高在上而為人所敬畏。因此，
孔子所說的天比較含有宗教上「人格神」（personal God）的意
味。而因宗教意識屬於超越意識，我們可以稱這種遙契為「超越
的」（transcendent）遙契。否則，「知我其天」等話是無法解釋
的。我們可以說，在孔子的踐仁過程中，其所遙契的天實可有兩種
意義。從理上說，它是形上的實體。從情上說，它是人格神。而孔
子的超越遙契，則似乎偏重後者。這是聖者所必然有的情緒。與這
種遙契相對照的，是：

　　二、「內在的」（immanent）遙契。「超越的」與「內在
的」是相反字，顧名思義，可知內在的遙契，不是把天命、天道推
遠，而是一方把它收進來作為自己的性，一方又把它轉化而為形上
的實體。這種思想，是自然地發展而來的，主要表現於《中庸》的
幾段：

　　　1.唯天下之至誠，為能經綸天下之大經，立天下之大本，知
　　　　天地之化育。夫焉有所倚？肫肫其仁，淵淵其淵，浩浩其
　　　　天。苟不固聰明聖智達天德者，其孰能知之？

可見《中庸》把天命、天道，轉從其化育的作用處了解。首先，
《中庸》對於「至誠」之人作了一個生動美妙的描繪。「肫肫」是

誠懇篤實之貌。至誠的人有誠意（sincerity）有「肫肫」的樣子，
便可有如淵的深度，而且有深度才可有廣度。如此，天下至誠者的
生命，外表看來既是誠篤，而且有如淵之深的深度，有如天浩大的
廣度。生命如此誠篤深廣，自可與天打成一片，洋然無間了。如果
生命不能保持聰明聖智，而上達天德的境界，又豈能與天打成一
片，從而了解天道化育的道理呢？當然，能夠至誠以上達天德，便
是聖人了。由此可明：孔子對天的超越遙契，是比較富有宗教意味
的；而發展至《中庸》，講內在的遙契，消除了宗教意味，而透顯
了濃烈的哲學意味。超越的遙契是嚴肅的、渾沌的、神聖的宗教意
味，而內在的遙契則是親切的、明朗的哲學意味。讓我們再看另一
段：

　　2.天地之道，可一言而盡也：其爲物不貳，則其生物不測。

可以盡天道的一言便是「其爲物不貳，則其生物不測。」「爲物不
貳」指出天道精純不雜的本質，正因爲精純，故又是精誠。正因爲
精誠深奧，所以它「生物不測」。可見《中庸》從「生物不測」的
生化原則來了解天道。《中庸》又云：

　　3.唯天下至誠，爲能盡其性；能盡其性，則能盡人之性；能
　　　盡人之性，則能盡物之性；能盡物之性，則可以贊天地之
　　　化育；可以贊天地之化育，則可以與天地參矣。

「天下至誠」的人可盡己、盡人、盡物的性，因而可以參贊天地的

化育。由於天地的本質就是生長化育，當人參天地而為三的時候，便已等於參與（participate）並且贊助（patronize）天地的化育了。人生於地之上、天之下，參入天地之間，形成一個「三極」的結構。三者同以化育為作用，所以天地人可謂「三位一體」（trinity）。三位之中，本來只有天地二極以生化為本質，可是人的「精誠」所至，可以不斷地向外感通，造成一條連綿不斷的感通流，流到甚麼就可盡甚麼的性，感通的最後就是與天地相契接，與天地打成一片。這種契接的方式顯然不是超越的，而是內在的。然而，天下的至誠只是絕無僅有的聖人，次於聖人的賢人唯有「致曲」。《中庸》接著上引一段而說：

> 4.其次致曲。曲能有誠，誠則形，形則著，著則明，明則動，動則變，變則化；唯天下至誠為能化。

聖人之下的賢人，生命未臻精純，因此須要自其一偏（曲）而推極（致），以至於「誠」的境界。由誠而有明、著、形、動、變、化的六個步驟。這全部過程以「化」為終極。誠者的生命健行不息，能夠如天地一樣起著化育的作用。由此段話，亦可見天命流行是何等的「於穆不已」。但是人雖能致曲有誠，人究竟不如天，所以《中庸》又說：

> 5.誠者，天之道也；誠之者，人之道也。

《中庸》視「誠」為天之道，即自然而然之道，自然是誠體流行。

而「誠之」的修養功夫，則是「人之道」，即由「誠之」之工夫以求恢復天所賦予自己的「誠」的本體或本性。由此可見：中庸的「誠」實與孔子的「仁」相合（identical）。「誠」可被視爲天道。「仁」有「肫肫」、「淵淵」、「浩浩」的特性，它的感通與擴充當然無窮無盡，它的參贊化育的作用亦無窮無盡，故此孔子的「仁」亦可被視爲天道，人可從誠或仁去了解天道。至此，傳統思想中高高在上的天道，經過《中庸》的發展，而致完全可被人通過仁與誠去體會、去領悟。如是，天、天道、天命的「內容的意義」可以完全由仁與誠的意義去證實它爲一「生化原則」，因此可以說爲「天命流行之體」。這種印證的了解，我們叫它是「內容的了解」（intensional understanding）。不作內容的了解，天命、天道對人只有如霧裡的香花，人只知其爲香，而永遠看它不清楚。這裡，我們可以把《中庸》以前儒家思想中一系列的重要概念，加以最具概括性的總結。我們不妨把它們寫成一串恆等式：

　　天命、天道（《詩》、《書》等古籍）＝仁（《論語》）＝誠（《中庸》）＝創造性自己（creativity itself）＝一個創造原理（principle of creativity）＝一個生化原理（創造原理的舊名詞，就是生化原理）。

對這恆等式最重要的說明，就是：天命、天道的傳統觀念，發展至《中庸》，已轉爲「形而上的實體」一義。

　　以上說明了兩種似乎相反的遙契方式。我們自然要問：究竟這兩種方式，是否含有不可統一的矛盾衝突？很容易看出，它們並無衝突。由超越的遙契發展爲內在的遙契，是一個極其自然的進程。前者把天道推遠一點，以保存天道的超越性；後者把天道拉進人

心，使之「內在化」（innerize），不再為敬畏的對象，而轉化為一形而上的實體。這兩種遙契的產生先後次序與其過渡，都十分容易了解。因為人類最先對於高高在上，深奧不測的天必然引發人類對它的敬畏；然而日子久了，人類對天的了解漸深：假如在天災深重的地區（猶太是典型），人不得不深化（deepen）了對天的敬畏，特別是「畏」懼，而致產生恐怖意識，結果凝鑄出一個至高無上的天帝 God，宗教由此而出。假如在天災不致過份深重，農作足以養生的地區（中國是典型），人類往往能夠以農作的四時循環，以及植物的生生不息，體悟出天地創生化育的妙理。首先對這妙理欣賞和感恩，沖淡了對天的敬畏觀念，然後，主體方面的欣賞和感恩，經年累月地在世世代代的人心中不斷向上躍動，不斷勇敢化，而致肯定主體性，產生與天和好（conciliate）與互解（mutually understand）的要求；而且，不以相好相知為滿足，更進一步，不再要求向上攀援天道，反而要求把天道拉下來，收進自己的內心，使天道內在化為自己的德性，把人的地位，通過參天地而為三的過程，而與天地並列而為三位一體，換句話說：把天地的地位由上司、君王拉落而為同工、僚屬。至此，天道的嚴肅莊重的宗教意味轉為親切明白的哲學意味。所以，天命、天道觀念發展的歸宿，必為與主體意義的「誠」、「仁」兩個觀念同一化（identification）。

超越的遙契著重客體性（objectivity），內在的遙契則重主體性（subjectivity）。由客觀性的著重過渡到主體性的著重，是人對天和合了解的一個大轉進。而且，經此一轉進，主體性與客觀性取得一個「真實的統一」（real unification），成為一個「真實的統

一體」（real unity）。此種統一，不是儒教所獨有，耶教亦有相
似的發展過程。上帝，至耶教之時，便通過其獨生子——耶穌的生
命，來徹盡上帝的全幅意義。人通過耶穌的生命得與上帝感通，就
是一種超越的遙契。宗教著重超越的遙契，但是如了解超越者，人
又不得不重視主體性。站在「人」的立場看來，仁者的生命便是主
體性，如孔子、如耶穌；天命、天道或上帝便代表客觀性。如從
「理」的方面了解，不從「人」的方面了解，那末誠與仁都是主體
性。在西方，亞里士多德的心靈所醞釀出來的「上帝」，只是純理
性（pure reason）方面的「純思」（pure thought）或者「純型」
（pure form），絲毫沒有感情的貫注，因而只是無情的哲思而非
能安頓人心的宗教。直至耶教產生，倚靠耶穌的代表主體性，而顯
得親切近人，上十字架灑寶血更能透射出震憾人心的如火親情。然
而，耶教始終爲重客體性的宗教。孔子未使他的思想成爲耶教式的
宗教，完全由於他對主體性仁、智、聖的重視。這是了解中國思想
特質的最大竅門。

第七講　主觀性原則與客觀性原則

Principle of Subjectivity and Principle of Objectivity

　　這一講的目的，是對上一講作一個原則性的解釋。上一講我們說明了兩種遙契「性與天道」的方式，都以仁、智、聖為根據，而且，至《中庸》提出「誠」字，不外是仁的轉換表示。「唯天下至誠為能化」一類的話把天命、天道的意義轉化為形上的實體，把天命、天道原有的人格神的宗教意味化掉，同時又將仁、智、聖、誠等一系列的觀念統一化。這一講主要是從與宗教的比較中，徹解儒家思想中兩種遙契「性與天道」的方式所代表的兩種原則。

　　以仁、智、聖開始而向外通的，屬主觀性原則，或主體性原則（subjectivity 可譯為主觀性或主體性）。所謂「主觀」的意思，和「主體」的意思相通，絕無不良的含義。科學研究不應主觀，而需要客觀，在此「主觀」便有壞的含義，即世人罵人「主觀」所取的意義。主觀性原則的「主觀」，並非別的，只是從主體來觀，詳細一點，即是從自己生命的主體來立言，仁、智、誠都是從自己的主體表現出來的，顯然是屬於主觀性原則。例如仁的表示，端賴生命的不麻木，而能不斷的向外感通。從感通來說，仁是惻惻之感，此全幅是惻惻的「道德感」（moral sense），是從內心發出。又如誠，儘管《論語》所載孔子的說話中未有提及，儘管誠的字眼孔子

並未用到，然而很明白地，誠是從內心外發的，是內心的眞實無妄，亦屬主觀性原則。孔子所謂「踐仁」的工夫，便是倚賴內心道德感的層層向外感通。在層層感通之中，「理」亦包藏於其內，故此仁不單包含內心道德的活動，亦包含「理」的觀念。通過踐仁的過程，可以「上達天德」，是以主體的踐仁爲出發點。《論語》記載孔子說：「人能弘道，非道弘人。」這話同時表現了道的主觀性與客觀性：首先，它指出道是「客觀的」（objective），現成地擺於天壤間，即道是處於「自存狀態」（state of self-existence）的。道只自存，故不能弘人。然而它好像一件物事，客觀地存在於天地之間，這就是道的客觀性。正因道只自存，所以它倚待人的充弘，即是說：道需要人的踐仁工夫去充顯與恢弘。否則它只停滯於「潛存」（potential or latent）的狀態。依賴人的弘，這就是道的主觀性。在儒家的道德觀，「人能弘道」不但可說，而且具有很深長很豐富的意義。但是在宗教上則不然。如在耶教，只可說「道可弘人」。如果說「人能弘道」，那麼在教徒聽來，當然是極不悅耳的。這原因的詳細解釋，留待後頭，現在我們只作表面的解說：耶教以上帝（神）爲中心，教義已經規定好，問題只在人能否虔誠祈禱。人是很難「弘道」的。中國有一句老話，即是《荀子·天論篇》開首很著名的三句：「天行有常，不爲堯存，不爲桀亡。」這表達了「道之客觀性」（objectivity of T'ao），不管聖王或者昏君，天道沒有因之而存或亡。換句話說：不管人能否表現道，反正道永恆地不變地存在。

　　以上我們從道的主觀性說到道的客觀性。現在我們不得不繼而指出：道的客觀性固然重要，而道的主觀性亦不應被忽視。雖說天

不管人間的君王爲堯爲桀，但是如果完全忽略了堯、桀對道的影
響，那就是大錯特錯。因爲有堯出來，他可以率天下人去「弘
道」，道不但表現於人間，而且其本身的具體內容亦得彰顯而明
朗。有桀出來，他可以領天下人去背道，不但不弘道，甚至把人間
完全弄成無道，壞得不可收拾，而道亦大隱晦。可知，道的確需要
聖賢去充弘彰顯，以求徹盡道的內容意義（ intensional
meaning ）。堯所表示的，是弘道方面的主觀性；桀所表示的，剛
剛相反，是滅道的主觀性，是「物化」（ materialization ）方面的
主觀性，可謂漆黑一團、毫無生命光輝可言。在耶教，雖以上帝爲
中心，上帝相當於儒家思想中之天道，代表道的客觀性。「上帝」
在《聖經》（ Holy Bible ）之中亦可稱爲 Word（ W 作大寫 ），如
說「太初有道，道與上帝同在。」這「道」或上帝是客觀地自存
的。但它的內容意義卻須一個大生命來彰顯。也就是說：上帝的
「道」，依賴一個偉大的人格超凡的生命去表現昭著。耶穌就是擔
負這任務的大人格、大生命。假如不通過此大人格、大生命去彰顯
上帝，則上帝也許只是一個抽象的概念，或許甚至只是一個混沌。
其具體而眞實的內容是無法契接於人心的。譬如通過哲學的思考，
就無法徹解上帝。亞里士多德的哲學，把上帝（ God ）理解爲「純
思」（ pure thought ）或「純型」（ pure form ）。此二名詞在此不
能詳講，但最少可說它們絕不同於耶教之上帝。上帝之內容的意
義，只好待宗教人格之出現才可全盡。希臘之哲人，不管是蘇格拉
底、柏拉圖，還是亞里士多德，都未能說出一個宗教上的上帝，故
希臘根本缺乏正式的宗教。至基督教出現，經耶穌表現之上帝，其
內容始成爲「純靈」（ pure spirit ）。而且上帝亦成爲一個被人崇

拜與祈禱的對象。亞里士多德思想中之純思與純型，當然不是宗教的純靈。事實上，哲學家的任何思考（speculation），都不可能透盡宗教上神或上帝的全部內容。在耶教，上帝的全幅意義由耶穌去彰顯，因此耶穌的生命便代表了道的主觀性原則。

耶教雖同儒教，其中的道均有客觀性與主觀性兩面，可是二者的重點不同，而致大異其趣。儒家思想的主觀性原則，是從仁、智、誠立論的：基督教的主觀性原則，是從 universal love 立論的。（universal love 一般譯為「博愛」，未必最好，如譯為普遍的愛或者宇宙的愛，似乎更為恰當。今為方便起見，仍說「博愛」）。博愛的表現與孔子的仁的表現，當然大不相同。博愛是從上帝而來，孔子的仁，則從自己的生命而來。因此，孔子的仁不能單說包含了普博（universal）的意義。雖然在仁的步步向外感通的過程中，當然具有普遍的、宇宙的、泛博的涵義，然而它不單具普遍性（universality），而且由於感通有遠近親疏之別，所以具有不容忽視的「差別性」（differentiality）、「特殊性」（particularity）或者「個別性」（individuality）。孟子說：「親親而仁民，仁民而愛物」，即是說仁的差別性。孟子費如許唇舌，反對墨子的兼愛，罵兼愛為不合人情，必然導致「無君」「無父」的大混亂，也是為了順人情之常，而保存愛的差別性。至於基督教方面，耶穌表現的博愛，完全不從自己的生命處立根，完全不管人類實際生活中不可避免的差別分際。因此耶穌表現博愛的過程，可以說是一個向後返的過程。儒家思想中對仁、智、誠的表現，則是一個向外推擴的過程。正因為向外推擴，才出現遠近親疏的層次觀，由家庭內的父母兄弟，推至家庭外的親戚朋友，以至無生命的

一瓦一石，由親及疏的層次井然不亂，依順人情而不須矯飾。譬如說在大饑荒時，你只有一塊麵包，而同時有自己的父母與鄰人的父母急待救濟，當然你自自然然地把那塊麵包給自己的父母。不給他人的父母是不得已，並不能說是自私自利。因為愛有差別性。假如你偏偏把那塊麵包給他人的父母，反而不顧自己的父母，那麼依儒家思想，這不但不必，而且是不道德的矯飾，是違反天理的。總之，儒家的仁愛思想通過一個向外推擴的過程表現，既是向外推，便不能如耶教的只講普遍的、宇宙的愛。

然則在基督教所主張的向後返的過程中，以甚麼姿態來表現博愛呢？答案就是犧牲（sacrifice）。因為耶教不管實際生活中人事的具體分際，所以耶教的博愛思想主張愛仇敵，左臉被打之後可能給上右臉。你要裡衣，連外衣一起給。放棄報復僅為低級的、簡單的小犧牲而已。較大的犧牲是放棄人間一切具體生活，如家庭、社會、國家一切具有具體分際的具體生活，而只追求天國的靈性生活。至於最高級、最偉大、最感人的犧牲，就是生命的放棄，最典型的例子當然是耶穌的釘十字架。儒家思想中亦有放棄生命的教訓，最著名的莫如孔子所說的「有殺身以成仁，無求生以害仁」。教人殺身成仁、捨生取義，其中偉大的犧牲精神，與耶教有很類似之處。然而耶穌的上十字架，並不同中國歷史上所謂「殉道」，中國古代殉道的烈士並不多。他們殉道的目的是成仁取義，耶穌上十字架的意義，則在以犧牲的姿態表現普遍的愛，從而徹盡上帝的內容意義，而且能負起如此重責的，只有他一個。耶穌自己不但作出最偉大的犧牲，而且教訓世人亦當主動地作出犧牲。他說：「我給世間帶來的，不是和平，而是鬥爭。」這話似乎駭人聽聞，但是它

有很深的含義，即是教人戰勝一切拖帶，不要顧慮自己的家屬和親友，而要潔淨純粹，讓自己的心靈單和上帝交往。因此耶穌說有錢的人，手扶著犁回頭向後看的人，不能進天國。「不背起你的十字架，不配作我的門徒。」當然亦很難進天國。其故便是由於他們很難放棄塵世間的種種拖帶與顧慮。耶教教人放棄一切具體生活中具體分際，父母兄弟國家都不在眼下，教人全心皈依到上帝處，所以不可能保持「分際」的道德觀念，不能表示倫理的道德性（ethical morality），只能表示純粹宗教上的道德觀念。雖然摩西接受的十誡（the Ten Commandments）中有一誡說當孝敬父母，但是這種孝敬在人心並無內在的根據，而且聖經沒有說對自己的父母與對他人的父母應有什麼差別。耶教不能表示倫理的道德性，而單表現宗教的道德性（religious morality），這亦是一個姿態。故知耶教向後返的過程之中，表現博愛的姿態實有兩面：㈠放棄不必要的物質拖累，甚至放棄生命。㈡取消具體生活中的道德分際。

可是道德分際一旦取消了，自然會引發了一些難題。例如有道德分際才可有國家觀念。站在現實人生的立場來看，耶穌的國家觀念當然是很差的。這不是他的缺憾，因為他的國在天上，不在地下。他全幅精神集中在他天上的父。然而，當日的猶太為強盛的羅馬帝國統治，猶太民族正處於凱撒（Julius Caesar）的鐵蹄之下，可謂水深火熱的亡國狀態。此時耶穌如果完全不表示一點愛國觀念，那麼他的教訓是很難得到人的同情的。有人問耶穌，應否納稅給羅馬帝國，這雖是一個大難題，耶穌智慧當然可以應付裕如，他看看那個鑄有凱撒像的銀幣，立即答道：「讓凱撒的歸凱撒，上帝的歸上帝」。可見耶穌以一刀兩斷的手法，詼諧一點說，應用一個

簡單的「凱撒、上帝二元論」，一刀截斷了凱撒和上帝的關係，避
免了正面答覆那問題的困難。

　　耶穌通過最高的放棄──放棄生命，為了傳播上帝的普遍的愛
（universal love），燃起普遍的愛之心，把人心對物質、親友之類
的拖帶顧慮一一燒燼。因此耶穌上十字架，對人心有著很大的淨化
（purification）作用。而且，在將上十字架的一段時期，耶穌心中
博愛之火已經燃燒到熊熊烈烈，他的生命已達到一個狂烈的、不得
不上十字架的狀態。這時他的心中只有上帝，別無其他。換句話
說，此時他的生命已經錘鍊得精純到無以復加的地步。精純的愛之
火，燒掉人心的拖累，如此才可彰顯無分際的博愛。耶穌上十字架
後三天復活，於是完成了犧牲生命的過程，這過程證實了上帝是一
個「純靈」（pure spirit），而純靈之所以為純靈，正在於普遍
的、宇宙的愛。因此，我們說這是一個向後返的過程，是不從差別
性去表現的。我們在道理上可以說：耶教亦可在向後返的過程之
後，再回來作差別分際的表現，但是宗教精神絕不容許這一步。

　　在道理上說，耶教只有向上逆返，而無向下順成，故為不圓之
教。而天命、天道下貫於人心而再於具體生活中作順成的表現，這
一回環正由中國的大聖人孔子所完成。由此可言：儒耶合作，可使
天人關係的道理圓融通透。然而，自古宗教信仰都有極強烈的排他
性，聖人教主之中無二人能夠合作。從文化立場來看，這可說是聖
人的悲劇，宗教信仰的悲劇。這些悲劇不可消滅，我們唯有給予無
可奈何的悲憫。由於不同的宗教信仰互相排斥，永不相解相諒，所
以宗教容易淪落。某些宗教工作者甚至淪落到「好話說盡，壞事做
盡」的田地，的確是可哀可歎。不同宗教的互相諒解，聖人的應該

合作，以求互相取長補短，這個道理，對中國人是特別容易理解
的。因為中國人的傳統思想，有著很高的和合力量，並有一種很高
的圓融的智慧。話得轉回頭，耶穌不從人的生命之仁、智、誠立
論，因此人的生命之真正主體不能透出。耶穌把仁、智、誠亦放在
上帝之處立論。然而上帝顯然不可成為人的真正主體，因此耶教無
法點出人的真正主體。我們可從此而說耶教的特徵，就在兩句概括
性的話裡：「證所不證能，泯能而歸所。」能、所之別即是今日所
謂主體（subject）與客體（object）之別。耶教向後返的過程之唯
一目標便是「證所」。上帝以耶穌表現自己，同時耶穌也自覺自己
就是上帝的化身。表現上帝，就是「證所」。所以有人要求耶穌拿
出上帝給他看的時候，耶穌毫不客氣地對他說：你天天與我在一
起，還未看見上帝嗎？這話表示耶穌自知為上帝的化身，而上帝才
是真正被表現的客體。耶教以上帝為中心，故重客體性。

　　黑格爾的名著《宗教哲學》，對宗教的解說，有一套獨特的理
論，其中所應用的亦是獨特的名詞。今本黑氏精神哲學中的宗教理
論，首先談黑氏對耶教的「三位一體」（trinity）的解說，然後以
此理論來考察儒家的精神哲學，性命天道相貫通的哲學。依黑格爾
的思想，基督教的上帝本身、耶穌，以及聖靈，代表三格，三個階
段：

　　1.第一階段稱為「聖父階段」。聖父即是上帝（神）自身，是
最高級的存在，當然是「自存」self-existent 的，用中國的老話
說，是「不為堯存，不為桀亡」的「有常」的「天」。黑格爾名之
為「神之在其自己」。（「God in itself」——「itself」只在客觀
研究的哲學立場上可說，如在耶教立場用 it 當為「大不敬」，應

用大寫之「祂自己 Himself」，下同）。「在其自己」表示客觀性原則。

2.第二階段稱為「聖子階段」，聖子是上帝（神）的獨生子耶穌，也就是上帝表現自己所必須通過的大生命。當耶穌說教的時候，上帝亦成一客觀的對象，換句話說，這時上帝通過耶穌，以祂自己為對象，故黑格爾稱聖子耶穌為「神之對其自己」God for itself（Himself）。（雖然上帝創生耶穌是「為了」for 表現自己，for itself 譯為「為其自己」亦不錯。但是黑格爾的三位一體說所本的原則，是主觀精神、客觀精神及絕對精神，此處 for itself 的中心思想是「以自己為對象」，故此譯為「對其自己」勝於「為其自己」。）在此階段，上帝作為所對者，能對者則為上帝的化身耶穌，故耶穌代表了主觀性原則。

3.第三階段即最後階段，稱為「聖靈階段」。上帝「父」格，耶穌是「子」格，即上帝為父的身分，耶穌為子的身分，但是耶穌只在主觀方面是子的身分，客觀上祂仍是上帝的化身，因此在客觀方面說，上帝是兼有父子的雙重身分的。為了表示上帝自己的內容意義為一「純靈」（pure spirit），為普遍性的博愛（universal love），上帝的「父」「子」兩格必須綜合起來，構成一「絕對統一性」（absolute-unity）的形式，即把聖父階段與聖子階段推到一個「真實的統一」（real unification），以印證（verify）上帝自身之為純靈博愛。因此，耶教說耶穌死後三天復活，升天而坐在上帝的旁邊。這個過程，表示上帝的精神由耶穌體現的外在現象而返於其自己，超越了上帝與耶穌所構成的「對偶性」（duality）而產生出三位一體的第三格——靈格。（聖靈之為神聖精神，完全由聖

父、聖子綜合而出，此義本不難理解。可是有些人把聖靈視作一種
人格 personality，甚至由此而把聖靈說得光怪陸離，反而使人費
解。）由於靈格是父格與子格的綜合統一，因此黑格爾稱聖靈為
「神之在而且對其己」God in-and-for itself（Himself）。「在而且
對其自己」，表示主觀性原則與客觀性原則的真實統一。

　　上述三位一體之說，是基督教最基本的教義，黑格爾認為三位
一體的思想，表現耶教為「涵義最為完全」的宗教，故以耶穌為絕
對宗教的唯一代表。反觀中國思想，雖無三位一體之說，但是所謂
「圓教」正可與之相當。天命、天道，即相當於西方的神或上帝。
借用黑格爾的名詞來說，天命、天道自身就是天道之「在其自
己」，代表天道的客觀性；仁、智、誠，就是天道之「對其自
己」，代表天道的主觀性，因為仁、智、誠是表示天道通過踐仁的
生命主體而表現出來的。聖人如孔子在踐仁之時，可以證實天道的
內容意義，亦可有主體性與客體性之統一。在此統一上，我們即可
說天道之「在而且對其自己」。然而這多少帶點宗教意味。至《中
庸》講內在的遙契，亦可說天道之「在而且對其自己」。但此時
仁、智、誠與天道已完全同一化，天道的「人格神」（personal
God）意味已取消，而成為形而上的實體，轉化而為生化原理或創
造原理。是以儒家思想未發展成為宗教。

　　但是在中國哲學史上，並存著重視主觀性原則與重視客觀性原
則的兩條思路。後者源於《中庸》首句「天命之謂性」與《易傳》
的全部思想，下至宋儒程朱一派；前者源於孟子，下至宋明儒的陸
王一派。《中庸》、《易傳》、程朱一路著重道的客觀性，如周子
講「太極」，張子講「太和」，程朱講「理」「氣」二元，並從此

而論道德，故此他們所重視的「天道之在其自己」，絲毫沒有宗教意味，而爲純粹的宇宙論意味。由於過分重視道之客觀性，在主觀性一面體悟得不夠，難怪引起陸王一派的不滿，而作一重視主觀性的推進。朱、陸異同的關鍵在此，可惜當日的理學家，在此中甚深的義理方面，不甚能自覺，理解能力不夠，不但無法澄清雙方的眞正歧異之處，而且浪費了許多寶貴的精力，主要以書信回還的方式，互相作不著邊際的責斥。例如朱子斥陸象山「空疏」，爲「禪」，陸象山又罵朱子「支離」、「虛見、虛說」，其實雙方的攻擊，均未中要害，難怪雙方都不服對方的斥責。平心而論，重視那一方面的思想，都顯出其獨特的姿態。「空疏」與「支離」不過是兩種不同姿態表面上的缺憾，眞正關鍵並不在此。我們前說《中庸》首句「天命之謂性」是代表中國的老傳統——從天命、天道下貫而爲性這一傳統。北宋諸儒下屆朱子實比較能契接這個傳統，倒反不能契接孔孟的精神。我們前說孔子暫時撇開那老傳統，不直接地從客觀方面說那性命與天道，而卻別開生面，從主體方面，講仁、智、聖，開啓了遙契性與天道的那眞生命之門，主觀性原則正式自此開始。孟子繼仁智而講道德的心性，主觀性原則益見豁朗而確立。孟子論人皆有四端之心，「萬物皆備於我矣。反身而誠，樂莫大焉。」「心」顯然代表主觀性原則。「心」爲道德心，同時亦爲宇宙心（cosmic mind），其精微奧妙之處，是很難爲人理解的，但其實是根據孔子的「仁」而轉出的。陸王倒比較能契接這一面，故重主觀性原則。人們常是易於先領悟客觀性原則，是以程朱派，雖不直承孔孟，而在宋以下竟被認爲是正統；而陸王一派，雖是直承孔孟，而在宋以下卻不被認爲是正統。陸王承接孟子的心

論，認爲心明則性亦明，走著「盡心，知性，則知天」的道德實踐的道路，這才是中國思想的正統。當然，朱、陸所代表的絕不是互相衝突的兩個學派，而是理學發展很自然的兩個階段。程朱階段正好比基督敎三位一體說中的聖父階段，陸王階段正好比聖子階段。由於客觀方面道德的實踐必須通過主觀方面的心覺，第二階段之承接第一階段，可謂人類精神之必然行程。

第八講　對於「性」之規定㈠《易傳》、《中庸》一路

　　以前所講的仁、智、聖，以及性與天道，都是歸結於一個中國哲學的中心問題──「性」的規定問題，這問題可謂歷史悠久，自孔子以前一直下貫至宋明以後。綜觀中國正宗儒家對於性的規定，大體可分兩路：

　　　1.《中庸》、《易傳》所代表的一路，中心在「天命之謂性」
　　　　一語。

　　　2.孟子所代表的一路，中心思想爲「仁義內在」，即心說性。孟子堅主仁義內在於人心，可謂「即心見性」，即就心來說性。心就是具有仁、義、禮、智四端的心，這一思路可稱爲「道德的進路」（ moral approach ）。《中庸》、《易傳》代表的一路不從仁義內在的道德心講，而是從天命、天道的下貫講。這一思路的開始已與孟子的不同，但是它的終結可與孟子一路的終結相會合。它可以稱爲「宇宙論的進路」（ cosmological approcach ）。這一講先說明這一路。

　　「天命」，表面上可有兩種講法。第一種講法認爲天命等於「天定如此」。這樣，「天命之謂性」表示性是定然的、無條件的（ uncoditional ）、先天的、固有的（ intrinsic, innate ）。總之，它

只直接就人說明了性的先天性，完全不管性的後面有沒有來源。這種說法顯然不能盡「天命之謂性」一語的全蘊，亦不合古人說此語的涵義。如要盡其全蘊，必須不止說性的定然，而要作進一步的理解，從性的來源著眼。如此，對「天命」一詞當有深一層的講法，即第二種講法。

在這第二種講法裡，首先要問一個問題：「天命」，在上的天是怎樣的命法？一、是人格神意義的天，命給人以如此這般之性。這好像皇帝下一道命令給你，你就有了這命令所定的職分了。這種命是宗教式的命法。人也可以常簡單地如此說。二、是「天命流行」之命，並不是天拿一個東西給你，而是「生物不測」的天以其創造之眞幾流到你那裡便是命到你那裡，命到你那裡便就是你之性，此是宇宙論式的命法。在儒家這兩種命法常相通，而總是歸結於第二種。

以前解釋《中庸》後半段的時候，已說明《中庸》如何由「誠」將天命、天道轉化爲形上的實體，轉爲創造原理或生化原理。此形上的實體怎樣落於不同的個體而形成不同個體的性呢？這是一個必然產生而且必須解決的關鍵性的問題。從此問題的產生已可知對「天命」的第一種講法，「天定如此」的講法是不徹底的。徹底的講法必須上通天的創化原理或生化原理。天命純是一條生化之流。這由「維天之命，於穆不已」，即可看到。因此，宋儒有「天命流行」的老話。流行不息的天命流到個體 X 的時候，便形成 X 之性；流到 Y 的時候，便成爲 Y 之性。「於穆不已」的天命永遠流行，永遠在生化創造。而眞實的創造之幾流到我的生命，便形成我的性。從此可見「性」之宇宙論的根源。就個體說，每一個

雖然不同於其他，然而，一切個體的性來自天的創造眞幾，這是同一的。此性不是個體所具有的個別的性，而是同源於天的創造之流之創造眞幾、生命眞幾之性。因此它是具普遍性（ universality ）的。自然科學所論的性絕不是這種普遍性的，而是由生物本能、生理慾望、心理情緒諸方面所觀察的脾性、個性、或者是「類（ class ）不同」之性。如說人與犬馬不同類，則人類的性不同於犬馬類的性。總之，自然科學所談的性，是從自然生命所表現的特徵描述簡括而成的。自然生命的種種特徵極爲多姿多采，它包括脾氣、氣質、傾向、身體生理結構等，這些都是孿生子所不能盡同的，孔子與孟子之間亦不同。《中庸》「天命之謂性」全非科學知識上「類不同」之性，亦非定義之性。只是從生命看出創造的眞幾，從創造的眞幾了解人的性，了解人的眞實生命。從創造眞幾著眼，不能說是「虛玄」。因爲我們大可認爲生命之具創造眞幾，確爲一件事實。然則，應該從那裡了解生命的創造性呢？

首先，人的確可以掌握自己的生命，從而創造自己的命運與人格。其次，從反面說：人還可隨時放棄或撤消自己的生命。人生下來，什麼都不是，爲聖爲賢，爲豪爲傑，皆由自己努力做去，即是憑自己去創造；人又能放棄自己的生命，最顯然的例子，就是人能自殺。自殺雖不好，但確能表示人能提起來，駕臨於他的自然生命以上，而由自己操縱之。他能肯定之，亦能否定之。這表示人能掌握形而下的生命，使它獲得美好之進展，亦可使它毀滅。但是動物卻不能夠自動撤消它自己的生命，便是因爲動物沒有創造性。西方人所言的意志自由（ freedom of will ）或者自由意志（ free will ），正相當於中國人所言的創造性。不過中國人簡單地只說「性」一

字，字面上不能看淸其涵義。其實這「性」的意義一旦落實，其特徵或具體涵義首先是可由西人所言的自由意志去了解的。因此，自由意志也可說成生化的原理，或者創造的眞幾。人能撤消自己的生命，足以表示人確有自由意志（自由意志爲一道德觀念）。中國儒家從天命天道說性，即首先看到宇宙背後是一「天命流行」之體，是一創造之大生命，故即以此創造之眞幾爲性，而謂「天命之謂性」也。

上述對「天命之謂性」的解說，可以切合《中庸》的原意。然而萬物旣然均由宇宙的生化大流所創造，有生命的一草一木以至無生命的一瓦一石，可否亦如人一樣，以天命爲性呢？人與萬物旣然均由生化原理所創造，我們在此可以說人與萬物是同一本體的。由此可了解「人物同體」一語。然而「同體」是一層意思，而由同體說到「性」，則又是一層意思。衡之以「天命之謂性」一語，似乎旣同體，即涵著同以所同之體爲性。因爲天命流行，不只是流到（命到）人，亦流到物。但是從性方面講，又有所謂「人禽之辨」一問題的出現。這辨是辨在何處呢？人可以吸收創造本體到自己的生命中作爲自己的性，但是禽獸（「禽」之義可不只是禽獸，而廣至一切動物）卻不能攝取天地的創造本體而爲其自己之性。這就是問題的關鍵所在。如果動物眞能進展至能作這樣的吸收，那麼牠們雖在生物科學的分類裡，其形體結構雖不同於人，它們之間亦各自不同，然而它們亦可以創造之體爲其自己之性。它們同樣是可珍貴的，同樣能創造其自己之命運。可是今日在事實上，只有人類能夠作如此的吸收，那麼應該怎樣了解人以外的生物與無生物的「性」呢？更徹底的問題應是：人以外的萬物，可否具有性呢？

我們可以這樣回答：人性有雙重意義（double meaning）。上層的人性指創造之眞幾，下層的人性指「類不同」的性。正宗儒家如孔孟《中庸》均不從「類不同」的性立論，只有告子、荀子、王充等所代表的另一路才可涵有此義。人以外的物體只有「類不同」的性。如從動物看，最令人注意的是本能。剋就本能說，人遠不如動物。然而本能並不珍貴，它是盲目的、機械的（mechanical），不能主宰掌握其自己的生命，即無自由意志。如從無生命的物體而言，瓦石之性，在物理學上言之，僅爲一墮性（inertia），爲一物理上的概念（physical concept）。本能與墮性均代表「物質之結構」（material structure），可稱爲「結構之性」。禽獸、草木、瓦石均無創造性之性，換句話說，它們的性不如人之有雙重意義，而只有下層的意義。可見「天地萬物人爲貴」。人如墮落而喪失創造性之性，在正宗儒家眼中，是與禽獸無異；另一方面，假如人以外的任一物突變而能吸收宇宙的創造性爲性，那麼它亦甚可貴。

「與禽獸無異」是一個價值判斷。只是說他喪失了他的創造眞幾之性，他的道德意義價值之性。此時他只有結構之性，而結構之性亦即是「類不同」之性，他仍然與草木瓦石各爲不同類。故「與禽獸無異」是一價值判斷，這表示說，與禽獸瓦石同爲物質結構之墮性。而仍各有「類不同」之性，則只表示其物質結構以及隨此結構而來之事實特徵有不同而已。故「類不同」之性，是事實命題，而創造眞幾之性則是價值意義之性。人有此雙重意義之性，而動物及其他則只有一層意義之性。試看下圖：

$$\uparrow\{X = 人 ；\rightarrow \{C = 物$$

矢頭表示創造眞幾之性，括弧表示結構之性，類不同之性。在

人處,天命流行之體能內在於括弧內,直貫下來,而爲其自己之創造真幾之性。同時亦復有括弧所表示之類不同之性。而在物處,則天命流行之體不能內在於括弧內,不能直貫於其個體之內而爲其自己之創造真幾之性,故只剩下括弧所表示的結構之性,類不同之性。然則,人物同體,在物處,體只是外在地爲其體,不能吸收此體復爲其自己之性。而在人處,則既外在地爲其體,復內在地爲其體,故復能吸收此體以爲其自己之性。正宗儒家都是從矢頭處說性,不是從括弧處說性。故其所說之性皆非結構之性,「類不同」之性。而人禽之辨是價值不同,不是「類不同」之不同。

從矢頭處說性,則性雖就個體立名,然就其根源處之爲「體」言,則是普遍的(妙萬物而爲言),亦是一而非多,是同而非異。個體雖多爲異,然此性卻不因其多而爲多,因其異而爲異。它只是一,只是同。「月印萬川」,實只有一個月亮,並無萬個月亮。因此,此性既非結構之性,類不同之性,當然亦非定義中之性。定義中之性,是一個知識概念,而此性卻是一個價值概念。從此性說人禽之辨,見人之所以爲人的「本質」,此「本質」是價值意義的本質,並不是定義中的性之爲本質。此本質是矢頭所表示的實現之理(創造真幾)之爲本質,而不是括弧所表示的結構之理(實然的知識概念之理)之爲本質。

結構之性,類不同之性,可否也講出一個宇宙論的根源?當然可以,此就是陰陽五行之氣化。天命流行,乾道變化,不離陰陽五行,可也不就是陰陽五行。如果只從陰陽五行之氣化來說結構之性,則結構之性似乎也可以說是「天命之謂性」。《莊子·知北遊》篇所謂「性命非汝有,是天地之委順也」,似乎就是只從天地

氣化來說委順之性，這也似乎就是「天命之謂性」了。然而在儒家，根據天命、天道下貫而爲性，這一老傳統，而說的「天命之謂性」，卻不是祇就氣化委下來而說的「性」。這個性當然是偏重「道」方面說的，偏重「天命流行之體」、創造眞幾方面說的。此是道邊事、神邊事，不是氣邊事。此是道之一、神之一，而不是氣之多。此決不可誤會。我們可以說，從氣化提起來，而說寂感眞幾、說天命流行、說天命流行而爲性，那便是《中庸》所謂「天命之謂性」了。至於順氣化沈下來而說「天地之委形、天地之委和、天地之委順」（《莊子‧知北遊》），那當該是結構之性，類不同之性，它是自然生命的了。「天命之謂性」，決不可從這一面說。因爲這祇是「氣命」，並不是「天命」。氣命之性即是氣的結聚之性。告子「生之謂性」，也當該是這種氣的結聚之性。後來王充所謂「用氣爲性，性成命定」（《論衡‧無形篇》），便完全講的是這「氣命」之性了。但是「天命」之性，無論如何，卻總是道邊事（故曰「率性之謂道」），總是一種超越意義之性，價值意義之性。《易經‧乾‧彖》：「乾道變化，各正性命。」也就是貞定這種性。《易‧繫辭傳》：「一陰一陽之謂道，繼之者善也，成之者性也。」也就是成的這種性。《易‧說卦傳》：「窮理盡性以至於命。」也是盡的這種性。《大戴禮記》：「分於道謂之命，形於一謂之性。」（〈本命〉）這尤其顯然是「天命之謂性」之最佳的另一種表示。凡這些語句，皆與「維天之命，於穆不已」，「民受天地之中以生，所謂命也」，爲同一思理中的語句，皆表示「天、天命、天道下貫而爲性」這一老傳統。這一老傳統中的「性」皆不可說成材質主義的氣命之性。此即是儒家從天道處說下來的「道德理

想主義」之色彩，這色彩決不可隨便抹掉。儒家的尊嚴以及其所以為正宗處，完全靠這一傳統中的「客觀性原則」來提挈、來綱維。當然孔孟別開生面，由仁智聖及性善開出「主觀性原則」，其價值尤大，它可以定住那老傳統中的綱維於不墜，不至墜落而為「氣命」。如果沒有一種真實的道德生命與超越感，那墜落是很容易有的。這也好像如果沒有耶穌，那上帝也是很容易墜落的。上帝的光輝是放不出來的。

第九講　對於「性」之規定㈡
孟子一路

　　對於性之規定的第一路，是從天命、天道的傳統觀念開始，而以《中庸》「天命之謂性」為總結。這是繞到外面而立論的，其中所謂性簡直就是創造性，或者創造的真機。但這似乎很抽象。於此，人們可以問：這個性的具體內容是什麼呢？我們是否可以直接肯定它就是善呢？我們在上講裡，常提到它總是超越意義的性、價值意義的性。如此，它似乎是善的，它有道德的涵義。然它這個道德的涵義，似乎尚不能從它自身來證明。如此似乎尚不可以直接地肯定它就是善的；如果一定要賦予此「性」一個「道德的涵義」（moral implication）——善，充其量僅可認為是一種默許，絕不能直接地說它就是「道德（上）的善」（moral good）。假如需要對性作深入的了解，那麼我們不應容許自己滿足於「創造性」這個抽象的說法，而應直接認為道德的善就在性之中，或者說性就是道德的善本身。孟子便走這路去規定性。

　　首先，孟子把性視為「道德的善」本身；其次，他視性為「道德性」（morality）之性，即直接從人的內在道德性說性。根據以上兩點可以證實（verify）第一路所言的「創造性」即是「道德的創造性」（moral creativity）不是「生物學（上）的或自然生命的

創造性（biological creativity）。後者的典型就是藝術天才的創造
力。這種創造性根源於生物的生命，原始的自然生命。藝術天才的
自然的（natural）生物生命（biological life）具有強烈的潛力。潛
力等到適當的時機，自然會放射出來，構成偉大的藝術創作。譬如
說「李白斗酒詩百篇」，天才的詩人受了好酒觸發，於是迸發了潛
在的生命力，隨手寫出好的詩歌。然而，詩仙的創造性亦不外生物
生命的創造性而已，並無道德的含義，亦無道德的自覺。具有道德
含義的生命必然屬於精神方面，是精神生命（spiritual life），不
是原始的自然生命。例如耶教所言上帝的創造性，亦是屬於精神方
面的。耶穌所說「我就是道路、真理、生命」中的生命當然也是精
神生命。《中庸》、《易傳》所代表的對於性的規定的第一路，雖
被賦予以道德的涵義，但是究竟不能說就是「道德的善」本身，便
是因為道德的善不能從上帝或天命、天道處講。中國古代的「道
德」觀念從天命、天道而來，正如西方的道德觀念從宗教上的神或
上帝而來（即道德基於宗教）。可知中西方道德的原始形態，均依
賴超越方面的天或神。可是道德的非原始形態，必須直就道德說道
德，道德必須有其自身的建立處，不能繞出去從外面建立。從外面
建立，道德本身不能自足。因而，其本身不能有清楚的意義。所以
必須轉到重視內在的講法，建立「道德的善本身」之善以及「道德
性本身」之性。

　　「道德的善本身」通過什麼才能被肯定呢？必先通過內在的
「道德意識」（moral consciousness）才可顯露道德上的善與不
善，換句話說：道德的善本身必由道德意識發出，亦即是說：道德
的善不能離開主觀方面的道德意識。人類一方面有罪惡感（sense

of sin or guilt），另一方面又有道德意識，使人受罪惡感的折磨，
不安於陷溺於罪惡的深淵，而要從罪惡的深淵爬出，故此道德的善
是針對罪惡意識而顯的。通過主觀方面的道德意識，對罪惡才可有
清楚的感受，由清楚的感受，才可有清楚的概念（clear concept of
sin）。如此，才可再了解道德的善，對道德善本身亦有清楚的概
念。牧師對人說人皆有原罪，並不能引發人的罪惡感。原罪的說法
是抽象的、憑空的、毫不眞切的。如要原罪的觀念對人由抽象憑空
而轉爲具體眞切，必須有待於人的親身感受，這感受當然與上帝無
關。通過親身的感受，引發了道德意識，才可對道德的善與罪惡有
一個清澈的概念。有些人天天大談道德與宗教，好話的確說盡了，
可惜他們壞事也做盡，淪落至無惡不作，便是由於缺乏對罪惡的親
身體驗，而罪惡感的缺乏正因其道德意識的缺乏。

　　罪惡感旣然如此重要，然則什麼是罪惡呢？罪惡不是客觀的實
在物（objective being）。宇宙萬物從客觀方面看，本無罪惡可
言。所謂罪惡，純粹是由道德意識中的道德的善映照（reflect）出
來的。例如說謊言，從客觀言之，不過是唇舌喉等的一種活動；又
如偷盜，從客觀言之，僅爲對物質存在空間所作的轉移。如此，說
謊與偷盜均不可謂惡。然而，經過道德意識中道德的善的映照，才
眞感覺到說謊不祇是唇舌喉的活動，而確是一種罪惡，偷竊亦不祇
是一件東西之空間轉移，而確是一可恥的行爲。可見罪惡不是「正
面的存有」（positive being），而是經過道德意識的映照才呈現於
人心的。因此，它也是很具體的。祇有在此情形下，罪惡才是一清
楚的概念。

　　道德意識不但能映照罪惡，即使宗教上的神之爲至善，亦須人

心中的道德意識之道德善去證實。神（上帝）本來是絕對的存在，是超善惡的，是不可能被人間任何形容詞所描繪的，但是人仍說上帝是善，超善惡的上帝必然是至善的。然而，上帝的至善也必賴人類主觀方面的道德意識中之「道德的善本身」去證實。正如王陽明四句教首句所言的「無善無惡心之體」，心之體無善無惡，即是超善惡的對待相，故爲絕對之至善，此至善亦須人的道德意識去證實。在陽明，即是由「知善知惡」的良知之爲至善去證實心之體之爲至善。至此，我們明白爲甚麼「善」非從道德意識講不可。孟子即從道德意識建立他的性善論，開出規定「性」的第二路。認清這一路之後，使人更覺得第一路所說的性之有道德的涵義，亦祇是默許之涵義而已。它實是由人的道德意識放射出的。人們不反省此道德意識中道德的善之當身，而卻指手畫腳去說神的善，天命的善，這也是百姓日用而不知，而卻祇知那影子。

　　以上說明了道德的善的本身，這裡繼續說的是作爲「道德性」的性。道德性的性亦只能直接從人的道德意識建立，不能從上帝或天道處建立。然則人之內在道德性之性從那裡去了解呢？人皆有不安於下墜而致淪落的本性，不安於下墜於罪的本性便是道德性。孟子一眼看出人類這個特徵，確是難得。不安於罪表示從罪中躍起的心願與能力，這心願與能力可以說就是創造的力量，從此才可了解人的創造性與理想性。生物生命的創造性只是機械的（mechanical），唯有精神方面道德方面的創造性才可算是眞正的創造性（real creativity）。它是屬於精神的，所以它又代表理想性（ideality）。理想的最後根源必是這創造性。這樣的理想性才是「眞正的理想性」（real ideality）。世人慣說的理想只是對未來的

希求，只從未來實現處說理想。毫不知理想是從不安於罪惡中躍起
的心願這個根源上說。如只是從未來未實現處說，則凡升官發財之
類皆可說爲理想。其實這不從內在道德性之根發，故不可說是理
想，只可說是對未來的私欲或欲望。硬說它是理想就導人入邪路
（misleading）了。創造性可謂（道德）價值之源，由此可知。孟
子爲了了解與定住「天命之謂性」的性之眞實意義，直接從道德意
識論性，使性之意義不再含糊不淸（obscure）或引人入邪。而通
過主觀的道德意識來了解並且定住性的全幅意義，正好比耶教中人
教人通過耶穌了解並且定住上帝的全部內容一樣。我們說「天命之
謂性」那個性是創造的眞幾。現在我們由孟子的內在道德性之創造
性來證實並定住這創造眞幾就是道德性的創造眞幾，證實並定住它
的道德涵義是不可移。

　　孟子承接孔子的仁、智、聖三個觀念，仁智聖都是主觀性原則
（參考第七講）所統屬的。聖又是踐仁的最高境界，故孔子的中心
思想在「仁」一字。孔子一生做的就是踐仁的工夫，孔子的生命直
是踐仁的生命，仁是一切德性所從出，是眞正生命的代表。孔子說
仁已包含著智。且已包含著恭敬忠、恭寬信敏惠。故說仁是一切德
性之所從出，孟子即由此仁心之全而說人之性，人之所以爲人之
理、眞幾。這樣說性，意義最大的，便是孟子直接表達道德意識。
（道德意識雖爲近代名詞，但可恰當地去解釋古意。）這道德意識
即指「道德的心」（moral mind）說。孔子《論語》中未曾有
「心」字。「心」的概念是首先由孟子創出的。其實是自然就可從
仁轉出來的。孟子對人的道德心，分四方面即「四端」去了解（見
《孟子・公孫丑》）：

1.惻隱之心,即不忍人之心。孟子說:「人皆有不忍人之心。〔……〕所以謂人皆有不忍人之心者,今人乍見孺子將入於井,皆有怵惕惻隱之心,非所以內交於孺子之父母也,非所以要譽於鄉黨朋友也,非惡其聲而然也。由是觀之,無惻隱之心,非人也。〔……〕惻隱之心,仁之端也。」用今日的話說:惻隱之心的引發是由於道德的感受。

2.羞惡之心。孟子說:「無羞惡之心,非人也。〔……〕羞惡之心,義之端也。」羞惡之心是由憎惡罪惡而起。

3.辭讓之心,或作「恭敬之心」。孟子說:「無辭讓之心,非人也。〔……〕辭讓之心,禮之端也。」辭讓之心或恭敬之心也都是真正內發的,不是虛偽的。孔子說:「人而不仁,如禮何?人而不仁,如樂何?」便是這個道理。

4.是非之心。孟子說:「無是非之心,非人也。〔……〕是非之心,智之端也。」智有兩方面的意義,即知識方面與道德方面的意義。中國傳統思想中的「智」的觀念是屬於道德方面是非判斷的智。是非即道德上的善惡,引發是非之心就是從心表現道德性。

孟子一路何以可與《中庸》、《易傳》一路合在一起呢?兩路原來已有默契:根源於「天命之性」,而「天命之性」亦須從「道德性」了解、印證和貞定。說兩路非合不可,又有什麼根據呢?這根據很著名,即是《孟子·盡心》篇所云:「盡其心者,知其性也;知其性,則知天矣。」盡怎樣的心?當然是道德的心。充分實現(盡)道德的心,才可了解天的創造性,證實天之為創造真幾義。孟子亦說:「誠者,天之道也。思誠者,人之道也。至誠而不動者,未之有也。不誠,未有能動者也。」這已和《中庸》說誠完

全相同。「思誠」即《中庸》之「誠之」。「動」即《中庸》之形、著、明、動、變、化。「思誠」亦「盡心」之義。心量無限，心德無盡。「苟能充之，足以保四海」、「上下與天地同流」、「萬物皆備於我」，此即足以知天，證實天命於穆不已，證實天道爲一創造之眞幾。盡心知性雖未能把握天命、天道的全幅奧秘，但至少可以證實並定住其道德涵義，證實並定住其爲創造之眞幾。並最低限度可以獲得一個管窺天道的通孔，通過這個孔道至少可與天道取得一個默契。知天的知不是科學性的積極的知識（positive knowledge），而是以盡心爲根據的默契，此是消極意義的知識（negative knowledge）。孔子五十始知天命，意味著孔子做盡心知性的踐仁工夫，至五十歲才遙遙地與天取得默契。可是究竟是默契而已，天道永遠不能好像科學知識一樣的被人全盤掌握，天道永遠是玄妙深奧不可測的。可是默契所表示的是生命之全部滲透於天道，這也就是盡其奧秘，但卻不是深度之知。天道只可契（玄合）而不可測，只可盡而不可度。是以中國社會流行的占卜，如源出道家或陰陽家的術數之學，甚至宋儒邵康節的學術，都被許多人相信可以預測未來。然而在儒家心中，對天命、天道應予敬畏，不可隨便亂測。否則「窺破天機」是不祥的。因爲「天機不可洩漏」。「窺破」、「洩漏」天機等於偷竊天機，是盜賊的行爲。故《禮記·經解》篇云：「易之失賊。」嚴格地說，術數之學不能把握天道。如說天機可以洩漏，可以把握，那就等於降低了道德意識。儒家主張對天道的遙遙默契，有極強烈的道德意識在。這個道理在古時中國是很易爲人了解的，但在今日卻正爲肆無忌憚的墮落所埋沒了。

　　了解孟子的性善說，才可了解並從而建立人的「眞實主體性」（real subjectivity）。中國儒家正宗爲孔孟，故此中國思想大傳統的中心落在主體性的重視，亦因此中國學術思想可大約地稱爲「心性之學」。此「心」代表「道德的主體性」（moral subjectivity），它堂堂正正地站起來，人才可以堂堂正正地站起來。人站起來，其他一切才可隨之站起來，人不能站起來，那麼一切科學、道德、宗敎、藝術，總之，一切文化都無價值。這中國思想的核心，所以孟子是心性之學的正宗。宋明儒中的周、程、張、朱一路大體不是順孟子一路而來，而是順《易傳》、《中庸》一路而來。陸王一系才眞正順孟子一路而來。可知程朱、陸王分別承接了古代對性規定不同的兩路。離開這兩路的當然不是中國的正宗思想了。

　　如告子說「生之謂性」，只看到人的自然生命；荀子雖爲儒家，但他的性惡說只觸及人性中的動物層，是偏至而不中肯的學說；西漢董仲舒把春秋戰國所有的自然生命轉到「氣」處言，也是偏至而不中肯；東漢王充主「用氣爲性，性成命定」之說，亦講「氣性」，始創了中國的定命論；至三國劉劭的《人物志》，更從「氣性」轉到「才性」。以上五人是中國心性之學的旁支之五個最重要的代表。這條旁支經過上述五大步的發展，對心性之學的正統起著補足輔翼的作用，因此亦有不可忽略的價值，儘管其價值遠遜於正宗思想的價值。至宋代，這旁支所言的性——歸結於程朱之流所論的「氣質之性」，而孟子與《易傳》、《中庸》所論的性則歸結於宋儒所說的「義理之性」或者「天地之性」。至此，中國的心性之學，已獲得最具概括性的總結。其他論性的思想者，如揚雄、

劉向、陸賈、韓愈等，只不過是心性之學旁支的旁支而已。

第十講　復性的工夫

我們以上二講所論者乃對性之規定，主要係自正宗儒家的兩路說：一、自老傳統天命天道的觀念，至《中庸》「天命之謂性」一語爲結集係一路；二、自孟子本孔子仁智的觀念以言即心見性之性善說爲一路。此外，我們還提到從自然生命言性，即自「生之謂性」一路言性，此路始自告子，經荀子、董仲舒、王充，而發展至劉劭《人物志》之言才性。這可說是第三路。我們以上只就前兩路說。此最後一路，並未多講，只簡單地提到。

中國學術史上之論性，至宋儒始將《中庸》與孟子所言之性綜言之爲：天地之性與義理之性；而以告子、荀子、董仲舒、王充、劉劭等自自然生命言性者融和之轉化而爲氣質之性。所謂氣質之性乃係自天地之性或義理之性作道德實踐時所引出者。道德實踐，積極地講，是在實現天地之性或義理之性，消極地講，即在變化人之氣質。宋明儒者言變化氣質，不能不正視性之兩面。換言之，即變化氣質必以天地之性爲標準而言變化。若無此標準，則變化氣質之意義與價值便不可說。而同時亦正視性之陷於或限於氣質中，故必變化之以暢通天地之性。所謂氣質之性，依朱子的解析，即是天地之性之落於氣質中。天地之性是性之本然，是就性之自身說。氣質

之性則是就有生以後，性之落於氣質中說。故氣質之性即是氣質裡邊的性。只是一性，而有兩面說：抽象地說與具體地說。就性之自身說，是抽象地說。就性之落於氣質說，是具體地說。如此，「氣質之性」中之「之」字與「天地之性」中之「之」字，意義不一樣。如一樣，則是說的兩種性，而不是一性之兩面說。說兩種性，本來未嘗不可。如是兩種性，則「氣質之性」是就人所稟受之氣質之或剛或柔、或清或濁、或厚或薄、或特別聰明（上智）、或特別愚笨（下愚）、或宜於此而不宜於彼等等，而說一種性。此即普通所謂脾性。而董仲舒、王充所說之「氣性」，以及《人物志》所說之「才性」，亦都是這種性。但是朱子所說的「氣質之性」，則不是就此氣質本身而說一種性——氣性或才性。清濁厚薄只是氣質，而「氣質之性」則是說的這清濁厚薄之氣質裡的性。故性只是一而兩面說。說兩種性與一性之兩面說，本亦可以相融而不必有衝突。但朱子卻並未就這氣質本身而建立一種性。他只正視這氣質對於「義理之性」之限制。天地之性或義理之性是同而一，但因氣質之限制而有了差別。性在氣質裡邊有一點表現，也在氣質裡面受了限制。此即是朱子所說的「氣質之性」，不就是漢儒所說的氣性、才性，但可以說是從那裡轉化來。天地之性既是同而一，因氣質之限制而有差別，則可見差別是在氣質處。氣質是個個不同的：有剛有柔、有清有濁、有厚有薄、有上智與下愚、有好有不好。此一面，亦不是完全不合道德的。其間有合道德性的，亦有不合道德性的。而道德實踐所欲變化或克服之氣質，即是使合道德者更順適調暢而得其正，使不合道德性者漸轉化之使之合。

　　須克服或轉化我們之氣質之不善不正者。我們說性是真正之主

體或眞正之本體,此一主體或本體是遍在於任何人的。「非獨賢者有是心也,人皆有之,賢者能勿喪耳。」(《孟子》語)此主體亦係我們之眞正的我(ego)。

我們普通泛說的「我」,可分爲三方面說,即:一、生理的我;二、心理的我;三、思考的我(thought = logical self)。此第三項的我,是抽象的我。所謂抽象的即除去心理的具體情態所剩下的純理智的思考。法哲笛卡兒(Descartes)「我思故我在」一名言中所指的我,即是指抽象的邏輯的我。此上一、二、三項所稱的我,都不是具體而眞實的我。具體而眞實的我,是透過實踐以完成人格所顯現之「道德的自我」。此我是眞正的我,即我之眞正的主體。

依儒家義,人人都有此主體。但此主體雖各個人所具有,卻不必皆能全然地表現於其自己個人身上。孔子贊顏淵亦只稱其「三月不違仁」,可見此主體是有時表現,有時不表現,或有時表現得不夠而只有「些許」表現。此所以有不表現或些許表現,而不能全然表現的緣故,乃因個人之私慾(壞的氣質)冒升,致使主體隱伏。氣質之表現爲剛或柔、清或濁、厚或薄等等,都是氣質之偏的表現。如「清」可表現爲清貴、清明(聰明)之好的一面,但同時亦可表現爲清淺浮薄,此便是不好的一面。即使是清明、清貴而是好的一面,亦常不得其壽。此是特顯清明者之所以每每壽短之故,顏淵、王弼、僧肇即其顯者;象山、陽明亦不及朱子壽長。可見表現爲清者,有好處亦有壞處。濁氣是壞的,但「動濁」亦不全壞。總之,不問清之好或濁之好,其所以爲「好」,亦只是表現一個「偏」,尙未足以與於表現本體之全。而於其表現爲壞的一面,則

更不必言矣。

言工夫，一般人都易以爲始自宋儒。其實孔子要人做仁者，要人踐仁，此「踐仁」即是工夫。孟子道性善，言存養擴充，盡心知性，此所言者，無一不是工夫。又孟子言養浩然之氣，則更是工夫之著者。《大學》言明明德、言格物、致知、正心、誠意，均是道德實踐的工夫。至於修身、齊家、治國、平天下，更是實踐的工夫。有「實踐」處，便無不有工夫在。《中庸》言愼獨、致中和——自喜怒哀樂處言致中和，此都是工夫。講五達德、三達道，皆不能違離誠，而誠即是工夫。所謂「誠者自成也」、「不誠無物」，誠是關鍵之所在，亦即工夫之所在。

宋儒周濂溪、程明道等，雖亦重視工夫，但尙未正式開出工夫的途徑。至伊川「涵養須用敬，進學則在致知」一語出，方是眞正走上工夫之路。（伊川所言之「涵養」，其義係指涵養本體；言「進學」，即是大學之格物窮理。）朱子繼之而言涵養察識，敬貫動靜，工夫尤嚴而密。陸象山要人「先立乎其大者」，要人「尊德性」。其所言之「大者」，即本體；「德性」，即孟子所言之心性。象山在宋儒中正是更見大氣磅礴的一位，但亦未開出工夫的途徑。至明儒王陽明本孟子「是非之心，智也」一語，而倡良知說，言致良知，此方是這一系的工夫途徑。劉蕺山取《中庸》之愼獨，《大學》之誠意（亦含愼獨），而將孟子之「心性」自「意」處去了解。一般人言意，係指：「意者，心之所發」一義之意，此意乃意念之意（intention），故人恆據此而言「發心動念」。蕺山不自「心之所發」言意，而言：「意者，心之所存」。心之所存，係存之（意）以作主宰義。

象山「尊德性」、「先立乎其大者」，首著重開悟本心。陽明將心轉爲良知，以良知指導人之生活行爲；易言之，必將心轉爲良知，始可連結於人之實際生活。如眼前有黃金萬兩，依良知，此若非我之所有，我之良心自知不當取之；但人之私念，則常是想貪非分之財。此即所謂「有善有惡意之動」。良知駕臨乎意念之上，自知其爲善抑爲惡。故陽明特別提出一個「致」字，唯致良知，始可全心之德、心之理。良知知事之當做與不當做，是人心中之定盤針。人心中有此定盤針，心德之實現才得到保證。蕺山言「意」，此一「意」字，約相當於西哲康德所言 will（道德意志）一字，不是 intention（意念）一字。此一幾微處，切宜辨別清楚，不可大意輕忽。蕺山言意爲心之所存，貞定以爲眞主，乃是由「好善惡惡意之靜」處見出。蕺山言「有善有惡心之動」。意是超越的眞主宰，此方是眞正的定盤針。「知藏於意」，則良知不至蕩而肆。此是蕺山對於陽明之四句敎之重新調整。儒家復性之工夫發展至陽明、蕺山始眞「扣緊道德實踐以成聖」之恰當相應的工夫。爲時間限制，對於宋明諸師工夫之途徑，不能詳講，只簡單地提過，以下我們講講這內聖工夫中的若干涵義。

第一、這種內聖工夫並不是普通所說的「認眞去作事」、「認眞爲社會服務」。而是如友人唐君毅先生所說的「從根上消化那非理性反理性者」，乃是「自覺地求將心性本體實現之於個人自己生命者」。唐先生說西洋文化精神乃是自覺地求表現者，而中國的文化精神則是自覺地求實現者。所謂自覺地求表現，乃是說先從我們的理性上冒出一些理想或觀念，然後再努力去表現這些理想或觀念於客觀事業者；而自覺地求實現，則是求將本有之心性本體實現之

於個人自己身上，從根上徹底消化生命中之非理性反理性之成分。唐先生這個分別很好，「自覺地求實現」之工夫即是這裡所謂內聖之工夫，孟子說：「君子所性，雖大行不加焉，雖窮居不損焉，分定故也。」又說：「君子所性，仁義禮智根於心。其生色也，睟然見於面，盎於背，施於四體，四體不言而喻。」孟子這幾句話，就是「自覺地求實現」之工夫之最好的表示。《大學》說：「德潤身。」這「潤」字亦是表示「自覺地求實現」之最美之詞，這是最內在最根源的一種德性工夫。而自覺地求表現者，外表上雖然很積極（因為向外冒、向前衝），在成果上雖然有外效，然而在這根源處卻常是不回頭的，不清澈的，糊塗而混沌的，蒼涼而闇淡的。他們從不向這本源處用心，也從不了解這種本準上的工夫。他們是求之於功效成果的，以功效成果決定一切。他們明於外而昧於內，始乎陽而卒乎陰，皆不免如濟慈之夜鶯嘔血以死。這是英雄型的積極精神，而不是聖賢型的積極精神。「自覺地求表現」者尚不足以語於內聖之工夫，至於平常之「認真去作事」，「認真為社會服務」，尤不足以當這內聖之工夫。「去作事」、「為社會服務」，這表示是實踐，不是空言。「認真」，這表示好好作：一、處理得好，這是智；二、處理得合道德，不背規矩、法律、道德，這是德。如此，這豈不是聖人的實踐了？誠然，這已經算很好，但這尚不是內聖的工夫。當然，作內聖的工夫的人亦並非「不認真去作事」，但不只是這「認真去作事」。人當然要作事，不管是大事，或是小事。作事，亦當然要認真。這皆是不成問題的，自不待言。光只是「認真去作事」，或光只是本上帝的意旨「去為社會服務」，這並不表示真能清澈生命之渣滓，亦不表示真能作「從根上

消化生命中之非理性反理性的成分」之工夫。亦並不真能開出生命之源、價值之源、理想之源。光只是祈禱上帝加恩、上帝赦免、上帝助我、上帝救我，這並無助於自己生命之清澈。這雖不無刺激提醒之切，在祈禱中，有懺悔的心理，內心之明無形中也透露了一點，但因情之外逐，一切求之於上帝，不能回鑒反照，自己生命仍然是幽昧混沌。不能回過頭來正視那內心之明，求有以徹底實現之，則對於道德之善並無清楚的意識，對於罪惡亦並無清楚而具體的觀念，因而亦並不肯自己負責作那「從根上徹底消化那生命中之非理性反理性的成分」之工夫。祈禱並不真能代表或代替這種內聖的工夫。這工夫是真要自己去作的：先在懺悔中正視那知是知非的內心之明——那超越的內心之明，步步彰顯之。先在這裡定住，不可轉眼間又滑到上帝那裡去，把這內心之明又堵回去了，弄糊塗了，此時最好先把那上帝忘掉。如是，才能把那無形中露出的一點內心之明予以正視，變成自覺的。否則，那只是不自覺地帶出，又不自覺地隱沒，而不知其重要，而自己生命又復歸於混沌了。在正視內心之明而步步彰顯中，即步步照射出罪惡的具體意義。步步照射之，即步步予以消化之。內心之明是「性海」，在步步彰顯中，即是「自覺地求實現」之過程，同時亦即是「從根上徹底消化罪惡」之過程。此之謂內聖之工夫，生命清澈之工夫。

　　朱子說：「《大學》格物知至處，便是凡聖之關。物未格，知未至，如何殺，也是凡人。須是物格知至，方能循循不已，而入於聖賢之域。縱有敏鈍遲速之不同，頭勢也都自向那邊去了。今物未格，知未至，雖是要過那邊去，頭勢只在這邊。如門之有限，猶未過得在。〔……〕某嘗謂物格知至後，雖有不善，亦是白地上黑

點。物未格，知未至，縱有善，也只是黑地上白點。」又說：「格物是夢覺關，誠意是善惡關。」（《朱子語類》卷第十五）。這是朱子自格物窮理，致知誠意，以言內聖之工夫。朱子之系統，就內聖工夫言，雖不無可批評處，然畢竟亦是內聖工夫之重要部分。故說「格物是夢覺關，誠意是善惡關。」總之是聖凡分別關。故云「物格知至後，雖有不善，亦是白地上黑點。物未格，知未至，縱有善，也只是黑地上白點。」「黑地上白點」，即是生命幽昧混沌，根本是在夢中。「如何殺，也只是凡人」。此即上面所說，光只認眞去作事，並不表示眞能清澈生命之渣滓。內聖的工夫即是先要使我們的生命變成「白地」，此即所謂「覺」也。

第二、這內聖的工夫是以成聖爲終極。故所言之性，無論是孟子一路所規定的，或是《中庸》、《易傳》一路所規定的，都是聖性，一如佛教之言佛性。所謂聖性，不是聖人之性，而是成聖之性。如說爲聖人之性，人易誤會這性單是屬於聖人的。其實不然。這成聖之性是人人都有的，聖性即是成聖的先天根據。孟子從心講性，便說：「非獨賢者有是心也，人皆有之，賢者能勿喪耳。」又說：「至於心，獨無所同然乎？心之所同者何也？謂理也義也。聖人先得我心之所同然耳。」人人皆有可理義之心。「心之所同然」之然是「可」的意思，即肯定也，可理義即悅理義。故云：「理義之悅我心，猶芻豢之悅我口。」理義悅心，故心必可之好之。是即人人皆有好善惡惡之心。故〈大雅·烝民〉之詩亦云：「民之秉彝，好是懿德。」言好善惡惡是人之常性也。自《大學》以「如好好色，如惡惡臭」表示意之誠，表示「毋自欺」，劉蕺山即由此轉而言「好善惡惡意之靜」，言意爲心之所存。好善惡惡即是知善知

惡。故王陽明即由知善知惡言良知。故知也，意也，皆孟子所言之
「心」也。此即人人所具有之先天之常性也，此即是聖性，亦即道
德實踐之先天根據也。道德實踐之最高目標在成聖，故此常性即成
聖之性也。

　　順天命天道下貫而爲性，此性亦不單是命給聖人的，是命給一
切人的，而且天命流行，生物不測，「乾道變化，各正性命」，此
道不單是命給人而爲性，且亦爲萬物之本體。惟自性的立場上說，
人以外的物不能吸納此本體以爲其自己之性，故此道只是外在地爲
其體，而不能內在地爲其性。天雖命之，而彼不能具有之，故「各
正性命」，於萬物處，亦只是在乾道變化中，各正其物質的結構之
性，而不能如在人處那樣，復正其道德的創造性之性。此在前第八
講中，已經講明。縱然如此，「天所性者，通極於道」（張橫渠
《正蒙‧誠明篇》），則此天命之性必有絕對普遍性。性體無外，
則此成聖之性必涵蓋一切。聖人即完全體現了這無外之性，故其心
量無外，德量無外。聖人如何能體現這無外之性？曰：由踐仁以體
現之。仁之感通無限制，故不能有外，故後來程明道云：「仁者與
天地萬物爲一體。」踐仁而成仁者即是聖人。即由仁體無外，仁者
無外，證實並體現了性體之無外。孟子曰：「大而化之之謂聖，聖
而不可知之之謂神。」《易‧乾‧文言》曰：「夫大人者與天地合其
德，與日月合其明，與四時合其序，與鬼神合其吉凶。」此即聖格
之規定。因圓果滿，因果不二也。性有外，不得謂之因圓；踐仁而
不至與天地萬物爲一體，不得謂之果滿。孟子直從心言性，此心性
亦無外。「擴而充之，足以保四海」，無一物之能外；「不擴而充
之，不足以事父母」，無一物而非外。因心體無外，故云：「萬物

皆備於我矣。反身而誠，樂莫大焉。」陸象山於此有一很好之注
腳：「萬物森然於方寸之中。滿心而發，充塞宇宙，無非斯理。」
心體無外，故盡心即知此性，知此性則即知天。此亦因圓果滿之大
人也。佛教云：「心佛與眾生，是三無差別。」心即如來藏自性清
淨心，亦即佛性。佛是體現了此心的眾生，眾生是潛存的佛。心攝
一切，佛備一切。因賅果海，果徹因源。成了佛，不增一毫。眾生
心亦具一切，不減一毫，故「心佛與眾生，是三無差別。」差別惟
在能體現與不能體現耳。王學門下喜言滿街都是聖人，從因地以
觀，實是如此，滿街都是聖人，自是潛存的聖人，是以儒家亦可
說：心聖與塗人，是三無差別。聖是體現了性的塗人，塗人是潛存
的聖人。性體無外，不欠一毫；聖果無外，不增一毫。果之所有，
全具於性；性之所具，全現於果。是以因賅果海，果徹因源，因圓
果滿，無二無別也。知因圓果滿，則知圓頓之教之所以立。性體無
外是圓教，「大而化之」是頓教。（「反身而誠，樂莫大焉」，亦
是頓教。）

　　第三，性體無外，心德無盡。因賅果海，果上是大海，因地亦
是大海，此之謂「性海」。復性即是盡性，復要在盡中復。盡性即
是盡心，盡性要在盡心中盡。性海無盡，故盡性是一無限過程，也
可以說永遠盡不了。依此而言，當無現實的聖人。蓋心德性體並不
是一抽象的光板，只待一悟便算復，便算盡。如我現在講這心德性
體，亦可以說是悟到了這一個體。諸位順著我的講說，似乎也可以
肯認有這麼一會事。但這不能說是復與盡，這只是一個影子，古人
說是「光景」。現在亦可以說只是一個概念。縱使認得十分確定，
我看也只是一個抽象的光板。這不是那具體的心德性體，也不是那

具體的盡與復。具體的盡中復要在具體的生活上表現，這心德性體是要具體地滲透於全部生命中而朗潤出來。孟子說：「君子所性，仁義禮智根於心。其生色也，睟然見於面，盎於背，施於四體，四體不言而喻。」這便是具體的盡與復。心德性體具體地滲透於全部生命中而朗潤出來，便是所謂「生色」。心德性體是要「生色」的。「生色」，方是具體的性體，生色而至於其極──成聖，這象徵著心德性體這一理性的大海全部朗現，同時即表示全部生命朗潤於這大海，徹底澄清，而無一毫之隱曲。此即宋儒所謂全部是「天理流行」。我們必須知理性是一大海，生命亦是一大海。理性大海全部朗現，生命大海徹底澄清，這便是聖。孟子說：「大而化之之謂聖。」「大」是心德性體之全部朗現，擴而充之，至於其極。「化」是無一毫之黏滯、執著、冰結與限制。這便是聖了。也即是與天地合德，與日月合明，與四時合序，與鬼神合吉凶了。但這樣說聖，可以說是理想的聖，也可以說這是聖之「形式的規定」。然而實際的聖人卻常是有所憾的。《中庸》說：「君子之道，費而隱。夫婦之愚，可以與知焉。及其至也，雖聖人亦有所不知焉。夫婦之不肖，可以能行焉。及其至也，雖聖人亦有所不能焉。天地之大也，人猶有所憾！」而何況是聖人？實際的聖人，遺憾總是不可免的。而若是實際的聖，而又無遺憾之感，那就不是聖，這實際的生命，便不可以聖去指目。

　　以上所講只算是復性工夫中開端幾個意思。順此下去，將有許多深義奧義可說，但因時間關係，我們不能再講，這個題目只好暫止於此。

第十一講　中國哲學的未來

　　中國哲學的中心是所謂儒、釋、道三教，其中儒、道是土生的思想主流，佛教是來自印度，而三教都是「生命的學問」，不是科學技術，而是道德宗教，重點落在人生的方向問題。幾千年來中國的才智之士的全部聰明幾乎都放在這方面。「生命的學問」講人生的方向，是人類最切身的問題，所以客觀一點說，我們絕對不應忽略或者輕視這種學問的價值。中國人「生命的學問」的中心就是心和性，因此可以稱為心性之學。

　　三教的發展是源遠而流長，根本未嘗停滯，要說停滯也只可說在明亡以後的滿清三百年。可惜西方的學者大都不明此點，以為先秦既是中國哲學發展至高峰的時代，那麼這高峰下降至兩漢便是平地，即是說：中國哲學至漢代已停頓不前了。漢代哲學既無甚精采，以後更不用說了。西哲首先作如是觀的是德哲斯賓格勒（Oswald Spengler 1880-1936），在他震撼世界的名著《西方文化之衰頹》（1918年出版）中，以他首創的文化循環斷滅論，說中國文化生命的黃金時代只是春秋戰國，至於秦漢以後，便已神魂全逝。（參見美人葛達德 F‧H‧ Coddand 及吉朋斯 P‧A‧ Gbbons 二人合著的《斯賓格勒之文化論》）。即不持斯賓格勒的文化觀

的，也大都以為中國自秦漢以後，其文化生命已停滯了，並無精采
可言。文化生命既停滯，哲學思想自亦無生氣可說。若果真如此，
則二千年來的歷史完全是空白，非歷史的歷史，黑格爾即如此說。
他說東方文化是文化的兒童期；他又說東方世界只知一人是自由
的。他的論點，不專指哲學言，當然黑格爾亦是不承認中國有哲學
的，這是他的專橫鄙陋，這且不言。他的論點是綜持以觀，而重點
是落在政治形態上說的，是就政體與法律說的。從這方面總持以
觀，當然黑格爾所說並非全無道理。但是從政治形態方面而作的總
持與籠罩並不真能連其中的藝術、文學、道德、宗教、哲學，一起
壓縮下去，而統統貶損到停滯無生氣的境地。希臘文化，亦沒有發
展到黑格爾所說的日耳曼世界的程度，他說它是青年時期，只代表
美的自由。然而希臘哲學確有其高度的成就，有其永恆的價值，它
永遠是西方哲學之母。所以哲學自是哲學，一般的政治、法律、社
會，自是政治、法律、社會。兩者並不必捲於一起而同其命運。哲
學可獨自發展，道德宗教生命的學問亦可獨自發展。佛教是與政治
無關的；道家雖有關，然而是消極的；只有儒家向以內聖外王並
舉，對於政治是有積極性的。然而他的內聖之學仍有其獨立的問題
與獨立的發展；即在外王方面，中國二千年來的政治形態仍然是儒
家所痛心疾首、焦苦思慮的問題，雖未能得其暢通之道，然並非停
滯混噩、無所用心。即在這方面，中國的文化生命也總是在跳動醞
釀的。那裡是如一般人所想像：二千年來完全是停滯無生氣？關於
這方面的癥結，以及黑格爾的論點，我曾詳言之於我的《歷史哲
學》及《政道與治道》兩書。本講辭不牽涉這方面，只就心性之學
這生命的學問說。

　　我們應當嚴正地指出：明末以前二千多年來中國的三教所代表
的文化生命，不但在發展成長的過程中未有停頓，而且高潮迭起。
不錯，站在西方哲學的立場，中國哲學似無價值，特別是兩漢以後
的哲學，因為中國文化沒有開出科學與民主，似乎比先秦哲學更無
價值，更易被人忽視，被人詛咒，但是，這種論調是似是而非的，
它的根源在於近人的偏鄙。他們一睜開雙眼，便彷彿除了科學與民
主，甚麼都看不見，一切的道德宗教，彷彿都變為隱形的了。其
實，科學技術、民主政治的重要，是人所共知的，很少人會愚蠢到
認為中國不須要科學與民主。然而，人類還有其他方面的文化與學
問，比科學民主對人類更為切身的，那就是正視生命的學問，即是
上面說過的心性之學。中國人在先秦始創了儒、道兩家的心性之
學；兩漢之後，心性之學發展得精采層出，不但先後在魏晉和宋明
兩時代分別地把先秦的道家和儒家大大地發展推進，而且在魏晉與
宋明之間的南北朝隋唐時代復攝受並且發展了從印度傳入的佛教。
三教一直在此起彼伏的狀態中，或在沉靜玄默的醞釀著，或在有聲
有色的顯揚著。整個來說，是毫無間斷的，可以說是一個大醞釀，
也可以說是一個大顯揚。顯揚是就當代說，醞釀是就未來說。從大
醞釀可以說中國哲學是晚成的大器，大器所以晚成，就是由於長期
的積蓄與考驗。中國哲學的積蓄是極豐富的，中國哲學所受的考驗
是極為頻繁的。然而，中國哲學長期的大醞釀使人不能不承認它具
有一大本事——經得起任何的挫折與苦難。抗日時代一個日本人曾
說中國好比一個大海蜇，它的皮厚而韌，刺它一千錐子，它好像無
反應。但見它在怒海狂濤之中浮沉翻轉，而它的生命始終未衰。不
錯，中國民族具有堅忍不屈的民族性，近代日人領教了，將來必有

他人領教。但是堅忍只是中國民族性的一方面,堅忍只在抵抗侵略
捱受災難之時顯出,是消極方面的事;而在積極的進取方面,中國
民族具有獨特的優點,那就是消納外來思想外來文化的高度融攝能
力,從而我們亦可說中國是一個大海綿,彷彿對甚麼都能吸收接
受。試看人類的歷史,有那一民族真能如此?中國二千年來的歷史
正好比長江出三峽,彎彎曲曲好像總在鬱悶著;然而實可說是大醞
釀,一出三峽,便直通大海了。

明白了中國哲學發展至明末才有停滯,現在讓我們回顧兩漢以
後至明亡的中國哲學。首先,魏晉名士的清談,把道家思想發展至
極高的境界。雖然魏晉時代政治腐敗,然而在道家玄理的發展史
上,可謂黃金時代。名士談玄所顯的精采,為後世任何年代的人所
不能企及。平心而論,道家思想是生命的大智慧。近人向聲背實,
以近世功利主義的立場看它,便難免誤以為它無價值。其實一切人
生智慧人生學問都有價值,只因人是人,人要生活,更要生活的方
向。魏晉以後的南北朝,在政治上確是糟透了。北朝統治者是胡
人,為夷狄,南朝更為糜爛。幸而此時期的文化生命並未斷滅,因
為印度傳來了佛教。南北朝整整數百年便是用於對佛教的接受和醞
釀,醞釀至隋唐才達到最高峰。從消納佛教,最可看出中國人智慧
的精采。功利主義者的心目中,佛教的人生智慧當然無價值,這看
法的錯誤,是不待多言的。

魏晉的道家玄理與南北朝隋唐的佛學玄理,是中國玄學中最精
采的。魏晉玄學最具代表性的是王弼、向秀、與郭象。王弼死年二
十四,而他在玄學上的造詣,在中西哲學史上都極難找得到敵手。
他所註解的老子《道德經》,最能切合原意;他所註解的《易

經》，亦有劃時代的價值。他掃清了漢人的象數，獨闢簡潔精微的義理途徑。向秀、郭象的註解《莊子》，亦獨鑄機軸，大暢玄風，思想既精，文字亦美。南北朝隋唐的佛學玄理方面，首先有講般若的僧肇，他也是年輕即逝的哲人。他的傑作《肇論》為典雅的駢體文，談佛理極為瑩澈高圓，因此為它作疏的人甚多。中國佛學的第二個大人物是竺道生，雖然他講的是佛教，但是具有孟子的靈魂。正如孟子在儒家人物中首先提出人人皆有四端之心，皆有良知良能，為人的成聖成賢發掘了先天的超越的根據；竺道生亦「孤明先發」，在佛學人物中，首先大膽提出了一切眾生皆有佛性，皆可頓悟成佛，為一切眾生成佛提供了先天的超越的根據，並提供了實現成佛的途徑──頓悟，大開中國佛學圓頓之教之門。僧肇講般若，代表中國佛學般若一系，而竺道生講涅槃，又代表中國佛學涅槃一系。至隋唐，中國人自創了三個極具代表性的佛教宗派──天臺、華嚴、禪。天臺宗的開山祖是慧思，而大成於智顗，即隋煬帝所賜號曰智者的。智者大師真了不起，在談心性的智慧方面，在融會消化佛教方面，其學思的地位真是上上的高才大智。他的《摩訶止觀》真是皇矣大哉的警策偉構。西方古代的柏拉圖、亞里士多德，中古的聖奧古斯丁、聖多瑪，與及近世的康德、黑格爾之流，在其學術傳統中，都未必能有他這樣的地位與造詣。而且，在修持踐履方面，智者大師又是「安禪而化，位居五品」，當時稱之為東土小釋迦，可見其境界之高與聲望之隆。西方哲人往往智思精嚴卓特而品德卑陋庸俗，此亦足見東西哲學之不同。華嚴宗的賢首，地位正如天臺宗的智顗，他的《華嚴一乘教義分齊章》中言十玄門。即從哲學上講，亦是最高的玄思玄理。這是中國和尚從消化佛經而展開

的玄理，並不是印度原有的。這豈不是上上的哲學智慧？西方哲學
中自古尚未有此圓融無礙的玄思玄理。然則他們豈不應正視此種哲
慧以開展他們的玄理嗎？焉得動輒謂中國無哲學？至禪宗，中國佛
學發展至最高峰。禪宗的六祖慧能，便是輝煌奇特的人物。重要
的，是他特別著重本心真切的頓悟。輕視本心以外的文字、偶像與
儀式。其直指本心的獨到之處，甚似孟子。因此我們可以說：孟子
的靈魂，在中國佛學人物中，先後得到兩次的復甦或再現。第一次
是竺道生，第二次就在禪宗的六祖慧能。換句話說：竺道生是孟子
靈魂在後世的第一步（次）化身，而慧能是孟子靈魂在後世的第二
步（次）化身。總而言之，魏晉南北朝隋唐是中國玄理佛理發展的
黃金時代。這種學問與科學民主均無關，而且在西方亦找不出這種
學問，難怪西方人忽視或蔑視它。然而不管它的價值如何，起碼我
們不能贊同斯賓格勒的說法，因爲東漢末至唐一直是道、佛兩種玄
理先後相繼大顯揚的時代，那裡有文化生命停頓之說呢？

　　佛學發展至唐代的禪宗六祖，已經醞釀爛熟到無可再發展的階
段，加上複雜的因素，宋初便有理學的出現。理學被後人稱爲新儒
學（Neo-Confucianism），這是由於它是先秦儒家思想的新闡發之
故。理學大家如周、張、程、朱、陸、王等都是第一流的哲學家，
與西方的大哲學家相比是毫無遜色的。而且，他們的成就，是超越
哲學家的。哲學家的成就只在邏輯的思辨、理智的遊戲
（intellectual play）上顯精采、露頭角便夠了，西方哲人大多如
此。所以羅素在《西方哲學史》論叔本華一章裡亦不免衷心一嘆：
「除了對動物仁慈之外，很難在他〔指叔本華〕的生活裡找出任何
具有美德的證據〔……〕。在其他一切方面，他是完全自私的。一

個深切地相信制慾與放棄這種美德的人，竟然從來未有嘗試把自己的信念付諸實行，那是難以相信的事。」（It is hard to find in his life evidences of any virtue except kindness to animals.〔……〕In all other respects he was completely selfish. It is difficult to believe that a man who was profoundly convinced of the virtue of ascetism and resignation would never have made any attempt to embody his convictions in his practice.）叔本華的確如此。許多西方哲人私生活的庸俗不下於叔氏，即羅素本人亦不能自外。羅素這話點出了西方哲人品德上的弱點，從而亦可從反面映照出中國聖哲既哲且聖或者中國賢哲既哲且賢的優點。我們可以套用羅素的語言說：典型的中國哲人，就是畢生嘗試把自己的深切信念貫注入全部行為的哲人。（All typical Chinese philosophers are philosophers who have been through out their lives attempting to embody their profound convictions in the whole practice.）理學家可敬可愛之處在此，儒家人物可敬可愛之處在此，一切聖哲賢哲可敬可愛之處均在此。理學家都具聖賢型的人格，他們除了智慧高之外，還有極為強烈的道德意識。程朱一系的人物如此，陸王一系的人物亦如此。陸王一系最後一個代表人物劉宗周（蕺山），便是當明亡之際絕食而死的，從而亦可見他們對國家民族的高度責任感。

以上是中國自魏晉至明末學術生命的大概，從此可見三教此起彼伏式的發展使二千多年的文化生命綿延不斷。可惜清代三百年，由於滿族的高壓，學者被迫研究沒有生命沒有血肉的考據學。民族的慧命窒息了，文化的生命隨之衰歇了，二千多年的學統亦亡了。所以清代三百年是中國民族最沒出息的時代。在明亡之時，中國文

化在世界上的地位仍很優越，西方在十七世紀以前，無論科學技
術、哲學、藝術均不及中國，至少並不高於中國。可是在文藝復興
以後，藝術大大地發展了。瓦特（Watt）發明蒸氣機，開出技術
科學，掀起工業革命。牛頓以前的西方科學是純理科學，此時又有
技術科學的新發展，於是物質生活水平迅速提高。至今西方科學早
已取得領導世界的地位。政治方面，有人權運動。宗教方面，有宗
教改革。可知十七世紀後的西方在文化各方面，都是突飛猛進，日
新月異，是一個開展暢通的時代。反觀中國此時，沉沉昏睡，民族
生命歪曲了、衰弱了，逼使考據學得到畸形的發達，而文化生命亦
歪曲了、迷失了。因此，在清末西方列強相繼侵略之時，顯得不堪
一擊。如今清朝已滅亡了五十年，而民族生命、文化生命，仍在歪
曲迷失之中，遂使整個大陸終淪於紅色極權之統治。中國的文化生
命民族生命的正當出路是在活轉「生命的學問」以趨近代化的國家
之建立。中國第一次面對西方，是在南北朝隋唐時代，面對的是印
度的佛教文化。（對中國說，印度亦可說屬於西方）；而現在第二
次面對的是西方的科學、民主、與基督教的文化。科學與民主，尤
其是民主，是近代化的國家之所以為近代化者。我們須本著理性、
自由、人格尊嚴的文化生命來實現它。科學，須有求知的真誠來引
發。這兩者雖在歷史上首先出現於西方，然我們之作此，嚴格言
之，實無所謂西化，尤其無所謂「全盤」。就算是因它首先出現於
西方而屬於西方，亦只算是先進後進之別，我們借鏡它、學習它，
仍然是各自作各的本份內的事，不能算是西化。中國人並非沒有科
學上的智慧，只是以往沒有向科學的路走。過去走的是正視生命的
心性之學一路。此路走得不錯。我們仍可說：求仁得仁，有何怨

哉？近代中國人研究科學的成績總不算差，例如李、楊之獲得諾貝
爾獎金，可見中國人科學上的智慧並不差。平心而論，中國如果不
亡於滿清，那麼依順明末思想家顧、黃、王等人的思想，走儒家健
康的文化生命路線，亦未始不可開出科學與民主。中國向來不反對
知識的追求、求知的真誠，尤其不反對自由民主的精神。而這也正
是顧、黃、王等人所要本著生命的學問以要求開展出的。可惜明亡
了，使人產生無可奈何的一悲感。中國需要科學與民主，但是不可
以它們來取代生命學問的地位，正如西方在科學與人權運動之外，
還有宗教，這是西方文化最重要的靈感源泉。

　　基督教傳入了中國幾百年，但不見得能在中國盛行。基督教與
中國傳統文化相摩盪了許久，然而它能否如佛教一樣，被中國人作
極高度的融攝，那很難說。耶教將來在中國的地位，能否達到如佛
教在中國的地位，講者個人認為是很有問題的。縱使基督教能在中
國廣泛傳播或變形，究竟由於民族心態之類的因素，看來它不會取
得很高的地位。這問題是很值得正視的。中國以前曾根據傳統的
儒、道思想與佛教相摩盪，結果以儒、道的智慧心靈吸收並且消化
了佛教，今日一樣也可以傳統的儒、釋、道三教與基督教相摩盪而
融化基督教。無論如何，中國傳統的大本，是不可亦不會喪失的。
基督教自然有其精采。凡是大的宗教都有其高度的真理性，亦皆可
互相啟發與補助。以前的理學家，由於受佛學的刺激，而對先秦的
儒學作出深化的理解，如今的中國文化工作者，當亦可接受耶教的
刺激，而對傳統的三教作更深的理解。道德宗教方面如此，哲學方
面當亦如此。西方哲學自民初輸入，數十年來不少中國哲學專家對
西方哲學已有成就。前言中國人學科學的力量並不弱。同樣，中國

人的哲學智慧亦並不亞於任何民族,中國人學西方哲學與邏輯的智力亦並不差。在此,我們看出了中國哲學未來的方向:

　　1.根據傳統儒、釋、道三教的文化生命與耶教相摩盪,重新復活「生命的學問」。

　　2.吸收西方的科學、哲學與民主政治,展開智性的領域。就哲學說,西方哲學中柏拉圖、亞里士多德一骨幹,來布尼茲、羅素一骨幹,康德、黑格爾一骨幹,永遠有其哲學真理上的價值。

　　可是,科學與民主在任何時任何地都不可能代替道德宗教。中國傳統的三教始終可以再得顯揚。而且很可能由於耶教的相摩盪刺激而得嶄新的發展。三教是幾千年來中國人智慧積累而得的大本原、大傳統,它們具有內在的「沛然莫之能禦」的潛力。將來仍會是中國人思想的主流。至於科學與宗教能否相容的問題,也不難答覆。此問題的關鍵在於人類本身,人類需要科學技術來提高物質生活,亦需要道德宗教來提高與安頓精神和心靈。誰也不能否定這點。所以科學與宗教是可以在大致上互不妨礙的,正如今日西方的科學與耶教可以相容,未來的中國社會,亦可讓科學與宗教並行不悖的。假如人類同時需要兩種東西,它們性質形態不同,不能互相代替,那麼,人類除了讓它們以最合理的方式並行,是別無他法的。這除了以民主政治保障信仰的自由外,亦需要有高度融和的哲學智慧來疏通與提撕。此乃為國謀、為學術文化謀者所必須應有的器識與容量。那裡有像今日喧嚷科學民主者必欲抹煞一切道德、宗教、哲學、生命的學問,這種蠻橫不講理的衰世怪現象呢?

第十二講　作為宗教的儒教
——本講是在台南神學院
的講辭移此作第十二講

　　我之所以得在台南神學院討論這個題目，是歸因於荷蘭人賈保羅先生的盛意。去年，我和幾位朋友發表了一篇關於中國文化的宣言，其中有涉及中國的宗教精神處。當時賈保羅先生首次注意及此，且節譯為英文，期使基督教方面多予以了解。我們所以涉及此點，乃是因為：依我們的看法，一個文化不能沒有它的最基本的內在心靈。這是創造文化的動力，也是使文化有獨特性的所在。依我們的看法，這動力即是宗教，不管它是甚麼型態。依此，我們可說：文化生命之基本動力當在宗教。了解西方文化不能只通過科學與民主政治來了解，還要通過西方文化之基本動力——基督教來了解。了解中國文化也是同樣，即要通過作為中國文化之動力之儒教來了解。

一、儒教作為「日常生活軌道」的意義

　　儒教若當一宗教來看時，我們首先要問一宗教之責任或作用在那裡。宗教的責任有二：
　　第一，它須盡日常生活軌道的責任。比如基督教就作為西方文

化中日常生活的軌道，像祈禱、禮拜、婚喪禮節等等。佛教也是同樣的情形，它也可以規定出一套日常生活的軌道，如戒律等是。在中國，儒教之為日常生活軌道，即禮樂（尤其是祭禮）與五倫等是。關於這一點，儒教是就吉凶嘉軍賓之五禮以及倫常生活之五倫盡其作為日常生活軌道之責任的。此與基督教及佛教另開日常生活之軌道者不同。作為中國人的日常生活軌道之五倫，不是孔子所定的，而是由周公制禮所演成的，所以古時候周孔並稱。因為能制作禮樂，能替人民定倫常及日常生活軌道者，非聖人不能。故《禮記·樂記》篇有云：「作者之謂聖，述者之謂明。」故周公也是聖人。此即古人所說「聖人立教」、「化民成俗」、「為生民立命」的大德業，這也就是孟子所說的道揆法守。（孟子說：「上無道揆，下無法守，國亡無日矣。」）

聖人非空言，他不是哲學家，凡是聖人立教，依中國傳統的解析，他必須能制作禮樂，故云「作者之謂聖」。即不制作禮樂，亦必須能體道，而不在空言。此即《易傳》所謂「默而識之，不言而信，存乎德行。」能將道體而履之於自家身心，無言而信，其境界是比空言玄談之哲學家為高的，故中國認周公的制作是聖人的事業。

禮樂、倫常之為日常生活的軌道，既是「聖人立教」，又是「化民成俗」，或「為生民立命」，或又能表示「道揆法守」，故這日常生活軌道，在中國以前傳統的看法，是很鄭重而嚴肅的。所以近人把倫常生活看成是社會學的觀念，或是生物學的觀念，這是錯誤的，因為此中有其永恆的真理、永恆的意義，這是一個道德的觀念，非一社會學的觀念。比如父子所成的這一倫，後面實有天理

爲根據，因此而成爲天倫，故是道德的、倫理的。嚴格講，天倫只限於父子、兄弟，夫婦並不是天倫，但亦爲一倫。父慈子孝、兄友弟恭，這是天理合當如此的。孔子說：「子之愛親，命也，不可解於心。〔……〕無所逃於天地之間。」（《莊子·人間世》引）。夫婦相敬如賓，其中除愛情外，亦有一定的道理，故《中庸》云：「君子之道造端乎夫婦。」故夫婦也是一倫。師友一倫，代表眞理之互相啓發，此即慧命相續。倫之所以爲倫，皆因後面有一定的道理使它如此，而這一定的道理也不是生物學或社會學的道理。皆是道德的天理一定如此，所以其所成之倫常也都是不變的眞理。聖人制禮盡倫，爲天地立心，爲生民立命，有其嚴肅的意義。周公制禮，因而演變成五倫，孔子就在這裡說明其意義，點醒其價值。故唐朝以前都是周孔並稱。到宋朝因爲特重義理，所以才孔孟並稱。

二、儒敎作爲「精神生活之途徑」的意義

儒敎能作爲日常生活的軌道，這是盡了其爲敎的責任之一面。但敎之所以爲敎，不只此一面，它還有另一更重要的作用，此即：

第二、宗敎能啓發人的精神向上之機，指導精神生活的途徑，耶穌說：「我就是生命，我就是眞理，我就是道路。」「道路」一詞就是指導精神生活之途徑。故耶穌的這句話在這裡有了意義，不是隨便說的。在佛敎亦是如此，他們精神生活的途徑在求解脫，要成佛，佛敎經典中的理論及修行的方法，都是指點給佛徒一條精神向上之途徑。

儒敎也有這方面：周公制體作樂，定日常生活的軌道，孔子在

這裡說明其意義，點醒其價值，就是指導精神生活之途徑。孔子開精神生活之途徑，是不離作為日常生活軌道的禮樂與五倫的。他從此指點精神生活之途徑，從此開闢精神生活之領域。故程伊川作〈明道先生行狀〉云：「盡性至命，必本乎孝弟。窮神知化，由通於禮樂。」但是基督教與佛教卻不就這日常生活軌道開其精神生活的途徑。中國人重倫常，重禮樂教化，故吉凶嘉軍賓都包括在日常生活軌道之內，並沒有在這些軌道之外，另開一個宗教式的日常生活軌道，故無特殊的宗教儀式。

從孔子指點精神生活之途徑方面看，它有兩方面的意義：廣度地講，或從客觀方面講，它能開文運，它是文化創造的動力。在西方基督教也有這意義，故基督教是西方文化的動力。深度地講，或從個人方面講，就是要成聖成賢。此在佛教就是要成佛，在基督教就是要成為基督徒。（存在主義哲學家契爾克伽德說：「我不敢自居為基督徒，我只是想如何成為基督徒。」）故宗教總起來可從兩方面看：一、個人人格的創造，此即要成聖、成賢、成佛、成基督徒。二、歷史文化的創造，此所以有中國文化、印度文化以及西方基督教文化等（文化之特殊性與共通性俱含在內）。現在人只從個人處來了解宗教，這是不全盡的。宗教除個人內心事情外，還有在客觀方面擔負文化創造的責任。

我們說孔子啟發人的精神向上之機，指導精神生活之途徑，此只是初步如此說。但我們當如何起步去做呢？這在孔子也有其基本的教訓，基本的觀念。《論語》一書在中國已講了二千多年，到底這基本觀念在那裡呢？那幾句話可以代表呢？孔子的基本觀念，總起來只有兩個：一為仁，二為性與天道。子貢說：「夫子之文章，

可得而聞；夫子之言性與天道，不可得而聞。」性與天道爲聖人立教、開闢精神生活最基本的觀念，後來宋明儒者即環繞此中心而展開其義理。

三、儒教在「精神生活之途徑」上的基本觀念：仁及「性與天道」

要了解性與天道，須先從仁說起。甚麼是仁？仁的意義是很難把握的。我們可以從兩方面來了解：一、淺講，此即視仁爲德目的意義，即仁義禮智信中之仁。孟子亦仁義禮智四德並舉。這樣，仁即仁愛、愛人。「親親而仁民，仁民而愛物」，都是仁的表現。這似乎比較簡單而粗淺。但德目的意義實不能盡孔子心目中的仁之根本意義，亦即不能使我們了解仁之深遠的意義，豐富的意義。故須二、深一層講，以我這幾年來的體悟，孔子的仁，就是「創造性本身」。孔子在《論語》中講來講去，對於仁有種種表示。假若我們能綜括起來，善於體會其意義，則他那些話頭只在透露這「創造性本身」。誰能代表這創造性本身？在西方依基督教來說，只有上帝。孔子看仁爲宇宙萬物之最後的本體，它不是附著於某一物上的活動力。這「創造性本身」，後來又說爲「生命之眞幾」。

仁之爲宇宙萬物之本體，首先它不是物質的，而是精神的。從撥開一切，單看仁之本身的意義，在宋明理學家他們都不會有誤解。但後來淸朝的譚嗣同在其《仁學》裡，卻把仁講成以太，成爲物理學的概念，這完全是錯誤。其次，此種精神實體要通過兩個觀念來了解：一爲覺，二爲健。覺是從心上講。覺先不必從覺悟說，

而須是從心之本身之「怵惕之感」來說。它有道德的意義。從怵惕之感看，覺就是生命不僵化、不黏滯，就是麻木不仁的反面意義。故我們現在從生命之怵惕之感來了解覺。所謂健，即「健行不息」之健，此亦是精神的。這不是自然生命或生物生命之衝動。《易經》上說：「天行健，君子以自強不息」。《詩經》上說：「維天之命，於穆不已」。《中庸》引此語而贊之曰：「此天之所以為天也」。「天之所以為天」即天之本質、天之德。儒家的天非天文物理之天，他重天之德。從「蒼蒼者天」，見天之內容，這個天之內容，即天之德，也就是天道也。「維天之命，於穆不已」，即天道運行到那裡，就命令到那裡。故天道運至此，就在此起作用，運至彼即在彼起作用。此「天行之命」是永遠不停止的。縱使我們不覺到，它也在默默地運行，故曰「於穆不已」。「於穆」是深遠的意思。

　　《中庸》接著又說：「『於乎不顯！文王之德之純！』蓋曰文王之所以為文也，純亦不已。」文王的人格與天道一樣，文王的生命與天一樣。這就因為文王生命之背後，有真實的本體在起作用，故能不墮落而和天一樣的健行不息，故其德之純亦「不已」，並不是今天如此，明天便不如此，這就表示一個健行不息的真幾永遠呈現在他的生命中。這句話用來說孔子也可以，因為孔子也是這樣，所以我們才稱他為聖人。孔子就由這地方點出生命的真幾，點出仁的意義。故我說：仁就是「創造性本身」，有誰能永遠呈現這「創造性本身」呢？孔子稱「顏淵三月不違仁」，此可見「不違仁」之難了。你有時好像可以三年不動心，一直在那裡用功讀書，這不是比顏子還要好嗎？其實這不算數。因為你用功讀書，由於外面有個

引力在吸引你用功。一旦那引力消失了，恐怕你就不會再用功讀書了。而「不違仁」的工夫，是要通過一個人的自覺的，自己要時時自覺不歇的在做成德的工夫。此談何容易。

　　通過仁來了解性就容易了，此性不是時下一般所說的人性（human nature）。孔孟所講的性，不指生物本能、生理結構以及心理情緒所顯的那個性講，因爲此種性是由個體的結構而顯的。孔孟之性是從了解仁那個意思而說，所謂「性與天道」之性，即從仁之爲「創造性本身」來了解其本義。人即以此「創造性本身」爲他的性，這是人之最獨特處，爲人之性即爲人之本體。它爲你的本體，我的本體，亦爲宇宙萬物的本體。只有人可以拿這創造性本身作他的性，而動物就只能以本能來作牠的性，更不必講瓦石了。瓦石之性就是其個體之結構。儒家叫人盡性，不盡性就下墮而爲禽獸。「盡性」即充分實現此創造性之意。這創造性本身落在人處，爲人之性。若從宇宙大化流行那裡看，就是天道。性是主觀地講，天道是客觀地講，此由仁那個觀念而確定。此兩面皆爲仁所涵，貫通起來是一個觀念。但創造性本身，就是生命的眞幾。我們講恢復性，即恢復創造性本身。如何恢復呢？此就是孔子只是要人踐仁成仁者，在孟子則要人盡性，盡性就是盡仁。盡性盡仁即可知天。此兩點，即爲孔孟立敎之中心。

四、儒敎何以未成爲普通宗敎的形式

　　現在我們要問，儒敎何以未成爲基督敎型態，或普通宗敎的形式呢？儒家講天道，天道是創造性本身，而上帝也是創造性本身。

如果把天道加以位格化，不就是上帝，不就是人格神嗎？儒家的創
造性本身，從人講為仁、為性，從天地萬物處講為天道。人格神意
義的上帝或天，在中國並非沒有。《詩》、《書》中就常有「皇皇
上帝」、「對越上帝」、「上帝鑒汝，勿貳爾心」之語。孔孟雖講
性與天道，但亦有上帝意義的「天」。如「知我者其天乎？」「獲
罪於天，無所禱也。」「天之將喪斯文也，後死者不得與於斯文
也。天之未喪斯文也，匡人其如予何！」都表示一個有意志的天。
從情方面講是上帝，從理方面講是天道。既從情方面講是上帝，則
主觀方面呼求之情亦並非沒有。如司馬遷也說：「人窮則反本」，
「未嘗不呼天也，未嘗不呼父母也。」此不但普通人有，即聖人也
有。不但古人有，即今人也有。此呼求之情即類乎祈禱。

　　在主觀方面有呼求之情，在客觀方面天道就轉為人格神、上
帝。但儒家並沒有把意識全幅貫注在客觀的天道之轉為上帝上，使
其形式地站立起來，由之而展開其教義。在主觀方面也沒有把呼求
之情使其形式地站立起來。如使其形式站立起來，即成為祈禱。此
兩方面在儒家並非沒有，他只是把它輕鬆了。因為儒家的中心點不
落在這裡，其重點亦不落在這裡。而這種呼求之情是每一民族、每
一個人都有的，但基督教最彰顯此點，所以基督教乃原始宗教精神
保留得最徹底的宗教。儒家呼求之情未轉為宗教儀式之祈禱，故客
觀方面上帝之觀念也不凸出，它的重點並未落在上帝與祈禱上。

五、儒教的重點與中心點落在那裡

　　然則儒家的重點落在那裡？曰：它是落在人「如何」體現天道

上。儒家不從上帝那裡說，說上帝的意旨怎樣怎樣，而是從如何體現上帝意旨、或神的意旨或體現天道上說。在此如何體現天道上，即有我們常說的重「主觀性」之意義。開出主觀性，則上下可通氣，即主觀性與客觀性打通，而以道德實踐為中心。儒教是真能正視道德意識的，視人生為一成德之過程，其終極目的在成聖成賢。所以其教義不由以神為中心而展開，而乃由如何體現天道以成德上而展開。自孔子講仁，孟子講盡心，《中庸》、《大學》講慎獨、明明德起，下屆程朱講涵養察識、陽明講致良知，直至劉蕺山講誠意，都是就這如何體現天道以成德上展開其教義。這成德的過程是無限的，故那客觀的上帝以及主觀的呼求之情乃全部吸收於如何體現天道上，而蘊藏於成德過程之無限中，這裡儘有其無限的莊嚴與嚴肅。

　　一般人常說基督教以神為本，儒家以人為本，這是不中肯的。儒家並不以現實有限的人為本，而隔絕了天。他是重如何通過人的覺悟而體現天道。人通過覺悟而體現天道，是盡人之性。因人以創造性本身做為本體，故盡性就可知天。此即孟子所說：「盡其心者，知其性也；知其性，則知天矣。」這盡性知天的前程是無止境的。它是一直向那超越的天道之最高峰而趨，而同時盡性知天的過程即是成德的過程，要成就一切價值，人文價值世界得以全部被肯定。（這不是普通所說的人文主義。）家國天下盡涵其中，其極為「仁者與天地萬物為一體」。羅近溪也說：「大人者，連屬家國天下而為一身者也。」人之成德過程只有在連屬家國天下而為一身，與天地萬物為一體上，始能充其極而立住其自己。「己欲立而立人，己欲達而達人。」一立一切立，亦只有在「一切立」上，一己

始能立，一得救一切得救，亦只有在「一切得救」上，一己始能得救。這不是個人的祈禱得救。這與佛教所說的「有一衆生不成佛，我誓不成佛」，有其同一的飽滿精神。

普通又說儒家比較樂觀，把人的能力看得太高。如人有罪惡，而儒家卻樂觀地說性善，以爲人能克服其罪惡。基督教不那麼樂觀，基督教認爲罪惡沒那麼簡單，人之能力不那麼大，不能克服罪惡，須靠祈禱，求上帝加恩。但上帝加恩否，是上帝的事，不是人所能知的，上帝加不加恩還在上帝本身。關於這點，我們認爲注意人如何體現天道，體現上帝的意旨，並不表示人可克服全部罪惡。罪惡無窮，儘有非人所能意識到者，故體現天道的過程亦無窮，成聖成賢的過程亦無窮。因儒家重體現天道，故重點不落在上帝加恩與個人呼求之情上，故重功夫，在功夫中一步步克服罪惡，一步步消除罪惡。但生命大海中之罪惡無窮，而功夫亦無窮，成聖成賢的過程亦無窮。這其中的艱難，並非不知。故羅近溪云：「眞正仲尼臨終不免歎一口氣。」但不因艱難而不如此作，這是不能推諉的，理當如此的。但原則上理性終可克服罪惡，如上帝可克服撒旦。在基督教，凡上帝所擔負的，在儒教中，即歸於無限過程中無限理性之呈現。所以這不是樂觀與否的問題，乃是理上應當如何的問題。

人力有限，儒家並不是不知道。天道茫茫，天命難測，天意難知，這在孔孟的教義中意識得很清楚。但雖然如此，它還是要說盡性知天，要在盡性中體現天道。所謂「知天」之知也只是消極的意義，而盡性踐仁則是積極的。「知天」只是在盡性踐仁之無限過程中可以遙契天。故《中庸》云：「肫肫其仁，淵淵其淵，浩浩其天。」並非人的意識可以確定地知之而盡掌握於手中，故孔子「五

十而知天命」是極顯超越的意義的。又，所謂體現天道也只是把天道之可以透露於性中、仁中、即道德性中者而體現之，並不是說能把天道的全幅意義或無限的神祕全部體現出來。故《中庸》云：「及其至也，雖聖人亦有所不知焉〔……〕，有所不能焉。」儘管如此，還是要在盡性踐仁之無限過程中以遙契之並體現之。故孟子曰：「聖人之於天道也，命也，有性焉。君子不謂命也。」

　　依以上粗略的解析，我們可以說，宗教可自兩方面看：一曰事，二曰理。自事方面看，儒教不是普通所謂宗教，因它不具備普通宗教的儀式，它將宗教儀式轉化而為日常生活軌道中之禮樂；但自理方面看，它有高度的宗教性，而且是極圓成的宗教精神，它是全部以道德意識道德實踐貫注於其中的宗教意識宗教精神，因為它的重點是落在如可體現天道上。

六、儒教如何輕鬆了「啟示」的觀念

　　還有一點，在當時因時間關係，沒有講及，現在再附識於此。這一點就是關於「啟示」的問題。基督教是上帝啟示的宗教，上帝啟示他自己於自然界，於種種奇蹟，最重要的還是啟示於耶穌，而成為基督教，這也是以上帝為中心而展開的教義。依這種說法，耶穌是神而不是人。他是上帝的唯一化身（道成肉身），唯一聖子（獨生子），聖子只有一個。上帝可能有許多化身，但是上帝化身為誰，這是上帝的旨意，不是人所能決定的。可是依基督教，他們說上帝只化身為耶穌。他們已很清楚地知道這是上帝的意旨，這個意旨是已經確定了的。至於他們何以知道上帝的意旨只是如此，這

是很難說得通的，這點我們且不追問。我們所注意的，是啓示。當然我們也可以視耶穌爲人（當然不是普通的人）。但依基督教，耶穌之人的身分或地位，是偶然的。即，其本質是神，而不是人，因此其爲神的地位是必然的。他是神化身而爲人的樣子，以與世人照面。從其爲人的樣子說，他當然是人；但其本質實是神，他的生命全幅是神性，故云上帝的「化身」。因此，他所以是如此之生命，這是上帝的意旨所決定的，這是上帝所差下來的。這是天啓、天意，並不是由於他的修養工夫而至的。即不說修養工夫，也不是直下肯定他是人，說他是由人而成的。

關於「啓示」的觀念，中國人也並非沒有。《論語》說孔子是「天縱之將聖」。不要說聖人，就是作皇帝的，他們都說是奉天承運，說是天命所歸。明朝熹宗皇帝的年號就是「天啓」。佛教裡神會和尚有這麼兩句話：「世間不思議事，爲布衣登九五。出世不思議事，爲立地成佛。」布衣登九五，作皇帝，實在是不可思議的事。依佛教，法力不可思議，業力不可思議。布衣登九五實是業力不可思議；但依中國傳統，則說是天。故劉邦自己也說：「此豈非天耶？」作皇帝的都如此，何況是聖人？《論語》裡固已有孔子是「天縱之聖」之說，孔子自己也說「天生德於予」，兩漢人大都視孔子爲神聖，這也可說是「天啓」了，是上帝的啓示，是上帝的特派。但是中國的傳統精神並沒有把意識全幅貫注在這裡，過分重視此點，以此點爲中心與重心展開其教義，即孔子本人也並未過分誇大其天啓的身分，這點和上面講上帝與祈禱同。

中國的傳統精神，儒教立教的中心與重心是落在「如何體現天道」上。在這如何體現天道上，最重要的是盡性，因此人性問題成

了儒教的中心問題。但是我們前面已經講過，孔孟的仁與性實即是「創造性本身」。就孟子「性善」之性說，性實即是「內在的最高道德性」，即冥合「創造性本身」的那道德性。從這裡說，人人皆可以為聖人，而且人人都是平等的，人的尊嚴由此立。但是事實上究竟並沒有人人皆成為聖人。在這裡，天啓的意識自然隱伏於其中。可是到後來，從劉劭《人物志》起，這人性問題又開出另一面來，這就是「才性」一面。因此，那「天啓」的觀念轉化而為「才性」的觀念。天啓的先天與定然，轉化而為才性的先天與定然。由此轉而為宋明儒的「氣質之性」。從這裡講，人是不平等的。這兩方面合起來，一方保住了人的尊嚴、平等性與理想性，一方也保住了人的差等性與異質性。這差等性與異質性的根據即在「才性」一面。宋儒的氣質之性，佛教的根器與種性，都從這裡說。聖人當然也有聖人的才資，《莊子·大宗師》篇說：「卜梁倚有聖人之才，而無聖人之道。我有聖人之道，而無聖人之才。」可見「才」也是很重要的，而且是先天的，不是學得來的。這裡雖然也說定而不定，可以變化，但究竟有限，這裡令人有無限的慨嘆與無可奈何。（「才難」的慨嘆也含在這裡面。）故「天啓」的意識不能不油然而生。但也正因才性一面之開出，那「天啓」的意識也較為輕鬆了，並沒有鄭重嚴肅的像基督教那樣立出「唯一化身」、「獨生子」的教義，一如呼求之情之並未轉為祈禱。這並不是中國人或儒教樂觀了，把事情看容易了，或把人與天道或上帝間的「緊張」減殺了、退縮了、枯萎了，乃是中心與重心轉了，轉到如何盡性踐仁以體現天道上。全幅緊張藏在這裡面，天啓意識的無限莊嚴也蘊藏在這裡面。

《牟宗三先生全集》總目